길이
되는
생각,
⋮
|
잠언

길이 되는 생각, 잠언

지은이 | 정성진
초판 발행 | 2018. 1. 15
2쇄 발행 | 2023. 12. 11
등록번호 | 제1988-000080호
등록된 곳 | 서울특별시 용산구 서빙고로 65길 38
발행처 | 사단법인 두란노서원
영업부 | 2078-3352   FAX | 080-749-3705
출판부 | 2078-3331

책값은 뒤표지에 있습니다.
ISBN 978-89-531-3048-7 03230

독자의 의견을 기다립니다.
tpress@duranno.com   www.duranno.com

두란노서원은 바울 사도가 3차 전도여행 때 에베소에서 성령 받은 제자들을 따로 세워 하나님의 말씀으로 양육하던 장
소입니다. 사도행전 19장 8-20절의 정신에 따라 첫째 목회자를 돕는 사역과 평신도를 훈련시키는 사역, 둘째 세계선교
(TIM)와 문서선교 (단행본·잡지) 사역, 셋째 예수문화 및 경배와 찬양 사역, 그리고 가정·상담 사역 등을 감당하고 있습니다.
1980년 12월 22일에 창립된 두란노서원은 주님 오실 때까지 이 사역들을 계속할 것입니다.

길이
되는
생각,
┊
│
잠언

정성진 지음

두란노

| 목차 |

2부

인생의 여름,
지혜를 가꾸라

3부

인생의 가을,
지혜를 맺으라

4부

인생의 겨울,
지혜를 거두라

'코람데오'(Coram Deo)라는 말이 있습니다. 이는 '~앞에서'를 뜻하는 라틴어 코람과 '하나님'을 뜻하는 데오가 합쳐진 말로서 '하나님 앞에서'라는 의미입니다. 종교 개혁자 마틴 루터를 비롯한 많은 신학자들이 이 코람데오를 외치며 하나님 앞에서의 삶을 강조했습니다.

하나님 앞에서의 삶이란 무엇입니까? 나의 힘이 아닌 하나님의 힘, 나의 지혜가 아닌 하나님의 지혜로 살아가는 것입니다. 하나님의 권위를 인정하고 그분 안에서 그분의 영광을 위해 살아가는 것입니다. 하나님을 경외함으로 날마다 두렵고 떨리는 마음으로 말씀에 순종해서 하나님이 허락하시는 복을 누리며 살아가는 것입니다.

뉴스나 신문의 사회면을 펼쳐 볼 때면 하루가 멀다 하고 발생하는 사건, 사고 소식에 마음이 무너져 내립니다. 폭력과 패륜으로 깨어진 가정, 제자가 스승을 고발하는 권위를 잃은 학교, 뇌물과 비리가 난무하는 부패한 정부 그리고 음란과 탐욕으로 점점 타락해 가는 교회…. 어쩌다 이 지경까지 오게 되었는지, 탄식이 절로 나옵니다.

이러한 악한 세상 가운데서 그리스도인은 어떤 모습으로 살아가야 할까요? 여기서 필요한 것이 코람데오의 자세, 곧 하나님 앞에서의 삶입니다. 우리는 늘 하나님을 의식하며 살아야 합니다. 세상이 악할수록, 세상이 어두워질수록 우리는 더욱 하나님을 의지해서 세상의 소금과 빛으로서의 역할을 잘 감당해야 합니다. 그런데 그러기 위해선 하나님의 지혜가 필요합니다. 선과 악을 분별할 수 있는 지혜, 의인과 악인을 구분할 수 있는 영적인 지혜가 우리 안에 있어야 합니다.

'지혜의 책'으로 불리는 잠언은 대표 저자인 솔로몬을 비롯한 여러 지혜자들에 의해 기록되었습니다. 약 3천 년 전에 기록된 이 책이 오늘날 우리에게도 큰 감동을 주는 이유는 무엇일까요? 그때나 지금이나 세상이 악하기 때문입니다. 그리고 악한 세상을 살아가는 데 필요한 지혜가 이 책에 담겨 있기 때문입니다.

사람들은 세상의 지식을 습득하기 위해 많은 돈과 시간을 투자합니다. 그러나 세상의 지식은 유한합니다. 그리고 그 가치는 계속해서 변화합니다. 어제는 옳았던 것이 오늘은 그른 것이 됩니다. 그리스도인이라면 이런 유한한 지식에 목매는 삶이 아닌, 진리 되시는 하나님의 지혜를 습득하기 위해 날마다 말씀을 상고하며 말씀대로 살기 위해 애써야 합니다. 그것이 하나님이 원하시는 삶이요, 하나님에게로 가까이 나아가는 길이기 때문입니다.

새로운 한 해를 맞이하는 이때, 다른 어떤 계획과 결심보다 하나님을 아는 것에 힘쓰기를 결단하십시오. 이전의 모습이 어떠했든, 이제는 코람데오, 곧 하나님 앞에서의 삶을 살아가기로 결정하십시오. 지혜로운 자는 하나님이 열어주시는 새날, 곧 역사의 주인공이 됩니다.

이 책이 여러분의 새로운 결단을 이루는 데 작은 보탬이 되었으면 좋겠습니다. 그리고 이 책이 지혜자의 외침을 오늘날 그리스도인들에게 전달하는 메아리가 되었으면 좋겠습니다. 하나님은 3천 년 전에 활동했던 지혜자들로 만족하는 분이 아니십니다. 하나님은 오늘, 바로 지금, 우리가 그 지혜자의 역할을 감당하기 원하십니다. 귀를 열어 듣고 마음으로 믿어 하나님의 지혜를 충만히 누리십시오. 그리고 세상을 향해 외치십시오. 이 책을 읽는 모든 이들이 그러한 삶을 충분히 감당할 수 있기를 예수님의 이름으로 축복합니다.

2018년 1월
정성진 목사

1부

인생의 봄,
지혜를 심으라

1

먹구름 뒤에 가려진
지혜의 빛을 보라

여호와를 경외하는 것이
지식의 근본이거늘
미련한 자는
지혜와 훈계를 멸시하느니라

잠 1:7

참된 지식은 하나님을 알고,
하나님의 창조주 되심을 인정하면서
그분을 높이고 예배하는 것입니다.

한자로 '바늘 잠'(箴)에 '말씀 언'(言)을 쓰는 잠언은 '바늘로 찌르듯 가르치는 말씀' 또는 '가르쳐서 훈계하는 말'이라는 뜻을 지닙니다. 히브리어로는 '미슐레이 쉘로모', 곧 '솔로몬의 잠언들'이라는 의미이며, 영어로는 '격언'이라는 뜻의 proverbs라는 단어로 표현됩니다.

잠언은 시로 된 보석으로 화폭에 담긴 아름다운 그림과 같은 책입니다. 대구법, 의인법 등을 사용하며, 히브리어 원어에서는 두운이나 각운과 같은 운율을 사용하고 있습니다. 잠언은 히브리어 원어로 '마샬'이라고도 하는데 이는 '비교' 또는 '유사'라는 뜻으로, 삶의 실제와 관계되는 진리를 유사한 경험을 통해 간결하게 가르친다는 의미를 지닙니다. 내세에 관한 문제나 관념적 철학 또는 구속의 교리가 아닌, 구원받은 성도가 어떻게 살아야 하는가에 대한 삶의 실제적인 문제들을 다룹니다. 또한 교리에 관한 언급은 없지만 진정한 의의 길, 인간적인 지혜를 넘어 하나님의 말씀으로서의 가르침을 전해 줍니다.

잠언은 여러 저자에 의해 기록되었습니다. 그럼에도 불구하고 잠언 1장 1절은 "다윗의 아들 이스라엘 왕 솔로몬의 잠언이라"고 말씀합니다. 이처럼 잠언을 '솔로몬의 잠언'이라 부르는 이유는 여러 저자 중 그가 가장 많이 알려진 인물이기 때문입니다. 지혜자 중의 지혜자요, 하나님이 주신 지혜로 통찰력을 가지고 나라를 다스린 솔로몬은 모르는 것이 없었습니다. 열왕기상 4장 32-34절은 그에 대해 "그가 잠언 삼천 가지를 말하였고 그의 노래는 천다섯 편이며 그가 또 초목에 대하여 말하되 레바논의 백향목으로부터 담에 나는 우슬

초까지 하고 그가 또 짐승과 새와 기어 다니는 것과 물고기에 대하여 말한지라 사람들이 솔로몬의 지혜를 들으러 왔으니 이는 그의 지혜의 소문을 들은 천하 모든 왕들이 보낸 자들이더라"라고 기록합니다.

솔로몬은 이스라엘 역사상 가장 빛나는 번영을 구가한 통치자였습니다. 그것은 그가 지혜자였기 때문입니다. 성경은 이에 대해 "솔로몬의 지혜가 동쪽 모든 사람의 지혜와 애굽의 모든 지혜보다 뛰어난지라"(왕상 4:30)라고 말씀합니다. 그는 지혜의 왕으로 유명했고, 솔로몬 성전과 왕궁을 건축했으며, 이스라엘 역사상 가장 넓은 영토를 확보했고, 해상 무역을 통해 부를 축적해 번영을 누렸습니다. 그런 그가 잠언을 기록한 목적을 초두에 분명히 밝히고 있습니다.

"이는 지혜와 훈계를 알게 하며 명철의 말씀을 깨닫게 하며 지혜롭게, 공의롭게, 정의롭게, 정직하게 행할 일에 대하여 훈계를 받게 하며 어리석은 자를 슬기롭게 하며 젊은 자에게 지식과 근신함을 주기 위한 것이니"(잠 1:2-4).

잠언의 목적은 지혜의 말씀을 깨달아, 지혜롭게 행하고, 어리석은 자를 슬기롭게, 젊은이를 근신하게 하려는 것입니다. 잠언을 읽고 마음에 새기면 지혜와 지략을 얻고, 지혜자가 됩니다. 물리와 천리를 통해 행하는 일에 막힘이 없고 하나님과 동행하게 될 것입니다.

"지혜 있는 자는 듣고 학식이 더할 것이요 명철한 자는 지략을 얻을 것이라 잠언과 비유와 지혜 있는 자의 말과 그 오묘한 말을 깨달으리라"(잠 1:5-6).

하나님을 경외함으로 얻는 지혜

요즘 젊은이들은 취업을 위해 참으로 많은 노력을 합니다. 여러 가지 자격증과 토익, 토플 점수를 올리기 위해 애쓰고, 심지어 면접을 위해 학원에 나가 코치를 받으며, 좋은 인상을 갖기 위해 성형 수술을 하기도 합니다. 경쟁이 치열한 세상에서 출세하고 부귀와 영화를 얻으려면 어쩔 수 없는 일입니다. 그러나 신앙인들은 인생에 있어 정말 중요한 일이 무엇인지를 생각해야 합니다. 돈, 건강, 사랑, 인맥, 학벌, 미모 다 중요합니다. 그런데 잠언에서는 정말 중요한 것이 지혜임을 말씀합니다. 곧 지혜자가 되라고 말씀하고 있습니다.

세상 사람들이 추구하는 가치는 세상을 살아가는 데 도움이 되고 때론 위력을 발휘하기도 합니다. 하지만 이는 근본적인 것도, 영원한 것도 아닙니다. 잠깐 있다가 사라지는 새벽안개와 같은 것들입니다. 이런 것들을 추구하는 사람들은 가벼워지고, 말초적이 됩니다. 마치 생각이 피부에 새겨져 있는 것처럼 빤히 들여다보입니다.

이런 것들은 세상을 사는 동안 우리를 잠시 편하게 해 주는 도구와 방법에 불과합니다. 하지만 지혜는 인생 자체가 무엇인지를 가르쳐 줍니다. 인생의 의미를, 영원히 사는 길이 무엇인지를 깨우쳐 줍니다. 그러므로 우리는 지혜를 사모하고, 돈을 버는 것처럼, 금을 구하는 것처럼 지혜를 구해야 합니다(잠 16:16 참조). 지혜는 세상을 잘 살기 위한 처세술이 아니라 하나님과의 올바른 관계 속에서 얻게 되는 것이기에 그것이 금이나 은처럼 변하지 않을 수 있는 것입니다.

"여호와를 경외하는 것이 지식의 근본이거늘 미련한 자는 지혜와 훈계를 멸시하느니라"(잠 1:7).

이 말씀은 잠언의 주제라 할 수 있는 중요한 말씀입니다. 여기서

'지식'이란 히브리어로 '다아트'라 하는데, 이는 '알다'라는 뜻의 히브리어 동사인 '야다'에서 파생된 명사로서, 육체적 감각을 통한 실제적 경험, 곧 체험적인 지식과 구체적 증거를 통한 사실의 인식, 즉 반복을 통해 습득한 기술을 아울러 이야기합니다. 다음으로 '경외'란 히브리어로 '이르아'라 하는데, 이는 인간이 하나님을 향해 갖는 거룩한 두려움을 뜻합니다. 이는 노예가 주인에게 갖는 수동적 두려움이 아니라 자식이 아버지를 향해 갖는 능동적 두려움, 곧 공경하는 마음을 뜻합니다. 사람이 여호와를 경외한다는 것은 하나님을 창조주로, 전능하신 분으로 그리고 심판주로 인정해서 그분만을 절대적으로 의지하고 섬기는, 그리고 두려워하고 근신하며 삼갈 줄 아는 자세를 뜻합니다.

본문에서 말하는 지식은 단순히 정치, 경제, 사회, 문화 등을 인식하는 지식이 아닌, 참된 깨달음과 경건한 자세를 갖는 지혜를 뜻합니다. 어리석은 사람들은 지식을 자랑합니다. 그러나 지혜로운 사람은 하나님 앞에서 인간의 지식에는 한계가 있음을 알고 늘 겸비한 마음을 갖습니다. 참된 지식은 하나님을 알고, 하나님의 창조주 되심을 인정하면서 그분을 높이고 예배하는 것입니다. 자신을 자랑하는 지식은 하나님을 알지 못하기 때문에 나타나는 현상입니다. 그 지식은 죽은 지식이요, 세상이라는 섬 안에 갇힌 지식입니다. 본문은 이런 사람을 '미련한 자'라고 말씀합니다. '미련한 자'란 히브리어로 '에윌'이라 하는데, 이는 이해력이 부족한 사람, 고집이 센 사람, 하나님을 알려고 하지 않는 사람, 다른 사람의 충고를 멸시하는 사람 그리고 잘못된 길을 돌이킬 줄 모르는 사람을 뜻합니다.

하나님을 경외할 때 미련을 떨쳐 버릴 수 있습니다. 하나님을 경외할 때 모든 지식이 비로소 빛을 발하게 됩니다. 하나님 없는 지식은 모래 위에 집을 짓는 어리석은 자와 같습니다. 하나님 없는 지식은 길가에 뿌리는 씨앗과 같아서 싹이 나지 않습니다. 그러나 하나님을 경외하는 자는 반석 위에 집을 짓고 좋은 땅에 씨를 뿌리는 자와 같아서, 하는 일마다 형통하고 30배, 60배, 100배의 결실을 얻게 됩니다. 하나님은 자신을 경외하는 자에게 풍성한 은혜를 주십니다.

욥기 28장 28절은 "주를 경외함이 지혜요 악을 떠남이 명철이니라"고 말씀합니다. 우리는 지혜자가 되기 위해 하나님을 경외해야 합니다. 경외함으로 지혜를 구할 때 하나님은 풍성한 은혜를 겸하여 주실 것입니다.

훈계를 즐겨 들음으로 얻는 지혜

훈계를 즐겨 듣는 사람은 참으로 복된 사람입니다. 그러나 이는 대단히 어려운 일입니다. 하나님의 훈계를 즐겨 듣지 않았던 인류의 두 번째 조상인 가인의 유전자가 인간의 핏속에 흐르기 때문입니다. 가인과 아벨이 드린 제사 중 하나님이 아벨의 제사만을 받으시자 가인의 얼굴이 험악해졌습니다. 하나님이 가인의 안색의 변함을 지적하시자 원한을 품고 동생인 아벨을 들로 불러내어 그를 쳐 죽였습니다.

하나님이 훈계하시는데도 낯빛을 어둡게 하고 얼굴을 들지 않더니 급기야 동생을 돌로 쳐 죽인 가인. 하나님의 훈계도 받기 어려운데 부모님, 선생님, 목사님의 훈계를 받기 어려운 것은 두말할 나위가 없습니다.

"내 아들아 네 아비의 훈계를 들으며 네 어미의 법을 떠나지 말라"(잠 1:8).

여기서 '아들'이란 스승이 애정 어린 마음으로 제자들을 부를 때 사용하는 말입니다. 중학교 2학년 때 담임선생님은 영어 선생님이셨는데 키가 크고 미남이셨습니다. 그런데 말이 없으시고 무뚝뚝한 어려운 분이셨습니다. 하루는 교무실에 출석부를 가져다드리려고 갔는데 옆에 계신 선생님이 회초리로 저를 툭툭 건드리시면서 장난을 하셨습니다. 그러자 담임선생님께서 "왜 내 자식을 건드려!" 하시며 막아 주셨습니다. '내 자식'이라고 하신 그 말씀이 얼마나 감동적이었는지, 50년 가까이 지난 지금까지도 그 선생님을 잊지 않고 기억합니다.

이처럼 본문의 '내 아들'이란 훈계를 들어야 할 제자나 자녀를 가리키는 것입니다. 그러므로 아비와 어미는 부모를 위시한 모든 스승을 가리킨다고 보는 것이 합당합니다.

그러면 '훈계'란 무슨 뜻일까요? 훈계는 히브리어로 '무싸르'라 하는데, 이는 가르침과 훈련, 자세히 말하면 말로써 가르치는 것과 인격을 가다듬는 실제적인 훈련을 아울러 뜻하는 말입니다.

큰 돌을 가지고 조각을 한다고 할 때, 조각가는 그 속에서 자신이 생각하는 형상을 보고 그것을 다듬어 작품을 만들어 냅니다. 망치나 정으로 돌을 쪼아 내면서 원하는 형상을 만들어 가는 것입니다. 마찬가지로 스승이나 부모도 훈계할 때 그 안에 들어 있는 자아를 끌어내고, 실력을 끌어내고, 인격을 끌어내고, 은사를 끌어내려고 노력하는 것입니다. 그런데 훈계를 듣는 제자와 자녀의 입장에서는 정으로 돌을 쪼아 내는 것처럼 아프고 속상하고 자존심이 깎이니 반항하게 되는 것입니다.

그럼에도 불구하고 부모는 자녀를 잘 훈계해야 합니다. 훈계를 잘하지 못해 자녀를 멸망의 길로 가게 한 아버지가 엘리 제사장입니다. 두 아들 홉니와 비느하스가 하나님에게 바쳐질 제물을 먼저 취하고, 성전에서 봉사하는 여인들을 겁탈하는 등 망나니짓을 한다는 소문을 듣고도 '얘들아, 그러면 안 된다' 정도의 훈계만을 하고 말았습니다. 결국 하나님의 진노를 산 두 아들은 블레셋과의 전투에서 전사하게 되었고, 하나님의 법궤 또한 적군에게 빼앗기고 말았습니다. 아버지인 엘리 제사장 역시 의자에 앉아 비보를 듣고는 뒤로 넘어져 목이 부러져 죽고 말았습니다. 훈계를 하지 않고 듣지 않은 결과 하루에 가문이 멸문지화(滅門之禍)를 당하게 되었습니다. 아버지와 스승은 훈계해야 할 책임이 있고, 자녀와 제자는 훈계 받아야 할 의무가 있습니다.

'법을 떠나지 말라'는 말씀은 법을 지켜도 되고 안 지켜도 무방하다는 것이 아니라, 반드시 지켜야 한다는 것입니다. 훈계는 선택 사항이 아니라 의무 사항입니다. 아비의 교훈은 단순한 조언이나 충고의 차원이 아니라 반드시 듣고 지켜야 하는 법과 같은 것입니다. 그것을 지킬 때 비로소 지혜자가 되는 것입니다. 우리는 훈계를 즐겨 듣고 지킴으로 생명길로 행하는 지혜자가 되어야 할 것입니다(잠 10:17 참조).

상급을 바라봄으로 얻는 지혜

하나님의 자녀들은 세상의 질서를 잘 지켜야 합니다. 세상의 질서를 잘 지키는 자는 상을 받습니다. 성경은 세상의 질서를 위해 권세자들을 세우시고 그들을 통해 심판하신다고 하셨는데, 이 심판은 세상에서의 심판을 뜻합니다(롬 13:1-2 참조).

앞서 하나님을 경외하고 스승이나 부모의 훈계를 잘 들을 때 지혜를 얻는다고 했습니다. 한 가지를 덧붙인다면, 하나님을 경외하고 훈계를 즐겨 듣는 자는 반드시 보상을 받게 됩니다. 이 사실을 믿을 때 그 일을 참고 견디면서 인내할 수 있습니다. 그래서 상급을 바라볼 때 지혜를 얻는다고 말씀하는 것입니다.

"이는 네 머리의 아름다운 관이요 네 목의 금사슬이니라"(잠 1:9).

'아름다운 관'이란 무엇일까요? 아름다운 관은 히브리어로 '리브야트 헨'이라 하는데, 이는 영화로운 면류관, 은총의 관 그리고 영광과 존귀를 상징합니다. 그렇다면 '금사슬'은 무엇일까요? 금사슬은 히브리어로 '아나킴'이라 하는데, 이는 단순한 목걸이가 아닌 명예를 상징하는 것으로서, 바로가 요셉에게 걸어 준 목걸이(창 41:42 참조), 벨사살 왕이 다니엘에게 걸어 준 목걸이(단 5:29 참조)와 같은 국무총리용 목걸이를 뜻합니다. 부모의 가르침과 하나님의 법도를 잘 지켜 행하는 사람은 아름다운 관을 쓰는 것과 같이, 목에 금사슬을 거는 것과 같이 존귀와 명예를 얻게 된다는 뜻입니다.

그러나 하나님을 경외하고, 훈계를 즐겨 듣고, 지혜자가 되는 것은 쉽지 않습니다. 그렇기에 면류관과 금사슬이라는 당근을 제시하는 것입니다. 이 세상의 삶이 힘들고 어려워도 하늘의 상급을 바라보면 견딜 수 있습니다.

사람들은 스타를 좋아합니다. 스타가 되고 싶어 합니다. 그러나 스타가 되기까지의 훈련은 생각하지 않습니다. 우리는 기독교의 유명한 격언인 "고난 없는 영광 없고 십자가 없는 면류관 없다"(No Cross, No Crown)는 말을 반드시 기억해야 합니다.

김연아 선수가 피겨스케이팅에서 트리플 점프를 완성하고 올림픽 금메달을 따기까지 3천 번이나 쓰러지고 넘어지는 부상을 감수했음을 알아야 합니다. 프로야구에서 3할을 때리는 선수는 최고의 연봉을 받지만, 그 3할을 때리기 위해 7할의 아웃이 있었음을 알아야 합니다. 전설의 타자인 베이브 루스는 714개의 홈런을 쳤습니다. 그러나 그에게도 1,330번의 스트라이크 아웃이 있었습니다.

아웃이 두려워 타석에 들어서지 않는다면 홈런을 칠 수 없습니다. 지혜자가 되고는 싶은데 하나님을 경외하기는 힘들고, 훈계를 듣는 일이 귀찮다고 포기하면 결코 지혜를 얻을 수 없습니다. 참고 인내하십시오. 그리고 상급을 바라보십시오. 고난이 다가올 때 고난의 먹구름만 보지 말고, 먹구름 뒤에 가려진 찬란하게 빛나는 태양을 바라보십시오. 힘들고 어려워도 지혜 얻기를 소망하면서 하나님을 경외하고 훈계를 즐겨 들을 때 하나님은 반드시 상 주시고 지혜자가 되게 하실 것입니다.

"생각하건대 현재의 고난은 장차 우리에게 나타날 영광과 비교할 수 없도다"(롬 8:18).

하나님을 경외하는 것은 어려운 일입니다. 훈계를 즐겨 듣는 것도 어려운 일입니다. 그러나 그로 인해 얻게 될 상급을 바라볼 때 능히 견딜만한 힘을 얻게 될 것입니다. 세상의 것과 비교할 수 없는 크고 놀라운 영광의 면류관을 씌워 주실 것입니다.

은혜를 좀먹는
악한 자를 멀리하라

내 아들아
그들과 함께 길에 다니지 말라
네 발을 금하여 그 길을 밟지 말라

잠 1:15

우리는 일평생 남을 해치거나
남의 물건을 빼앗는 악인을
멀리해야 합니다.
악인의 길을 떠나 의인의 길을 걷는
지혜자가 되어야 합니다.

세상을 사노라면 가까이해야 할 사람과 멀리해야 할 사람이 있습니다. 가까이해야 할 사람은 의인이요, 멀리해야 할 사람은 악인입니다. 그런데 문제는 누가 의인이고 누가 악인인지 분별하기가 쉽지 않다는 데 있습니다. 얼굴에 악인이라고 쓰여 있거나 머리에 뿔을 달고 있는 것은 아니기 때문입니다. 또 한 가지 는, 어리석은 인간은 악인을 멋있게 여겨 그리로 끌려가는 경향이 있다는 것입니다. 사춘기 때 공부 잘하는 학생은 대개 혼자 놀지만, 주먹을 쓰거나 잘 노는 학생은 친구들을 몰고 다닙니다. 왜 그럴까요? 인간의 본성이 그런 것을 동경하기 때문입니다. 그래서 부모님들은 자식이 잘못될까 봐 좋은 친구 사귈 것을 충고합니다.

세상의 기준으로 가까이할 것과 멀리할 것을 구분하면 헷갈릴 수 있습니다. 시대마다 사람을 보는 기준이나 직업의 선호도 또는 풍속이 달라지기 때문입니다. 그러므로 가까이해야 할 사람과 멀리해야 할 사람, 의인과 악인은 세상의 기준이 아닌 절대 불변의 진리인 성경속에서 답을 찾아야 합니다.

"악인이 일어나면 사람이 숨고 그가 멸망하면 의인이 많아지느니라"(잠 28:28)는 말씀이 있습니다. '악인이 일어나면 사람이 숨는다'는 것은, 악인과 싸워 이길 힘은 없고 함께하자니 죄를 지을 것 같다고 여기는 사람들이 숨게 된다는 것입니다. 역사에도 이 같은 예가 더러 있었습니다. 중국의 '죽림칠현'(竹林七賢)이 한 예입니다. 이는 삼국 시대 위나라 말기 사마씨 일족이 국정을 장악하고 전횡하자 이에 등을 돌리고 대나무 숲에 살며 세상에 나오지 않은 완적, 혜강, 산도, 상구, 유령, 완함, 왕융의 7인을 일컫는 말입니다.

중국에 죽림칠현이 있었다면 우리나라에는 '생육신'(生六臣)이 있었습니다. 이는 사육신에 비교해서 살아서 절개를 지킨 김시습, 원호, 이맹전, 조려, 성담수, 남효온을 가리키는 말로, 이들은 세조가 왕위에 오른 후 조정에 나가지 않고 유랑 생활을 하며 초야에 묻혀 살았습니다. 후세에 이들을 생육신이라 해서 벼슬을 추증하고 존경하게 된 것은 끝까지 악인을 따르지 않으리라 다짐하고 실천한 기개를 높이 샀기 때문입니다. 우리 또한 이들처럼 악인이 누구인지를 알아 그들을 멀리하고 악에서 떠나 의의 길을 걷는 의인이 되어야 합니다.

악인은 까닭 없이 피를 흘린다

'묻지 마 범죄'라는 말이 있습니다. 이는 범죄 자체에 이유가 없이 불특정 대상을 상대로 행해지는 살인 등의 범죄 행위를 말합니다. 이 범죄의 특징은 일반 범죄에 비해 피해자와 가해자 사이에 어떤 관계도 성립하지 않는다는 것입니다. 이 범죄는 폭력이나 알코올중독 등의 정신적 병리상태가 동반된다는 공통점이 있습니다.

범죄 심리학자들은 '묻지 마 범죄'가 경제적 빈곤과 반사회적 성격 장애로 인해 발생한다고 파악하고 있습니다. 미국의 총기 사고, 우리나라와 요즘 중국에서 자주 발생하는 칼부림 사건 등은 경제적인 큰 변화가 주는 충격 때문이라고 말합니다. 그런데 이것보다 더 무서운 것은 전 세계를 향해 증오를 쏟아 내고 있는 IS의 테러입니다. 그런데 이런 일이 현대에만 있는 것이 아니라 3천 년 전에 이미 있었음을 성경을 통해 확인할 수 있습니다.

"내 아들아 악한 자가 너를 꾈지라도 따르지 말라 그들이 네게 말하기를 우리와 함께 가자 우리가 가만히 엎드렸다가 사람의 피를 흘리자 죄 없는 자를 까닭 없이 숨어 기다리다가 스올같이 그들을 산 채로 삼키며 무덤에 내려가는 자들같이 통으로 삼키자"(잠 1:10-12).

악한 자는 혼자 악행을 저지르지 않습니다. 사람을 모으고 함께 악을 도모합니다. 그들은 또한 몰래 숨어서 기회를 엿보는 악하고 교활한 특성을 갖고 있습니다. 치밀하고 은밀하게 준비하며 악을 도모합니다. 그들이 악을 계획하고 저지르는 데는 특별한 이유가 없습니다. 이것을 11절에서 '까닭 없이'라는 말로 설명합니다. 이들은 죄의 습성에 빠져 더 이상 자기 행동의 선악 여부를 판단할 능력을 상실한, 다시 말해 영적, 도덕적으로 무지한 상태에 빠진 자들입니다.

악인들이 남들의 생명과 행복을 송두리째 빼앗아 가는 악행을 죄의식 없이 행하는 것은 그들이 마귀의 종이 되었기 때문입니다. 우리는 세상을 살아갈 때 이런 악인들을 만나지 않기 위해 기도해야 합니다. 악한 자는 절대 혼자 죽지 않습니다. 같이 죄짓고, 같이 망하는 길로 행합니다.

12절에 '스올'이라는 말이 나오는데 이는 음부, 곧 지옥을 뜻합니다. 악인들은 지옥이 죄지은 자를 삼키는 것처럼 사람들을 통으로 삼키자고 말합니다. 여기서 '통으로'라는 말은 히브리어로 '테미밈'이라 하는데, 이는 '육체 전부'를 뜻합니다. 악한 자들이 무죄한 사람들을 꾀어서 완전히 멸망에 이르게 하겠다는 다짐을 하고 있는 것입니다. 성경은 이런 자들을 하나님이 미워하신다고 말씀합니다 (잠 6:16-17 참조).

이런 자들은 사탄의 하수인이 된 것입니다. 이런 자들은 숨어서 의인들을 갑자기 쏘아 쓰러뜨리면서 두려워하지 않습니다. 하나님을 알지 못하기 때문입니다. 우리는 이런 악한 자들을 만나지 않기 위해, 또한 악한 사람을 분별할 줄 아는 지혜를 얻기 위해 기도해야 합니다. 악한 자들과 동행하면 까닭 없이 피 흘리는 자리에 서게 되고, 함께 멸망에 처할 수 있기 때문입니다. 나중에 땅을 치며 통곡할 때는 이미 늦습니다. 그래서 시편 기자가 "복 있는 사람은 악인들의 꾀를 따르지 아니하며 죄인들의 길에 서지 아니하며 오만한 자들의 자리에 앉지 아니하고"(시 1:1)라고 기록한 것입니다.

세상은 참으로 험하고, 우리의 어린 자녀들은 분별력이 없습니다. 하나님의 인도하심과 보호하시는 특별한 은혜가 필요합니다. 그러므로 우리는 하나님의 도우심을 구하는 기도를 드려야 합니다. "하나님, 악한 자를 따르지 않게 해 주십시오. 악한 자를 구별하게 해 주십시오. 까닭 없이 피 흘리는 자를 멀리하게 해 주십시오." 우리는 까닭 없이 피 흘리는 악인을 멀리하고, 의인과 벗하며 하나님에게 영광 돌리는 삶을 살아야 합니다.

악인은 남의 것을 빼앗는다

예부터 전통적으로 재물을 모으는 세 가지 방법이 있습니다. 하나는 농업으로, 농사해서 추수한 곡식 중 여유분을 팔아 재물을 축적했습니다. 다른 하나는 공업으로, 물건을 만들어 팔아 재물을 모았습니다. 그리고 다른 하나는 상업으로, 장사를 해서 이윤을 남겨 재물을 모았습니다. 이와는 달리 정상적인 방법이 아닌 전쟁을 통해 남의 것을 훔치거나 빼앗아 재물을 모으기도 했습니다. 위험이 따르기는 하지만 제일 손쉬운 방법입니다.

고대 사회에서는 전쟁에서 승리하면 포로로 잡은 사람은 노예로 삼고, 전리품은 나누어 가졌습니다. 아브라함이 조카 롯을 구출하기 위해 318명의 가신들을 거느리고 그돌라오멜 동맹군을 쳐들어가 물리친 후 전리품을 탈취해 오는 내용이 창세기 14장에 기록되어 있습니다. 이처럼 고대 사회에서 적의 재물을 탈취하는 것은 보편적인 일이었습니다. 이것이 얼마나 신바람 나는 일이었는지를 이사야 9장 3절은 "주께서 이 나라를 창성하게 하시며 그 즐거움을 더하게 하셨으므로 추수하는 즐거움과 탈취물을 나눌 때의 즐거움같이 그들이 주 앞에서 즐거워하오니"라고 기록합니다. 사람들은 전쟁에서 이기고 탈취한 전리품을 나누어 가졌을 때 기뻐하고 즐거워했습니다. 그러나 믿음의 사람은 시편 119편 162절의 고백처럼 말씀을 읽고, 듣고, 배울 때의 기쁨이 탈취물을 얻을 때의 기쁨보다 크다고 고백할 수 있어야 합니다.

보편적으로 탈취물을 얻는 것이 얼마나 큰 기쁨이었는지를 여호수아 24장 13절 말씀을 통해서도 알 수 있습니다. "내가 또 너희가 수고하지 아니한 땅과 너희가 건설하지 아니한 성읍들을 너희에게 주었더니 너희가 그 가운데에 거주하며 너희는 또 너희가 심지 아니한 포도원과 감람원의 열매를 먹는다 하셨느니라". '수고하지 아니한 땅', '건설하지 아니한 성읍들', '심지 아니한 포도원과 감람원의 열매를 먹는 것'은 모두 전쟁에서 얻은 탈취물을 뜻합니다. 이스라엘 백성은 이를 하나님의 축복이라 생각했지만 이는 하나님의 원칙이 아닌 배려였습니다. 이후로는 성실로 음식을 삼고 바르게 살아야 함을 가르쳐 주신 것입니다.

하나님은 이러한 방법으로 집을 채우거나 재산 모으는 것을 싫어하십니다. 땀 흘려 일하고 씨를 뿌려 정당한 대가를 얻기 원하십니다. 그래서 사도 바울은 "일하기 싫어하거든 먹지도 말게 하라"(살후 3:10)고 강하게 권면하고 있습니다.

"우리가 온갖 보화를 얻으며 빼앗은 것으로 우리 집을 채우리니 너는 우리와 함께 제비를 뽑고 우리가 함께 전대 하나만 두자 할지라도 내 아들아 그들과 함께 길에 다니지 말라 네 발을 금하여 그 길을 밟지 말라"(잠 1:13-15).

악인들은 오직 현재적이고 찰나적인 것을 위해 선과 악을 가리지 않고 행동할 뿐 영혼에 대한 염려는 전혀 하지 않습니다. 14절은 도둑들이 노략한 탈취물을 제비 뽑아 분배하는 장면을 묘사합니다. 그들은 '우리가 함께 전대 하나만 두자'고 말합니다. 이 말의 의미를 생각하면 재미있습니다. 악인들은 언제나 의리를 강조합니다. '함께 죽고 함께 살자'고 말합니다. 재산을 공동으로 갖자고 유혹합니다. 젊을 때는 피가 뜨겁기 때문에 그런 말에 쉽게 유혹됩니다. 그러나 지혜자는 '그들과 함께 길에 다니지 말라'고 말합니다. 그들의 길은 멸망의 길이기 때문입니다.

악인의 특징은 무엇입니까? 땀 흘려 일하기 싫어하고, 지름길이나 속성을 좋아합니다. 그리고 남의 것을 훔치거나 빼앗는 것을 두려워하지 않습니다. 이는 하나님을 두려워하지 않기 때문입니다. 이런 자들을 멀리하지 않으면 그들이 멸망할 때 함께 망하게 됩니다. 우리는 악인의 꾀를 따르지 않게 해 달라고 기도해야 합니다.

"형제들아 내가 너희를 권하노니 너희가 배운 교훈을 거슬러 분쟁을 일으키거나 거치게 하는 자들을 살피고 그들에게서 떠나라 이 같은 자들은 우리 주 그리스도를 섬기지 아니하고 다만 자기들의 배만 섬기나니 교활한 말과 아첨하는 말로 순진한 자들의 마음을 미혹하느니라"(롬 16:17-18). 이 말씀은 남을 등치고, 빼앗고, 교활한 말로 꾀는 악인을 분별할 줄 아는 지혜자가 되라는 것입니다. 우리는 일평생 남을 해치거나 남의 물건을 빼앗는 악인을 멀리해야 합니다. 악인의 길을 떠나 의인의 길을 걷는 지혜자가 되어야 합니다.

악인은 이익을 탐한다

이익을 보는 것은 나쁜 것이 아닙니다. 이익을 보려는 인간의 마음이 생산의 증대를 가져왔습니다. 시장이 형성되고 자본이 축적되면서 자본주의가 형성된 것입니다. 그런데 이익을 탐할 때 문제가 일어납니다. '탐'(貪)이라는 글자를 살펴봅시다. 이는 '탐하다, 욕심을 내다'라는 뜻으로서, 한자를 풀어 보면 '이제 금'(今)에 '조개 패'(貝)로 이루어져 있습니다. '조개 패'는 돈이라는 뜻으로서, '지금 당장 돈을 가지려는 마음'이라는 의미가 '탐'이라는 글자에 들어 있습니다. 영어로는 covet인데, 이 또한 한자와 마찬가지로 '턱없이 탐내다'라는 뜻을 가집니다. 그렇기 때문에 '탐'자가 붙는 말은 모두 악한 의미를 갖습니다. 탐관오리, 탐욕, 탐음, 식탐과 같은 단어들이 그 예입니다.

우리는 언제나 정당한 이익을 추구해야 합니다. 남에게 해를 끼치지 않고 이익을 추구하는 것을 정당한 이익이라 합니다. 인간은 누구나 남보다 더 갖고 싶고, 더 잘되고 싶은 욕심을 갖고 있습니다. 그러나 결코 남을 해치면서까지 가져서는 안 됩니다.

"대저 그 발은 악으로 달려가며 피를 흘리는 데 빠름이니라 새가 보는 데서 그물을 치면 헛일이겠거늘 그들이 가만히 엎드림은 자기의 피를 흘릴 뿐이요 숨어 기다림은 자기의 생명을 해할 뿐이니 이익을 탐하는 모든 자의 길은 다 이러하여 자기의 생명을 잃게 하느니라"(잠 1:16-19).

17절은 '새가 보는 데서 그물을 치면 헛일'이라고 말씀합니다. 악인들은 은밀한 곳에 숨어서 음모를 꾸미기 때문에 아무도 모르게 해치우리라 생각하며 완전 범죄를 꿈꿉니다. 그러나 불꽃같은 눈으로 인간을 감찰하시는 하나님 앞에 숨을 수 있는 은밀한 곳은 없습니다. 하나님은 악인의 일거수일투족(一擧手一投足)을 모두 지켜보고 계십니다. 그러므로 남을 해치면서까지 불의한 이익을 탐하는 것은 결국 자기의 생명을 해치게 되는 결과를 가져온다는 경고입니다.

불의한 이익이란 뿌리지도 않은 것을 거두려 하는 것입니다. 믿음의 사람들은 땀 흘리며 씨를 뿌려야 합니다. 그래야 기쁨으로 단을 거두게 됩니다. "깊은 골짜기는 채워도 사람의 욕심은 채우기 어렵다"는 말이 있습니다. 인간의 욕심이란 끝이 없음을 가르쳐 주는 격언입니다. 욕심을 절제하지 못하고 계속 채우려는 사람은 갈증 날 때 바닷물을 마시는 어리석은 사람과 같습니다. 바닷물을 마시면 더 목이 타게 마련입니다. 성경은 이런 사람의 모습을 "눈은 보아도 족함이 없고 귀는 들어도 가득 차지 아니하도다"(전 1:8)라고 말씀합니다. 성경은 또한 사람의 끝없는 욕심에 대해 "은을 사랑하는 자는 은으로 만족하지 못하고 풍요를 사랑하는 자는 소득으로 만족하지 아니하나니 이것도 헛되도다"(전 5:10)라고 말씀합니다.

사람이 탐심으로 눈이 어두워지면 망할 때까지 끝을 모르고 달려

갑니다. 가룟 유다는 돈에 대한 욕심으로 눈이 멀자 은 30냥에 예수
님을 팔아넘긴 뒤 결국 자살하고 말았습니다. 또한 엘리사의 사환
게하시는 재물을 탐내 거짓말로 그것을 취했다가 나병에 걸리는 저
주를 받았습니다.

　세상에는 이익을 탐하는 자들로 인해 끊이지 않고 사기, 도둑, 강
도, 유괴, 인신매매, 살인 등의 사건이 발생합니다. 점점 그 방법이
교활해지고, 잔인해지며, 그 수도 날로 증가하고 있습니다. 하나님
은 탐심을 우상 숭배와 같은 것이라고 말씀하셨습니다(골 3:5 참조). 출
애굽기 20장 5절은 하나님이 가장 미워하셔서 징벌하시는 것이 우
상 숭배라고 말씀합니다. 우상 숭배하는 자는 반드시 멸하고 3, 4대
까지 그 죄로 인한 재앙이 미칠 것이라고 말씀하셨습니다. 그렇다면
탐심을 갖는 것은 자신만 망하는 것이 아니라 자손까지 망하게 하는
치명적인 죄가 되는 것입니다.

　"내 마음을 주의 증거들에게 향하게 하시고 탐욕으로 향하지 말게
하소서"(시 119:36). 이 말씀이 우리의 기도가 되어야 합니다. 우리는
탐욕을 멀리하고 주의 증거들을 향하도록 기도해야 합니다. 이익을
탐하는 악인을 멀리하고 오늘도 내일도 생명의 씨앗을 뿌리며 성실
하게 살아가는 지혜자가 되기를 간구해야 합니다.

3

부르심에 응답하는
인생이 지혜롭다

지혜가 길거리에서 부르며
광장에서 소리를 높이며
시끄러운 길목에서 소리를 지르며
성문 어귀와 성중에서
그 소리를 발하여 이르되

잠 1:20-21

예수님은 비밀리에 복음을
전하신 것이 아니라
공개적으로 전하시며
죄인들을 초청하셨습니다.
우리도 공개적으로 복음을 전하고
초청해야 합니다.

살면서 기억에 남을 만한 몇 번의 초청을 받은 일이 있었습니다. 교계 지도자들과 함께 대통령의 초대를 받아 몇 차례 청와대에 간 적이 있는데, 까다로운 절차를 거쳐 대통령을 만나 인사하고, 예배드리고, 식사를 했습니다. 덕담이 오가고 의례적인 인사를 주고받았지만 격의 없는 대화를 하기는 쉽지 않은 분위기였습니다. 그래서인지 별다른 감격은 없었습니다. 또 한번은 재벌 회장 사모님의 초대로 전망 좋은 식당에서 식사 대접을 받은 적이 있었습니다. 그때 무엇을 먹었는지, 맛은 어땠는지에 대한 기억은 전혀 없고 은쟁반에 은수저 식기 일체가 고급이었던 것만 기억에 남아 있습니다. 그런데 인생의 방향을 결정짓는 초청은 이런 보이는 초청이 아닌 보이지 않는 손에 의해 결정됩니다.

당신은 어떤 초청이 기억에 남아 있습니까? 본문은 지혜가 사람을 초청한다고 말씀합니다. 지혜를 의인화해서 지혜가 모든 사람을 초청한다고 말씀합니다. 이 지혜의 초청에 응답하면 인생이 행복하고 풍요로워지며 형통하게 됩니다. 그런데 대부분의 사람들이 지혜의 초청에 응답하지 않고 자기 소견에 옳은 대로 행하다가 멸망의 길로 가게 됩니다. 우리는 지혜의 초청에 응답함으로 복되고 형통한 길을 걸어야 합니다.

공개적인 초청

지혜에는 개방성이 있습니다. 폐쇄적인 지혜는 지혜라 할 수 없습니다. 지혜는 학교나 학원에서 배울 수 있는 것이 아닙니다.

영의 눈을 뜨고 마음의 귀를 열면 사방에 널려 있는 모든 사물과 사람이 나의 스승이요, 지혜의 보고입니다. 떨어지는 낙엽을 보면서는 추운 겨울을 이기기 위해 몸을 가볍게 하는 나무의 지혜를 배우고, 민들레 씨앗이 바람에 날리는 것을 보면서는 자신의 생명을 멀리 퍼뜨리려는 생존 전략의 지혜를 배우게 됩니다. 이처럼 영의 눈을 뜨고 보면 사방에서 지혜가 손짓하는 것을 볼 수 있게 됩니다.

"지혜가 길거리에서 부르며 광장에서 소리를 높이며 시끄러운 길목에서 소리를 지르며 성문 어귀와 성중에서 그 소리를 발하여 이르되 너희 어리석은 자들은 어리석음을 좋아하며 거만한 자들은 거만을 기뻐하며 미련한 자들은 지식을 미워하니 어느 때까지 하겠느냐 나의 책망을 듣고 돌이키라 보라 내가 나의 영을 너희에게 부어 주며 내 말을 너희에게 보이리라"(잠 1:20-23).

본문은 지혜를 의인화했습니다. 지혜가 사람처럼 말하고 행동합니다. 또 지혜가 활동하는 영역이 길거리, 광장, 시끄러운 길목, 성문 어귀 그리고 성중으로 매우 다양합니다. 잠언 8장 2-3절을 보면 길가의 높은 곳, 네거리, 출입하는 문이 더 추가되어 있습니다. 이 여러 지혜의 활동 영역을 한마디로 표현하면 사람들이 많이 다니는 곳이라 할 수 있습니다. 이를 통해 지혜의 개방성을 알 수 있습니다.

이처럼 지혜는 사람들을 공개적으로 초청합니다. 지혜가 공개적으로 사람들을 초청한다는 것은 우리가 통념적으로 생각했던 것과 사뭇 다릅니다. 지혜는 조용한 교회, 기도원, 제자 훈련 또는 QT를 통해서 얻을 수 있을 것이라 생각했는데 그와 반대로 길거리, 광장, 시끄러운 길목 같은 데서 부른다고 말씀합니다. 여기서 '부른다'는 말은 히브리어로 '라난'이라 하는데, 이는 '크게 외치다'라는 뜻을 갖고 있습니다. 진리는 은폐되지 않고 여러 사람 앞에서 널리 선포된다는 것을 깨우쳐 주는 말씀입니다.

이와 반대로, 음녀는 어두운 골목, 은밀한 곳에서 사람을 부릅니다. 또한 악인은 은밀한 가운데 음모를 꾸밉니다. 이처럼 선과 악은 뚜렷한 대조를 이룹니다. 그런데 세상이 패역해져서 밝은 대낮에도 음란한 짓을 하고, 동성애자임을 TV에서 밝히며 스캔들을 일으켜도 부끄러워하지 않는 세상이 되었습니다. 이런 세상을 '말세'라고 부르는 것이 더 이상 이상하지 않게 되었습니다.

지혜의 소리, 진리의 소리는 소곤대는 귓속말로 전해서는 안 됩니다. 돌아오라고 큰 소리로 외쳐야 합니다. 공개적으로 많은 사람들을 향해 "회개하라 천국이 가까이 왔느니라"(마 3:2), "주 예수를 믿으라 그리하면 너와 네 집이 구원을 받으리라"(행 16:31) 하고 외쳐야 합니다.

많은 사람들이 자신이 걷는 길이 죽음의 길인지 생명의 길인지, 바른 길인지 죄 된 길인지를 모른 채 걷고 있습니다. 우리는 이러한 사람들을 향해 복음을 담대하게 그리고 공개적으로 외쳐야 합니다.

"내가 나의 영을 너희에게 부어 주며 내 말을 너희에게 보이리라"(잠 1:23b).

이 말씀에서 '내가'는 하나님, '나의 영'은 성령님, '내 말'은 예수님을 뜻합니다. 그러므로 지혜는 곧 예수님을 뜻하는 것입니다. 말씀이 육신이 되어 이 땅에 오신 예수님, 하나님의 지혜로 이 땅에 오신 예수님의 초청에 응답하는 자에게 성령을 부어 주신다는 것입니다.

예수님은 공생애 기간 동안 은밀하게 말씀하지 않으시고 공개적으로 진리를 선포하셨습니다(요 18:20 참조). 예수님은 비밀리에 복음을 전하신 것이 아니라 공개적으로 전하시며 죄인들을 초청하셨습니다. 이것을 우리의 입장에서 해석하면, 우리도 복음을 전할 때 두려워하지 말고 담대하게 외쳐야 한다는 말씀입니다. '이 사람이 마음을 열고 들을까?' 하는 두려움과 망설임으로 뒤로 미루거나 은밀하게 전하고자 하면 성령의 역사가 일어날 수 없습니다. 우리도 공개적으로 복음을 전하고 초청해야 합니다.

"너는 말씀을 전파하라 때를 얻든지 못 얻든지 항상 힘쓰라 범사에 오래 참음과 가르침으로 경책하며 경계하며 권하라"(딤후 4:2).

초청을 거부하는 자가 받는 저주

하나님이 독생자 예수 그리스도를 이 땅에 보내시기 전에 수많은 선지자들을 보내셨습니다. 그런데 죄로 물든 완악한 사람들은 지혜의 초청을 거부하고 선지자와 사도들의 말을 듣지 않았을 뿐 아니라 선지자들을 박해하고 심지어 죽이기까지 했습니다. 이에 대해 예수님은 "그러므로 하나님의 지혜가 일렀으되 내가 선지자와 사도들을 그들에게 보내리니 그중에서 더러는 죽이며 또 박해하리라 하였느니라"(눅 11:49)고 말씀하셨습니다. 그래서 하나님이 최후의 방법으로 아들이신 예수님을 보내기로 작정하신 것입니다. 그럼에도 불구하고 화인 맞은 인간들의 양심이 마비되어 아들을 영접하지 않았습니다.

사람이 강퍅해지면 귀를 막고 듣지 않습니다. 하나님이 계속 선지자들을 보내셔서 초청하셨지만 완악한 인간들은 귀를 막고 듣지 않았습니다. 이에 대해 이사야 선지자는 "오호라 너희 모든 목마른 자들아 물로 나아오라 돈 없는 자도 오라 너희는 와서 사 먹되 돈 없이,

값없이 와서 포도주와 젖을 사라 너희가 어찌하여 양식이 아닌 것을 위하여 은을 달아 주며 배부르게 하지 못할 것을 위하여 수고하느냐 내게 듣고 들을지어다 그리하면 너희가 좋은 것을 먹을 것이며 너희 자신들이 기름진 것으로 즐거움을 얻으리라 너희는 귀를 기울이고 내게로 나아와 들으라 그리하면 너희의 영혼이 살리라 내가 너희를 위하여 영원한 언약을 맺으리니 곧 다윗에게 허락한 확실한 은혜이니라 … 너희는 여호와를 만날 만한 때에 찾으라 가까이 계실 때에 그를 부르라 악인은 그의 길을, 불의한 자는 그의 생각을 버리고 여호와께로 돌아오라 그리하면 그가 긍휼히 여기시리라 우리 하나님께로 돌아오라 그가 너그럽게 용서하시리라"(사 55:1-3, 6-7)고 이야기합니다.

하나님은 이렇게 간곡히 초청하시고 사랑의 손을 내미셨으나 완악한 인간들은 그 손을 뿌리쳤습니다. 심지어 모든 교훈을 멸시하고 하나님의 책망을 코웃음 쳐 버렸습니다. 하나님은 참고 또 참으시다가 더 이상 참을 수 없으셔서 심판을 계획하고 경고를 발하셨습니다. 지혜를 거부한 자들의 결과는 다음과 같습니다.

"내가 불렀으나 너희가 듣기 싫어하였고 내가 손을 폈으나 돌아보는 자가 없었고 도리어 나의 모든 교훈을 멸시하며 나의 책망을 받지 아니하였은즉 너희가 재앙을 만날 때에 내가 웃을 것이며 너희에게 두려움이 임할 때에 내가 비웃으리라 너희의 두려움이 광풍같이 임하겠고 너희의 재앙이 폭풍같이 이르겠고 너희에게 근심과 슬픔이 임하리니 그때에 너희가 나를 부르리라 그래도 내가 대답하지 아니하겠고 부지런히 나를 찾으리라 그래도 나를 만나지 못하리니 대저 너희가 지식을 미워하며 여호와 경외하기를 즐거워하지 아니하며 나의 교훈을 받지 아니하고 나의 모든 책망을 업신여겼음이니라 그러므로 자기 행위의 열매를 먹으며 자기 꾀에 배부르리라 어리석은 자의 퇴보는 자기를 죽이며 미련한 자의 안일은 자기를 멸망시키려니와"(잠 1:24-32).

불렀으나 듣기 싫어하고, 손을 폈으나 잡는 자가 없었습니다. 교훈을 멸시했습니다. 하나님은 이들에게 어마어마한 저주를 내리겠다고 말씀하셨습니다. 그 저주는 재앙이 폭풍같이 임하고, 두려움이 광풍같이 임하자, 그때서야 하나님을 부르지만 만나지 못할 것이라는 것입니다. 우주 만물을 다스리시는 하나님이 진노하시면 그 위력을 막을 자가 누구며, 그 능력을 당할 자가 또 누구겠습니까? 어리석은 인간들은 심판을 당할 때에야 비로소 하나님을 찾으나 그때는 이미 하나님이 심판을 작정하신 후라 이를 돌이킬 수 없다는 무서운 경고를 하셨습니다. 그러므로 우리는 지혜의 초청에 응답하고 하나님의 펴신 손을 잡아야 합니다.

"내가 은혜 베풀 때에 너에게 듣고 구원의 날에 너를 도왔다 하셨으니 보라 지금은 은혜 받을 만한 때요 보라 지금은 구원의 날이로다"(고후 6:2). 지금이 바로 구원의 날이요, 은혜 받을 때입니다. 때를 놓치면 후회하는 바보가 되고 맙니다. 우리는 하나님의 은혜의 때를 놓치는 어리석음을 범해서 멸망당하지 않도록 지혜의 초청에 귀를 기울여야 합니다. 예수님도 지혜의 초청을 거부한 자들에 대해 비유로 말씀하셨습니다.

"이르시되 어떤 사람이 큰 잔치를 베풀고 많은 사람을 청하였더니 잔치할 시각에 그 청하였던 자들에게 종을 보내어 이르되 오소서 모든 것이 준비되었나이다 하매 다 일치하게 사양하여 한 사람은 이르되 나는 밭을 샀으매 아무래도 나가 보아야 하겠으니 청컨대 나를 양해하도록 하라 하고 또 한 사람은 이르되 나는 소 다섯 겨리를 샀으매 시험하러 가니 청컨대 나를 양해하도록 하라 하고 또 한 사람은 이르되 나는 장가들었으니 그러므로 가지 못하겠노라 하는지라 종이 돌아와 주인에게 그대로 고하니 이에 집 주인이 노하여 그 종에게 이르되 빨리 시내의 거리와 골목으로 나가서 가난한 자들과 몸 불편한 자들과 맹인들과 저는 자들을 데려오라 하니라 종이 이르되 주인이여 명하신 대로 하였으되 아직도 자리가 있나이다 주인이 종에게 이르되 길과 산울타리가로 나가서 사람을 강권하여 데려다가 내 집을 채우라 내가 너희에게 말하노니 전에 청하였던 그 사람들은 하나도 내 잔치를 맛보지 못하리라 하였다 하시니라"(눅 14:16-24).

이 잔치는 천국 잔치를 뜻합니다. 지혜 되시는 예수님의 초청을 거부하는 사람은 천국에 들어갈 수 없다는 말씀입니다. 지금은 초청에 응할 때입니다. 지금이 곧 예수님을 구주로 영접할 때입니다. 세상에서 박사학위를 받아야 지혜자가 되는 것이 아니라 하나님의 초청에 응답해야 지혜자가 되는 것임을 기억해야 합니다. 우리는 지혜의 초청을 거부하고 멸망당하지 않도록 주님의 초청에 응답하는 천국 백성이 되어야 합니다.

초청에 응답하는 자가 받는 복

지혜의 초청을 거부하는 자는 자신의 인생과 생명이 자기 것이라고 생각합니다. 〈내 인생은 나의 것〉이라는 노래가 있습니다. 노래 속 주인공은 내 인생은 나의 것이니 나에게 맡겨 달라고, 나는 모든 것을 책임질 수 있다고 호소합니다. 청소년 시기에 혹할 만한 내용입니다. 그러나 한편으로 생각하면 위험천만하기 그지없는 말입니다. 더욱이 신앙적으로 이런 말은 불신앙에 해당되는 매우 무서운 말입니다. 그리스도인은 우리 인생의 주인이 하나님이심을 인정한 사람들입니다. 그러므로 우리는 '주님의 뜻을 이루소서'라고 기도하며 노래해야 합니다.

본문은 '내 인생은 나의 것'이라고 외치며 지혜의 초청을 거부하는 사람은 미련하고 안일한 자라 자신을 멸망시킨다고 말씀합니다. 여기서 '안일'이란 히브리어로 '솰와'라 하는데, 이는 긍정적으로는 '편안하고 한가로움'을, 부정적으로는 '게으르고 나태하게 사는 것'을 뜻합니다. 본문의 안일은 부정적인 뜻으로 사용되었습니다. 진리를 깨닫기 위해 노력을 게을리 한 채 나태하게 살려는 태도가 얼마나 위험한 일인가를 깨우쳐 주는 말씀입니다. 이와 대조적으로 지혜의 초청에 응답하는 자에게 주시는 복에 대해서는 "오직 내 말을 듣는 자는 평안히 살며 재앙의 두려움이 없이 안전하리라"(잠 1:33)고 말씀합니다.

하나님은 지혜의 초청에 응답하는 자에게 두 가지 복을 약속하셨습니다. 첫째는, 평안의 복입니다. 중국 《서경》(書經)의 '홍범편'에 오복이라는 말이 나옵니다. 이 사상은 우리나라에도 그대로 들어왔습니다. 오복은 장수(壽), 부유함(富), 건강과 평안(康寧), 덕을 좋아함(攸好德), 편안히 일생을 마침(考終命)의 다섯 가지 복을 일컫는 말로, 이 중 세 번째 복이 평안을 담고 있을 정도로 평안의 복은 중요한 것입니다. 아무리 돈과 권력이 많아도 마음이 불안하면 그것은 저주 받은 인생입니다. 유다 왕국을 정복하고 멸망시킨 느부갓네살 왕은 평안을 잃고 미쳐서 7년간을 광야에서 소처럼 풀을 먹으며 살았습니다(단 4:33 참조). 제국의 황제라도 평안을 잃으면 아무 소용이 없습니다. 우리는 지혜의 초청에 응답해서 평안의 복을 누릴 수 있어야 합니다.

둘째는, 안전의 복입니다. 세상은 불안합니다. 사건과 사고의 연속입니다. 교통사고, 질병, 부도, 실직뿐 아니라 낮에 황폐케 하는 파멸이 닥칩니다. IS 테러, 묻지 마 살인과 같은 끔찍한 일이 닥칩니다. 뿐만 아니라 북한과 대립하고 있는 우리나라의 안전은 정말 한 치 앞을 알 수 없습니다. 그렇지만 하나님의 지혜 되시는 예수 그리스도와 함께 살면 안전하다고 약속하신 말씀을 믿어야 합니다. 그러면 "세상에 믿던 모든 것 끊어질 그날 되어도" 영원히 무너지지 않는 예수 그리스도를 반석 삼아 어엿이 천국에 가게 될 것입니다.

우리는 지혜의 초청에 응답하고 영원한 안전을 보장받았습니다. 이것이 우리에게 큰 복임을 기억하기를 바랍니다.

"여호와의 말씀이니라 그러므로 나의 종 야곱아 너는 두려워하지 말라 이스라엘아 놀라지 말라 내가 너를 먼 곳으로부터 구원하고 네 자손을 잡혀가 있는 땅에서 구원하리니 야곱이 돌아와서 태평과 안락을 누릴 것이며 두렵게 할 자가 없으리라"(렘 30:10).

4

간절함이
인생의 막힌 담을 뛰어넘는다

내 아들아 네가 만일 나의 말을 받으며
나의 계명을 네게 간직하며
네 귀를 지혜에 기울이며
네 마음을 명철에 두며 지식을 불러 구하며
명철을 얻으려고 소리를 높이며
은을 구하는 것 같이 그것을 구하며
감추어진 보배를 찾는 것 같이 그것을 찾으면

잠 2:1-4

기독교에서의 도는
진리의 말씀이요, 지혜의 근본이신
예수 그리스도를 뜻합니다.
예수 그리스도를 만나고,
그의 진리의 말씀을 궁구하고 지혜를
찾아가는 과정을 구도라 말하며,
그 길을 걷는 사람을
구도자라고 합니다.

현대 기독교에서는 '구도자'(求道者, seeker of truth)라는 말을 잘 사용하지 않습니다. 많은 사람들이 '구도'를 기독교적 용어가 아닌 불교적 용어라고 생각하는 경향이 있기 때문입니다. 그러나 구도자란 진리나 종교적인 깨달음의 경지를 구하는 사람을 뜻합니다. 기독교에서는 윌로우크릭 교회에서 '처음으로 기독교를 믿기로 결심한 사람'이라는 의미로 구도자라는 단어를 사용하였고 지금은 그와 같은 의미로 다른 교회에서도 쓰이고 있습니다.

성경에는 '도'라는 단어가 60번이나 사용되고 있습니다(주의 도, 하나님의 도, 여호와의 도, 그리스도의 도, 십자가의 도, 진리의 도, 믿음의 도, 의의 도, 도를 행하라, 도를 따르라, 도를 지키라, 도를 노래하라, 도를 즐거워하라, 도를 가르치소서 등). 예수님도 '도를 말씀하셨다'는 구절이 성경에 세 번 기록되어 있습니다(막 2:2, 12:14; 눅 20:21 참조). 이렇게 빈도수가 많고 중요한 말씀임에도 불구하고 매우 낯설게 느껴지는 것은, 그만큼 도에 대해 설교하는 일이 드물고 배운 적이 없기 때문입니다. 여기서 한번 짚고 넘어가야 할 것은, 어느 종교든 도를 닦거나 도를 통하지 않고는 신을 만나거나 깨달음을 얻을 수 없다는 것입니다. 우리는 모두 구도자가 되어 깨달음을 얻어야 합니다.

예수님은 마태복음 7장에서 구도자의 가장 중요한 자세에 대해 말씀하셨습니다. "구하라 그리하면 너희에게 주실 것이요 찾으라 그리하면 찾아낼 것이요 문을 두드리라 그리하면 너희에게 열릴 것이니 구하는 이마다 받을 것이요 찾는 이는 찾아낼 것이요 두드리는 이에게는 열릴 것이니라"(마 7:7-8). 예수님이 제자들에게 구도자가 될 것을 말씀하신 것입니다. 그렇다면 도란 무엇일까요? 도는 길(way),

진리(말씀) 그리고 인간이 마땅히 지켜야 할 도리입니다.

유교에서는 도덕적인 면을 강조해서 일종의 생활 규범, 인간의 가치 기준 등의 핵심 규범으로 이해했습니다. 노장 사상에서는 도의 종교적 의미가 강하게 부각되면서 우주 만유의 본체이면서 형이상학적 실재로서의 도를 주창했습니다. 불교의 경우에는 진리 자체를 도라고 보았습니다.

유교에서 인간과 인간 사이에서 지켜야 할 이상적인 도의 방법은 덕의 실천입니다. 그러나 기독교에서의 도는 진리의 말씀이요, 지혜의 근본이신 예수 그리스도를 뜻합니다. 예수 그리스도를 만나고, 그의 진리의 말씀을 궁구하고 지혜를 찾아가는 과정을 구도라 말하며, 그 길을 걷는 사람을 구도자라 하는 것입니다.

"내 아들아 네가 만일 나의 말을 받으며 나의 계명을 네게 간직하며 네 귀를 지혜에 기울이며 네 마음을 명철에 두며 지식을 불러 구하며 명철을 얻으려고 소리를 높이며 은을 구하는 것같이 그것을 구하며 감추어진 보배를 찾는 것같이 그것을 찾으면"(잠 2:1-4).

본문에서 말, 계명, 지혜, 명철, 지식은 모두 지혜와 비슷한 뜻으로 쓰입니다. 우리는 이러한 단어 뒤에 오는 동사에 주목해야 합니다. '받다, 간직하다, 기울이다, 두다, 구하다, 얻다, 높이다, 찾다'라는 무려 여덟 개의 동사가 등장하는데, 이는 지혜를 찾기 위해 얼마나 힘써야 하는가를 보여 줍니다. 이 중에서 '받다, 간직하다, 기울이다, 두다'는 내적인 마음가짐을 뜻하고, '구하다, 얻다, 높이다, 찾다'는 외적인 행동을 뜻합니다. 마음의 소원이 있으면 밖으로 행동이 드러나게 마련입니다.

1절의 '간직하다'라는 말은 히브리어로 '차판'이라 하는데, 이는

'은밀히 보관하다, 저장하다'라는 뜻을 가지고 있습니다. 구도자는 하나님의 말씀을 마음속 깊이 간직해야 함을 뜻하는 것입니다. 시편 119편 11절은 "내가 주께 범죄하지 아니하려 하여 주의 말씀을 내 마음에 두었나이다"라고 말씀합니다. 주의 말씀을 마음에 간직한 자가 바른 길을 갈 수 있는 것입니다.

2절의 '귀를 기울이며 마음에 둔다'는 말씀은, 지혜를 얻기 위해서는 간절한 마음으로 사모해야 함을 표현한 것입니다. 그래서 뒤이어 3절에서 적극적으로 소리를 높여 구하고 있습니다.

4절의 '찾다'라는 말의 뜻이 의미심장합니다. '찾다'라는 단어는 히브리어로 '바카쉬'라 하는데, 이는 '광부가 금을 찾기 위해 열심히 땅을 파는 것'을 의미합니다. 금을 캐는 광부는 깊은 땅속까지 파 들어갑니다. 우리가 그런 정성을 기울일 때 하나님이 감동하시고 하늘 문을 여시사 은혜의 빛줄기를 쏟아 부어 주실 것입니다.

하나님을 깨달음

하나님을 간절히 찾는 구도자는 하나님을 알게 되고 하나님이 어떤 분이신지를 깨닫게 됩니다.

기독교를 계시의 종교라고 합니다. 계시란 헬라어로 '아포칼립시스'라 하는데, 이는 '커튼을 열어 보이다'라는 뜻을 갖고 있습니다. 계시의 주체는 사람이 아닌 하나님이십니다. 하나님이 열어 보여 주셔야만 알 수 있습니다. 하나님에 대해 안다는 것은 하나님이 자신을 나타내 보여 주시는 만큼 아는 것입니다. 천국도 마찬가지입니다. 신비한 영의 세계를 다 아는 것처럼 말하는 사람들에게 현혹되어 끌려가지 마십시오. 그런 사람은 대부분 사기꾼입니다.

우리는 인간의 한계를 알아야 합니다. 인간의 시력은 좋아야 2.0입니다. 인간의 청력은 아주 작거나 아주 큰 소리를 듣지 못합니다. 지금도 지구는 굉음을 내며 돌아가고 있지만 우리는 그 소리를 듣지 못합니다. 만일 지구가 돌아가는 소리를 듣는다면 어떤 일이 생길까요? 고막이 터지고 신경이 파괴되어 죽고 말 것입니다. 그렇기에 하나님이 듣지 못하게 만드신 것입니다. 우리는 이런 한계를 인정하고 겸손히 하나님의 지혜를 구해야 합니다.

"여호와 경외하기를 깨달으며 하나님을 알게 되리니 대저 여호와는 지혜를 주시며 지식과 명철을 그 입에서 내심이며 그는 정직한 자를 위하여 완전한 지혜를 예비하시며 행실이 온전한 자에게 방패가 되시나니"(잠 2:5-7).

구도자에게 주시는 첫 번째 유익은 깨닫게 하시는 것입니다. 하나님을 알고 그분을 어떻게 경외해야 하는지를 깨닫게 하십니다. 하나님을 경외하는 최고의 방법은 제사입니다. 제사에는 제물, 곧 마음이 필요한데 여기엔 흠이 없어야 합니다. 하나님은 고기를 잡수시고자 제물을 받으시는 것이 아니라 진심 어린 마음, 순종하는 마음을 받기 원하십니다(삼상 15:22 참조).

제사가 예수님의 십자가 사건 이후 예배가 되었습니다. 예배는 단번에 산제사를 드리신 예수님의 이름을 부르며 하나님에게 나아와 찬양을 드리고, 온 마음과 뜻과 정성을 다해 감사하고, 사랑의 고백을 드리는 것입니다. 이런 예배자의 자세에 대해 예수님은 "하나님은 영이시니 예배하는 자가 영과 진리로 예배할지니라"(요 4:24)고 말씀하셨습니다.

우리가 영과 진리로 예배하면 하나님이 하늘 문을 열어서 자신을 보여 주시는데 이를 '계시'라고 합니다. 그러면 어떻게 하나님을 더 잘 알 수 있을까요? 하나님의 계시의 말씀인 성경을 보아야 합니다. 하나님이 성경을 통해 자신의 성품을 보여 주셨기 때문입니다. 또한 하나님의 독생자 예수 그리스도를 보여 주십니다. 그의 사랑, 그의 희생, 그의 십자가를 통해 하나님의 사랑을 깨닫게 되는 것입니다.

우리가 하나님을 안다는 것은 단순히 '하나님이 계시다' 정도의 인식을 하는 것이 아니라, 우리를 사랑하시고 우리를 위해 자신의 독생자 예수 그리스도를 희생하게 하신 우리의 아버지이심을 아는 것입니다. 이는 곧 그분이 유일한 경배의 대상이 되심을 깨닫는 것입니다.

하나님은 이렇게 하나님을 경외하는 자를 끝까지 보호해 주십니다. 이것을 본문 7절에서는 '방패가 되신다'고 말씀합니다. 사람은 어려서 부모를 방패 삼아서 자라납니다. 그러다가 성인이 되면 부모의 방패가 그리 막강하지 않음을 알게 됩니다. 그래서 다른 방패를 찾아 줄을 서고 보호받기를 원합니다. 선거철이 되면 수많은 사람들이 정당을 방패 삼아 국회의원에 도전합니다. 그러나 세상의 방패는 완전하지 못해 뚫리거나 무너지고 맙니다. 세상의 방패가 무너져도 하나님을 방패로 삼을 때 안전하다는 사실을 깨닫는 자가 영원한 승리를 맛보게 됩니다.

미래에 대한 불안함, 전쟁에 대한 공포로 두려워 떠는 아브라함에게 하나님이 방패가 되어 주겠다고 약속하셨습니다(창 15:1 참조). 방패는 적의 칼과 화살과 창으로부터 몸을 보호해 주는 방어용 무기입니다. 하나님의 자녀가 되기만 하면 사탄의 공격으로부터, 세상의 환난으로부터 보호해 주심을 믿어야 합니다.

우리는 하나님을 경외하고 정직하게 살아야 합니다. 그러면 하나님이 원수의 불화살을 막아 주시고 능력의 손으로 보호해 주실 것입니다(시 84:11 참조). 세상의 권력자는 정직하지 못해도 자신의 부하를 지켜 줍니다. 그러나 하나님은 공의로운 분이시기 때문에 정직한 자를 지켜 주십니다. 이런 것을 깨닫는 것이 구도자의 지혜입니다.

하나님을 경외하고 정직하게 행하면 하나님은 우리의 영원한 방패가 되십니다. 지혜와 진리를 구하는 구도자로서 깨달음을 얻고 하나님을 경외하는 예배자, 하나님을 방패 삼고 보호받아 평안을 누리는 삶이기를 간구하십시오.

선악을 분별함

구도자의 두 번째 유익은 선악을 분별하게 되는 것입니다. 선한 것과 악한 것을 모르는 사람이 있을까요? 누구나 알 수 있는 것 같지만 세상에 악을 행하는 사람, 악을 행하는 나라가 많은 것을 보면 그렇지 않은 듯합니다. 그러므로 선악을 분별한다는 말은 선을 행하느냐, 악을 행하느냐로 연결되는 것입니다.

사람이라면 누구나 선한 길을 가야 마땅합니다. 그러나 죄에 얽매인 인간은 사탄의 노예가 되어 선한 길을 가고 싶어도 그게 잘 안 됩니다. 이에 대해 사도 바울은 "내가 한 법을 깨달았노니 곧 선을 행하기 원하는 나에게 악이 함께 있는 것이로다 내 속사람으로는 하나님의 법을 즐거워하되 내 지체 속에서 한 다른 법이 내 마음의 법과 싸워 내 지체 속에 있는 죄의 법으로 나를 사로잡는 것을 보는도다 오호라 나는 곤고한 사람이로다 이 사망의 몸에서 누가 나를 건져내랴"(롬 7:21-24) 고백하며 탄식했습니다. 이런 곤고한 인생 중에 지혜를 찾는 구도자에게 하나님의 은혜가 임해서 선한 길을 깨닫게 하시는 것입니다.

"대저 그는 정의의 길을 보호하시며 그의 성도들의 길을 보전하려 하심이니라 그런즉 네가 공의와 정의와 정직 곧 모든 선한 길을 깨달을 것이라 … 지혜가 너를 선한 자의 길로 행하게 하며 또 의인의 길을 지키게 하리니 대저 정직한 자는 땅에 거하며 완전한 자는 땅에 남아 있으리라 그러나 악인은 땅에서 끊어지겠고 간사한 자는 땅에서 뽑히리라"(잠 2:8-9, 20-22).

본문 8절에 나오는 '성도'는 잠언에 딱 한 번 나오는 굉장히 중요한 말입니다. 성도는 히브리어로 '하시드'라 하는데, 이는 '구별된, 거룩한, 경건한'이란 뜻을 갖고 있습니다. 하나님에 대해 경건한 마음을 품고 살아가는 사람이 성도입니다. 신약에서는 '하기오스'라고 하는데, 이는 세상과 구별된 자를 뜻합니다. 성도란 '그리스도 예수 안에서 거룩하여지고' 세상과 구별된 삶을 사는 존재임을 기억해야 합니다(고전 1:2 참조). 하나님은 지혜를 찾는 구도자를 공의롭게, 정의롭게, 정직하게 하셔서 선한 길을 걷게 하십니다.

그렇다면 '선하다'는 것은 무엇일까요? 이는 히브리어로 '토브'라 하는데, '결실이 좋은, 아름다운, 즐거운'이라는 뜻을 갖고 있습니다. 과수원을 하는 농부에게는 결실이 좋은 나무가 선한 나무입니다. 꽃을 재배하는 사람에게는 아름다운 꽃이 선한 꽃입니다. 부모에게는 즐거움을 주는 자녀, 선생에게는 보람을 주는 제자가 선한 자녀요, 제자입니다. 마찬가지로 우리를 만드신 하나님이 보시기에 즐겁고,

아름답고, 성령의 열매를 맺어 드리는 삶이 선한 삶인 것입니다.

당신의 삶은 어떠합니까? 이것을 깨달은 구도자라면 당연히 악한 길을 멀리합니다. 그 악한 것 중에 대표적인 것이 '음란'입니다.

"지혜가 또 너를 음녀에게서, 말로 호리는 이방 계집에게서 구원하리니"(잠 2:16).

음녀는 히브리어로 '주르'라 하는데, 이는 '곁길로 가다'라는 뜻을 갖고 있습니다. 인간이 피하기 어려운 죄, 하나님이 가장 가증하게 여기시는 죄가 음란입니다. 다윗이 완전하지 않았음에도 그를 위대한 왕이라 하는 이유는, 그가 음란죄를 지었음에도 불구하고 지적받았을 때 합리화하지 않고 회개하며 자복했기 때문입니다. 영악한 인간들은 죄를 합리화하기 위해 담합해서 사회법 자체를 바꾸고자 시도합니다. 도덕과 윤리를 완전히 바꾸어 동성애도 자유롭게, 간음도 자유롭게 만들어 자유연애를 인간적인 것이라고 주장합니다.

지혜자가 되어 음란을 멀리하십시오. 음란한 사람은 곁길로 갑니다. 유리방황하고 멸망의 길을 간다는 뜻입니다. 지혜를 구하는 구도자는 선악을 구별해서 선을 행하고 음란을 멀리해야 합니다. 하나님이 우리를 예수 안에서 새로운 피조물로 만드신 이유는 선한 일을 행하도록 하시기 위함임을 기억해야 합니다(엡 2:10 참조). 이것을 깨닫는 구도자는 자연히 음란을 멀리하게 될 것입니다.

지혜를 찾는 구도자가 되십시오. 하나님이 선악을 분별하게 하시고 음란을 멀리하게 하셔서 선한 일에 열심인 친 백성으로 삼아 주시기를 날마다 간구하십시오.

영혼이 즐거움을 누림

구도자의 세 번째 유익은 영혼이 즐겁다는 것입니다. 세상의 많은 사람들이 육신의 쾌락을 추구합니다. 현대인들은 대놓고 쾌락을 추구합니다. 현대인들에게는 4S라는 것이 있는데, 그것은 스포츠(Sports)를 즐기고, 영화(Screen)를 즐기고, 스피드(Speed)를 즐기고, 자유로운 이성 교제(Sex)를 즐긴다는 것입니다.

그리스도인은 세상을 거슬러 올라가는 생명이 있어야 합니다. 그러기 위해 지혜를 추구하는 구도자가 되어야 합니다. 지혜의 근원 되시는 예수님을 사모하고, 말씀을 마음에 새기고, 그분의 영인 성령을 마음 가득 채워야 합니다. 이런 상태를 성령 충만하다고 말하는 것입니다. 그렇게 되면 영혼이 즐거움을 누리게 됩니다(잠 2:10 참조).

맛있는 음식이 들어가는 즐거움은 잠깐입니다. 쾌락으로 인한 즐거움도 잠깐입니다. 세상적인 것을 한마디로 표현한다면 '잠시'라는 말로 표현할 수 있습니다. 그런데 영혼의 즐거움은 영원합니다. 영혼이 즐거운 것은 참으로 복된 일입니다.

인생을 살다 보면 병들 때도 있고, 떨어질 때도 있고, 가난할 때도 있고, 슬플 때도 있고, 큰 풍파를 만날 때도 있습니다. 이것은 세상에 사는 한, 육신을 입고 있는 한 예수 믿는 성도들도 동일하게 겪을 수 있는 일입니다. 그러나 구도자는 영혼의 즐거움을 얻기 때문에 영혼의 노래를 부르게 됩니다.

지혜를 찾지 않는 사람은 멀쩡한 사지백체(四肢百體)를 가지고도 살인, 강도, 강간과 같은 끔찍한 일을 저지릅니다. 그러나 지혜를 마음 가득 채운 구도자는 자신보다 어려운 사람을 돕기 위해 애씁니다. 어떻게 그럴 수 있을까요? 영혼의 즐거움을 얻었기 때문입니다.

마귀는 오늘도 우는 사자와 같이 두루 다니며 우리의 영혼을 노략질합니다. 먼저 지혜를 어둡게 만들고, 어둠속을 헤맬 때 영혼을 빼앗아 갑니다. 그러면 영혼이 병들어 우울증, 분열증, 노이로제에 걸려 즐거움을 다 빼앗기게 됩니다. 마귀는 이 시대 젊은이들의 영혼을 빼앗기 위해 흙수저론을 퍼뜨리고, 헬조선을 외치게 만듭니다. 주부 우울증을 부추겨 남편을 원망하게 하고, 자살 충동을 일으켜 쓰러지게 만듭니다. 그렇게 되면 즐거운 일 앞에서도, 꽃이 피는 것을 보면서도, 아름다운 경관을 보고도 기쁨이 없고 우울하기만 합니다. 우리는 이런 마귀의 유혹을 물리치고 주님과 동행해야 합니다.

우리는 마음을 주의 지혜로 채워야 합니다. 그래야 영혼의 즐거움을 누릴 수 있습니다. 그래야 영혼에 햇빛이 비치고, 찬란하고 광명한 빛에 거하는 행복한 삶이 됩니다.

"의인은 여호와로 말미암아 즐거워하며 그에게 피하리니 마음이 정직한 자는 다 자랑하리로다"(시 64:10).

주님의 지혜를 구하십시오. 간구하는 심령 위에 하나님이 지혜로 채우시고 영혼의 즐거움을 주실 것입니다.

．

그리스도인은 세상을 거슬러 올라가는 생명이 있어야 합니다.

그러기 위해 지혜를 추구하는 구도자가 되어야 합니다.

지혜의 근원 되시는 예수님을 사모하고, 말씀을 마음에 새기고,

그분의 영인 성령을 마음 가득 채워야 합니다.

5

자세를 보면
그 마음을 알 수 있다

내 아들아
나의 법을 잊어버리지 말고
네 마음으로 나의 명령을 지키라

잠 3:1

하나님과 올바른 관계를
맺는 방법은 무엇일까요?
그것은 곧 하나님의 말씀,
하나님의 법도, 하나님의 명령에
순종하는 것입니다.

사람들은 지혜롭다는 말을 들을 때 영특한 사람, 간사한 사람, 까칠한 사람, 순수한 사람 중 어떤 유형을 생각할까요? 다른 건 몰라도 순수한 사람이라고 생각하는 경우는 매우 드물 것입니다. 순수한 사람이라 하면 어리숙하고 심지어 모자란 느낌마저 들기 때문입니다. 그러나 성경은 순종이 최고의 제사가 되고, 순종하는 사람이 복을 받는다고 가르칩니다. 순종하는 사람이 어리숙하게 보여도 결과적으로는 제일 잘되고, 빠르고, 지름길로 가는 경우가 많기 때문에 순종이 지혜라고 말할 수 있습니다.

본문은 다섯 가지의 조건절로 되어 있습니다. 조건절이란 '…을 하면 …을 해 주겠다'는 것인데, 본문 2, 4, 6, 10절에 보면 '그리하면'이라는 단어가 나옵니다. 그 외에 8절에는 '그리하면'이 생략되어 있습니다.

1-2절 나의 명령을 지키라	그리하면	장수와 평강을 주실 것이다
3-4절 진리를 마음에 새기라	그리하면	은총을 받을 것이다
5-6절 범사에 그를 인정하라	그리하면	네 길을 인도하실 것이다
7-8절 여호와를 경외하라	그리하면	건강을 주실 것이다
9-10절 하나님에게 재물을 드리라	그리하면	물질의 복을 받을 것이다

본문은 인간이 복을 받고 지혜를 얻기 원한다면 하나님과의 올바른 관계를 유지해야 함을 강조합니다. 인간은 다른 피조물과는 달리 하나님의 형상대로 지음을 받았습니다(창 1:26-28 참조). '하나님의 형상'이란 히브리어로 '이마고 데이'라 하는데, 이는 '하나님의 이미

지'라는 뜻입니다. 인간은 다른 피조물과 다르게 하나님의 신성, 곧 하나님의 영이 담겨 있는 존재라는 것을 알아야 합니다. 그렇기에 인간은 영혼을 지닌 인격적 존재가 되었고, 인격적이신 하나님과 바른 관계를 유지할 때에야 비로소 인간 본연의 가치 있는 삶을 살 수 있는 것입니다.

그렇다면 하나님과 올바른 관계를 맺는 방법은 무엇일까요? 그것은 곧 하나님의 말씀, 하나님의 법도, 하나님의 명령에 순종하는 것입니다. 그런데 문제는 아담의 불순종이 가인에게 유전되었고, 가인의 불순종이 이후 자손들에게 유전되면서 우리 인간의 혈관에 불순종의 악한 피가 흐른다는 데 있습니다.

성경은 두 번째 아담으로 오셔서 순종의 제사를 드리신 예수님을 믿고 새로운 피조물로 거듭난 인간은 예수님을 닮아 순종의 사람이 될 것을 가르칩니다. 피조물 된 인간은 지혜의 근원 되시는 하나님을 의지하고 그분에게 순종함으로써 하나님이 예비하신 온갖 복을 받고 누릴 수 있게 되는 것입니다.

우리가 섬기는 하나님은 살아 계신 분이십니다. 불러도 대답 없는 우상이 아니십니다. 따라서 우리의 신앙, 우리의 순종은 허공에 사라지는 메아리가 아닙니다. 하나님은 명령에 순종하는 자에게 반드시 이 땅에서 복을 주시는 분이십니다.

본문은 하나님이 요구하시는 순종과 그에 따른 복을 분명히 약속하고 있습니다.

하나님의 요구	순종하는 자의 복
법과 명령(1절)	장수와 평강(2절)
인자와 진리(3절)	은총과 존귀(4절)
여호와 신뢰(5절)	길을 지도(6절)
여호와 경외(7절)	양약과 골수 윤택(8절)
구체적 감사(9절)	창고가 넘침(10절)

하나님은 복 주시기를 좋아하십니다. 하나님의 요구는 징계하시기 위함이 아닌 복 주시기 위함입니다. 복을 주시되 누르고 흔들어 넘치도록 안겨 주시는 은혜가 풍성하신 하나님이십니다. 이러한 복된 삶을 살기 위해서는 하나님과의 관계가 잘되어 있어야 합니다. 하나님과의 관계를 잘 맺는 비결은 하나님이 '하라'고 명령하실 때 지체 없이 순종하는 것입니다. 이것이 지혜입니다. 그래서 순종이 제사보다 낫다고 한 것입니다.

전적인 순종

순종에도 등급이 있습니다. 마지못해, 억지로, 나중에 순종하는 사람이 있는가 하면 전적으로 순종하는 사람이 있습니다. 아브라함은 두 번이나 전적으로 순종한 사람입니다. 성경은 이에 대해 "믿음으로 아브라함은 부르심을 받았을 때에 순종하여 장래의 유업으로 받을 땅에 나아갈새 갈 바를 알지 못하고 나아갔으며"(히 11:8)라고 기록합니다. '갈 바를 알지 못하고 나아갔다'는 말씀은 죽기를 각오하고 전적으로 순종했다는 뜻입니다. 흥할지 망할지 모르고 순종했다는 것입니다. 이런 일사각오(一死覺悟)의 순종이 아브라함을 믿음의 조상이 되게 한 것입니다.

성경은 또한 "아브라함은 시험을 받을 때에 믿음으로 이삭을 드렸으니 그는 약속들을 받은 자로되 그 외아들을 드렸느니라"(히 11:17)라고 기록합니다. 하나님이 외아들을 드리라고 명하실 때 아브라함은 가문의 씨앗으로 약속받은 이삭을 두말하지 않고 드렸습니다. 이것이 전적인 순종입니다.

에스더 역시 이같은 순종을 한 사람입니다. "죽으면 죽으리라" 하며 생명을 돌보지 않고 자신을 던진 에스더의 순종이 민족을 구했고, 그녀는 믿음의 영웅이 되었습니다(에 4:16 참조). 오늘을 살아가는 우리에게도 이러한 전적인 순종이 요구됩니다.

"내 아들아 나의 법을 잊어버리지 말고 네 마음으로 나의 명령을 지키라 그리하면 그것이 네가 장수하여 많은 해를 누리게 하며 평강을 더하게 하리라 … 스스로 지혜롭게 여기지 말지어다 여호와를 경외하며 악을 떠날지어다 이것이 네 몸에 양약이 되어 네 골수를 윤택하게 하리라"(잠 3:1-2, 7-8).

'마음으로 나의 명령을 지키라'는 말씀은 마음을 다하고, 정성을 다하고, 뜻을 다하고, 힘을 다해서 하나님의 명령에 순종하라는 것입니다. 그리고 '스스로 지혜롭게 여기지 말라', '악을 떠날지어다'라는 말씀은 하나님과 자신을, 하나님과 세상을 섞어서 믿거나 의지하지 말라는 것입니다. 믿으려면 철저하게 믿고, 순종하려면 100퍼센트 순종하라는 것입니다. 이런 것을 '전심전력'(全心全力)이라 말합니다.

자신의 지혜나 경험에는 오류가 많음을 알아야 합니다. 완악한 인간은 절대 진리인 하나님의 말씀보다 오류투성이인 자신의 경험을 더 신뢰합니다. 그뿐 아니라 인간의 게으른 속성은 하나님의 말씀을 듣고도 실천하는 것을 뒤로 미루게 합니다. 듣기만 하고 순종하지 않으면 죄인이 되고 맙니다. 그래서 지혜자는 전심전력해서 순종하라고 말씀하는 것입니다. 전심으로 순종한 결과 아브라함은 믿음의 조상이 될 뿐 아니라 축복의 통로가 되었습니다(창 26:4-5 참조).

이것이 전심으로 순종하는 자에게 주시는 하나님의 복입니다. 적당히 순종하면 안 됩니다. 전심으로 순종해야 복을 받습니다.

매사에 순종

'은총'이란 특별한 사랑을 뜻합니다. 임금과 같이 높은 사람에게 받는 특별한 은혜와 사랑 그리고 창조주인 신에게 받는 모든 것을 일컫는 말입니다. 이러한 은총은 순종을 통해 받을 수 있습니다. 순탄한 길을 걷기 원한다면 매사에 순종해야 합니다.

"인자와 진리가 네게서 떠나지 말게 하고 그것을 네 목에 매며 네 마음 판에 새기라 그리하면 네가 하나님과 사람 앞에서 은총과 귀중히 여김을 받으리라 너는 마음을 다하여 여호와를 신뢰하고 네 명철을 의지하지 말라 너는 범사에 그를 인정하라 그리하면 네 길을 지도하시리라"(잠 3:3-6).

'인자'는 구약에 많이 나오는 단어입니다. 이는 히브리어로 '헤세드'라 하는데, '측은히 여김, 동정함, 긍휼히 여김'이란 뜻을 갖고 있습니다. 이 단어가 하나님에게는 '인간을 향한 하나님의 변치 않는 사랑과 은총'이라는 의미로, 인간에게는 '하나님을 향한 인간의 경건과 다른 사람을 향한 인간애'라는 의미로 적용됩니다.

'인자와 진리가 네게서 떠나지 않게 하라'는 말씀은 '하나님의 은총이 떠나지 않도록 견고한 믿음을 가지라'는 의미로 해석할 수 있습니다. 그러기 위해 인자와 진리를 목에 매며 마음 판에 새기라는 것입니다. 여기서 목에 매라는 것은 생활 속에서 실천하라는 뜻이고, 마음 판에 새기라는 것은 말씀을 모든 행동의 근원으로 삼으라는 뜻입니다. 그러면 하나님과 사람들에게 은총을 받는다는 말씀입니다.

이렇게 말씀에 순종하면 은총을 받게 되는데, 마음에 내킬 때는 순종하고 그렇지 않을 때는 불순종한다면 은총을 받을 수 없습니다. 본문의 5-6절이 그것을 강조합니다. 5절은 '마음을 다하여 여호와를 신뢰하고'라고 촉구합니다. 마음을 다하라는 것은 전심으로, 전적으로 하나님을 의지하라는 것입니다. 그런데 사람들은 그러지 못합니다. 자기의 경험, 지혜, 지식을 통해서 얻은 명철을 의지하고픈 욕구가 발동하게 마련입니다. 하나님을 잠시 쉬시게 하고, 잠시 뒷방에 주무시게 만들고 자기 명철을 의지하다가 일을 망치고 맙니다. 그래서 6절은 '너는 범사에 그를 인정하라', 다시 말해 하나님에게 순종하라고 촉구하는 것입니다.

'범사'(凡事)란 무엇입니까? 범사는 생의 모든 행동과 사업, 영적인 면, 세속적인 면, 공적인 면, 사적인 면 모두를 포함한 것입니다. 하나님의 자녀들에게 있어서 공사가 따로 있을 수 없고, 영적인 것과 세속적인 것의 구분이 있을 수 없습니다. 모든 것이 다 주의 것이고, 모든 면에서 주님에게 영광을 돌려야 합니다.

우리는 교회와 가정, 직장과 사회생활 모두를 하나님에게 맡기고 그분과 동행하는 자녀가 되어야 합니다. 그러면 하나님이 우리의 모든 일을 지도, 곧 '야솨르'해 주실 것입니다. 하나님이 인생 여정의 장애물을 제거해 주시고 삶의 여정을 곧게 해 주실 것입니다(벧전 5:7 참조). 맡기는 것이 순종이요, 매사에 순종할 때 하나님의 은총을 받을 수 있습니다.

구체적 순종

하나님은 말뿐이 아닌 구체적인 순종을 원하십니다. 그중에서도 재물보다 하나님, 돈보다 하나님을 더 사랑하는가를 보기 원하십니다. 그리고 이러한 순종을 통해 사람이 가장 중요하게 생각하는 재물의 복 받기를 원하십니다.

"네 재물과 네 소산물의 처음 익은 열매로 여호와를 공경하라 그리하면 네 창고가 가득히 차고 네 포도즙 틀에 새 포도즙이 넘치리라"(잠 3:9-10).

'네 재물, 네 소산물'이라 말씀하신 이유는 자신이 땀 흘려 모으고 추수한 곡식을 드리라는 것입니다. 하나님은 불의한 재물로 드리는 것을 기뻐하지 않으십니다. 얼마 전 미국에서 다섯 명이 복권에 당첨되어 천문학적인 금액을 받게 되었는데 그중 한 명이 십일조를 드리겠다고 해서 논란이 됐었습니다. 복권은 불노소득, 일확천금(一攫千金)을 노리는 것이기 때문에 하나님이 기뻐하지 않으십니다. 믿는 사람이라면 사지 마십시오.

'처음 익은 열매로 여호와를 공경하라'는 것은 단순히 첫 열매만을 의미하는 것이 아닙니다. 이는 제일 좋은 것을 뜻합니다. 제자들은 옥합을 깨뜨려 예수님의 머리에 향유를 부어 드린 여인을 비난했으나 예수님은 그 여인을 칭찬하셨습니다(마 26:7-13 참조).

하나님은 입술로만 경배하는 자보다 귀중한 옥합을 깨는 정성을 기뻐 받으신다는 사실을 기억하십시오. 사람이 하나님에게 물질을 드려 구체적으로 감사를 표시하는 것은 하나님이 나의 주인 되심, 즉 하나님의 주권을 인정하는 믿음의 외적 표현입니다. 이는 피조물이 창조주 되시는 하나님을 경외하는 겸손한 태도인 것입니다. 하나님은 이렇게 자신을 경외하는 겸손한 자들에게 지혜를 주시고, 그에 더해서 이 땅의 기름진 것으로 채워 주십니다.

그런데 재물을 아까워하고 인색하면 복을 받을 수 없습니다. 성경은 "각각 그 마음에 정한 대로 할 것이요 인색함으로나 억지로 하지 말지니 하나님은 즐겨 내는 자를 사랑하시느니라"(고후 9:7)고 말씀합니다. 인색한 마음, 억지로 드리는 마음을 버리고 즐겁게 드리십시오. 하늘 문이 열려 땅의 기름진 것을 먹는 큰 복을 받게 될 것입니다.

여기에 심는 대로 거두는 법칙이 있습니다. 하나님 공경은 구체적이어야 합니다. 말뿐이 아닌 재물과 처음 익은 열매를 드려야 합니다. 그 대가는 창고가 넘치고, 포도즙 틀이 넘치게 되는 것입니다. 포도는 이스라엘의 대표적 작물입니다. 이를 우리식으로 표현하면 쌀독에 쌀이 넘치는 것이요, 현대식으로 표현하면 통장에 잔고가 넘치는 것입니다.

이런 복 받기를 원한다면 먼저 심어야 합니다. 하나님에게 드릴 헌금을 작정하십시오. 하나님은 이를 통해 순종의 여부를 판단하십니다. 부모를 공경할 때도 말로만 하면 섭섭해 하는 것처럼, 하나님 공경을 말로만 하지 마십시오.

"만군의 여호와가 이르노라 너희의 온전한 십일조를 창고에 들여 나의 집에 양식이 있게 하고 그것으로 나를 시험하여 내가 하늘 문을 열고 너희에게 복을 쌓을 곳이 없도록 붓지 아니하나 보라 만군의 여호와가 이르노라 내가 너희를 위하여 메뚜기를 금하여 너희 토지소산을 먹어 없애지 못하게 하며 너희 밭의 포도나무 열매가 기한 전에 떨어지지 않게 하리니 너희 땅이 아름다워지므로 모든 이방인들이 너희를 복되다 하리라 만군의 여호와의 말이니라"(말 3:10-12).

저는 어머니의 신앙의 모습을 보며 자랐습니다. 어려운 살림 속에서도 몸이 부서져라 장사해서 하나님에게 바치는 것을 그렇게 기뻐하셨습니다. 그리고 그것이 저에게 복이 되었습니다. 농사는 대개 그해에 거두지만 사업 같은 경우에는 오랜 후에 결실을 맛보기도 합니다. 자녀를 위한 축복도 마찬가지입니다. 자녀가 잘되기 원한다면 하나님에게 심으십시오. 그리고 말씀대로 순종하십시오. 그러면 차고 넘치는 복을 받게 될 것입니다. 이는 신실하신 하나님의 약속입니다.

6

징계의 두려움이
진보의 성패를 가린다

대저 여호와께서
그 사랑하시는 자를 징계하시기를
마치 아비가 그 기뻐하는 아들을
징계함같이 하시느니라

잠 3:12

징계의 목적은
징계 자체가 아니라 회개하도록 하고
마귀의 올무에서 벗어나
하나님의 뜻을 따르게 하기
위함입니다.

자녀 교육에 대한 관점은 나라와 민족, 시대마다 각기 다릅니다. 동일한 시대에 살았던 아테네와 스파르타의 교육 방식은 서로 달랐습니다. 아테네는 자유를 기초로 한 전인교육이었던 반면, 스파르타는 자유를 용납하지 않는 철저히 복종하는 전사를 양성했습니다. 그러나 징계를 바탕으로 한 교육이었다는 점에서는 공통점을 보입니다.

근대까지 올라갈 것도 없이 20-30년 전만 해도 학교나 군대에서 체벌이나 구타는 일상적인 일이었습니다. 초등학교에서는 회초리로, 중학교에서는 몽둥이로, 고등학교에서는 야구 방망이로 그리고 군대에서는 곡괭이 자루로 맞는 것이 보통이었습니다. 제가 군대 생활을 할 때만 해도 맞아서 불구자가 되는 사람이 몇몇 있을 정도였습니다. 그러다가 세상이 완전히 바뀌었습니다. 학교는 물론 군대에서도 구타가 사라졌습니다.

제게는 배우 김혜자 씨의 《꽃으로도 때리지 말라》(오래된미래)는 책 제목이 오래도록 인상에 남아 있습니다. 그래서 우리 교회에 속한 선생님들에게도 '아이들을 꽃으로도 때리지 말라'고 당부합니다. 지금 교육은 아이들을 때려서 교육하는 징계 중심의 교육이 아니라, 칭찬하고 격려하고 인정하면서 아이들 속에 잠재되어 있는 재능을 꺼내는 교육에 주안점을 두고 있습니다. 그러다 보니 이런 시대를 살아가는 우리에게 잠언의 교육관은 한참이나 멀게 느껴집니다. 하나님의 말씀을 요즘 교육에 적용하는 것이 맞는가 하는 의구심마저 듭니다.

잠언은 지금으로부터 약 3천 년 전 지혜자들의 말을 모아 놓은 것입니다. 3천 년 전에 기록되었으니 옛날 고리타분한 이야기로 치부

해 버리면 그만일까요? 결코 아닙니다. 이 말씀 속에 하나님의 뜻과 교육에 대한 진리가 담겨 있습니다. 방법론 면에서 큰 차이가 나는 것은 사실이지만 그 내면에 깔려 있는 정신만은 영원히 변치 않는 진리임을 기억해야 합니다.

징계를 받아 본 적이 있습니까? 학교에는 근신, 유기정학, 무기정학, 퇴학 등의 징계가 있습니다. 교회에는 견책(죄과를 꾸짖고 회개하게 함), 근신(2-6개월 기간 죄과를 반성함, 반성문 제출), 수찬 정지(6-12개월 성찬을 받지 못함), 시무 정지(3-12개월 설교권을 제외한 모든 시무 정지), 시무 해임(3-12개월 그 직무에 한해서 모든 시무 정지), 정직(6-24개월 직원의 신분은 보유하나 직무에 종사하지 못하며 정직 기간 수찬 정지), 면직(직원 신분 박탈) 그리고 출교(교인 명부에서 제명해서 교회 출석을 금지시킴) 등의 징계가 있습니다. 이 중 출교는 가장 무서운 징계입니다. 교회에 나오지 못하게 막는다는 것은 지옥에 떨어지라는 것입니다. 마틴 루터가 종교 개혁 이후 천주교에서 출교를 당했습니다. 천주교의 세력이 강성했던 국가에서 출교를 당했다는 것은 누가 죽여도 죄를 묻지 않겠다는 것과 같은 말입니다.

물론 하나님의 징계도 있습니다. 성경은 "너는 사람이 그 아들을 징계함같이 네 하나님 여호와께서 너를 징계하시는 줄 마음에 생각하고 네 하나님 여호와의 명령을 지켜 그의 길을 따라가며 그를 경외할지니라"(신 8:5-6)고 말씀합니다.

성경에는 하나님이 징계하신 구체적인 사례가 여러 차례 기록되어 있습니다. 민수기 26장에서는 모세를 대적했던 고라의 자손을 땅이 갈라져서 250명이 빠져 죽게 하심으로 징계하셨습니다. 사무엘하 7장에서는 이스라엘 백성이 잘못을 저질렀을 때 이웃 나라 사람들을 '사람의 매와 인생의 채찍'으로 삼으셔서 징계하셨습니다(삼하 7:14 참조).

그러나 우리가 꼭 기억해야 할 징계가 있습니다. '대신 징계'하는 경우입니다. 하나님은 자식이 잘못하면 그 부모를 징계하고, 백성이 잘못하면 그들을 대신해서 지도자를 징계하셨습니다. 그런데 이런 대신 징계가 인간에게 큰 은혜가 되었습니다. 죄지은 인류를 위해 하나님의 아들이신 예수님이 대신 징계를 받으신 것입니다. 이사야 선지자는 이에 대해 "그가 찔림은 우리의 허물 때문이요 그가 상함은 우리의 죄악 때문이라 그가 징계를 받으므로 우리는 평화를 누리고 그가 채찍에 맞으므로 우리는 나음을 받았도다 우리는 다 양 같아서 그릇 행하여 각기 제 길로 갔거늘 여호와께서는 우리 모두의 죄악을 그에게 담당시키셨도다"(사 53:5-6)라고 말했습니다.

예수님이 우리를 대신해서 징계를 받으신 것을 대속의 은혜라 말합니다. 우리는 하나님의 징계와 대속의 은혜를 깨닫는 지혜자가 되어야 합니다.

징계 받는 자의 태도

하나님의 징계의 궁극적인 목적은 망하게 하시기 위함이 아닌, 깨닫게 하셔서 바르게 가도록 하시기 위함입니다. 따라서 성도에게 있어 하나님의 징계는 그 자체가 복입니다(욥 5:17-21 참조). 징계를 통해 고난 받고 매 맞고 시련을 당하면서 '나는 복이 있다', '지금 복 받는 중이다' 할 사람은 없습니다. 그러나 잘 참고 견디면 그것이 복이 된다는 사실을 기억해야 합니다.

그렇다면 징계는 어떤 사람이 받습니까? 징계는 잘못한 사람이 받습니다. 하나님이 사랑하는 자들을 징계하시는 이유는 크게 두 가지입니다.

첫째, 성도들이 범죄할 경우 징계하십니다. 하나님의 백성 된 성도들은 마땅히 하나님의 거룩하심을 본받아 거룩한 삶을 살아야 합니다. 그러나 성도라 할지라도 때로 범죄합니다. 그러면 하나님의 거룩하심을 훼손하고 그 영광을 가리기 때문에 그에 대한 대가를 치르고 하나님의 거룩하심과 영광을 보존하기 위해서 징계하십니다.

둘째, 징계를 통해서 죄를 뉘우치고 성화되게 하기 위해 징계하십니다. 이 경우에 징계는 교정의 목적을 갖습니다. 성도는 예수님을 구주로 믿는 순간 의인의 영적 지위는 완전히 획득하지만 그 인격 자체가 완전한 의인이 된 것은 아닙니다. 그렇기 때문에 때로 실수하고 넘어지기도 합니다. 이에 아비가 자식을 교정시키고자 매를 드는 것같이 하나님도 징계하시는 것입니다.

이때 징계와 징벌을 구분해야 합니다. 징계는 혼내는 것으로, 성도를 향한 공의와 사랑의 조화로 결국엔 구원에 이르게 합니다. 하지만 징벌은 죄인에 대한 공의의 형벌로서 완전한 멸망에 이르게 합니다. 성도에게도 심판은 있으나 그것은 징벌이 아닌 징계의 심판입니다. 그러므로 징계를 받을 때 절망하거나 좌절하기보다는 자신의 연약함과 죄 그리고 하나님의 사랑을 깨닫는 계기로 삼아야 합니다.

모세는 이스라엘 백성에게 징계 받을 때 취해야 할 태도에 대해 "너는 사람이 그 아들을 징계함같이 네 하나님 여호와께서 너를 징계하시는 줄 마음에 생각하고 네 하나님 여호와의 명령을 지켜 그의 길을 따라가며 그를 경외할지니라"(신 8:5-6) 하고 가르침을 주었습니다. 징계를 기분 좋게 웃으며 받을 수 있는 사람은 없습니다. 그러나 징계 받을 때의 태도가 인생을 결정한다는 것을 깨달아 지혜롭게 견려야 합니다.

부모가 매를 들 때 가장 좋은 태도는 품에 안기는 것입니다. 도망갔다가 잡히면 약이 올라 더 많이 맞습니다. 대들었다가는 화가 머리끝까지 치밀어 도망갔다가 잡혔을 때보다 더 많이 맞게 됩니다. 그렇다고 잘못했다고 빌면 앞의 두 경우보다는 덜 맞겠지만 화가 풀릴 때까지 맞을 수 있습니다. 그런데 품에 안기면 때리려야 때릴 수가 없습니다. 이는 부모와 자식의 관계뿐 아니라 어떤 공동체든 마찬가지입니다.

잠언의 지혜자는 "훈계를 지키는 자는 생명 길로 행하여도 징계를 버리는 자는 그릇 가느니라 … 훈계를 좋아하는 자는 지식을 좋아하거니와 징계를 싫어하는 자는 짐승과 같으니라"(잠 10:17, 12:1)고 교훈합니다. 징계를 잘 받아야 다음 기회가 있습니다. 그러므로 징계 받을 때 참고 인내하며 자신의 허물과 죄를 돌아보아 의와 평강의 열매 맺는 삶을 살아야 합니다(히 12:11 참조).

징계로 양육하라

우리는 세상을 살면서 여러 설움을 겪게 됩니다. 그중엔 나라 잃은 설움, 배고픈 설움, 집 없는 설움, 부모 없는 설움 그리고 질병의 설움 같은 게 있을 것입니다. 개인적으로는 부모 없는 설움이 가장 큰 설움이 아닐까 생각합니다. 예부터 고아를 불쌍히 여긴 것만 봐도 그렇습니다.

고아가 되는 데는 두 가지 경우가 있습니다. 하나는 어릴 때 부모를 여읜 경우고, 또 하나는 부모에게 버림받은 경우입니다. 부모를 일찍 여읜 것도 불쌍하지만, 부모에게 버림받은 고아는 마음의 상처가 훨씬 더 클 것입니다.

부모가 자식을 버리는 것을 '유기'(遺棄)라고 합니다. 유기란 내다 버린다는 의미입니다. 하나님에게 버림받는 사람의 결국은 지옥이요, 영원한 멸망입니다. 그러므로 하나님의 징계는 포기하지 않으셨다는 것을 의미합니다. 이는 아직 사랑하고 계시다는 증거입니다.

본문은 "대저 여호와께서 그 사랑하시는 자를 징계하시기를 마치 아비가 그 기뻐하는 아들을 징계함같이 하시느니라"(잠 3:12)고 말씀합니다. 하나님이 징계하시는 것은 우리가 하나님의 택한 자녀라는 의미입니다. 택한 자녀이기에 바른 길로 인도하시려는 사랑이 전제되어 있는 것입니다. 잠언은 자녀를 엄히 징계할 것을 거듭 권면합니다. 그래서 "아이의 마음에는 미련한 것이 얽혔으나 징계하는 채찍이 이를 멀리 쫓아내리라"(잠 22:15)고 말씀합니다. 어렸을 때의 따끔한 징계가 깨달음이 되어 지혜로운 사람을 만든다는 말씀입니다. 요즘 아이들이 똑똑하고 영특한 것 같아도 선악을 분별하지 못합니다. 그래서 나쁜 습관을 지적하고 악습에 물들지 않도록 따끔하게 훈계하는 것이 필요하다는 말씀입니다.

"아이를 훈계하지 아니하려고 하지 말라 채찍으로 그를 때릴지라도 그가 죽지 아니하리라 네가 그를 채찍으로 때리면 그의 영혼을 스올에서 구원하리라"(잠 23:13-14).

이번에는 아주 강경하게 말씀합니다. 아이를 진정으로 사랑하는 교육은 부드럽게 칭찬하고 인정하는 것만으로는 안 된다는 것입니다. 엄격한 교육이 잘못을 깨닫게 하고 바른 길로 인도한다는 뜻입니다. 아이를 징계하지 않고 방임했다가 지옥에 떨어지게 하는 것보다 징계하고 구하는 것이 더 나은 교육임을 강조하고 있습니다.

자식이 망하기를 원하는 부모는 없습니다. 그런데 징계하지 않아서 망하게 되는 경우가 많습니다. 그러므로 자식이 잘되기를 원한다면, 자식을 진정으로 사랑한다면 징계해야 합니다. 자식을 징계하는 것이 즐거운 일도, 유쾌한 일도 아니지만, 바르게 징계하면 자녀를 바른 길로 인도하고 근심에서 벗어나 큰 기쁨과 평안을 얻게 됩니다 (잠 29:17 참조).

하나님의 징계는 우리를 잘되게 하시기 위함입니다. 이처럼 자식이 잘되기를 원한다면 바른 징계를 통해 자녀를 바른 길로 인도하십시오. 기쁨과 평안을 누리게 될 것입니다.

근실하게 징계하라

현대의 많은 교육학자들은 자녀 교육에 있어서 체벌의 문제, 즉 매의 사용에 관해 대부분 부정적인 견해를 나타냅니다. 체벌은 폭력적이고 비인격적이며 비교육적이라고 말합니다. 사랑으로 끊임없이 인내하며 양육하면 자녀는 올바로 성장할 수 있다고 주장합니다. 이 주장은 전적으로 옳습니다. 그런데 문제는 끊임없이 인내하고 사랑으로 자녀를 교육하는 것이 거의 불가능하다는 것입니다.

이런 문제를 보완하고 바른 교육에 큰 도움을 주는 말씀이 잠언 13장 24절입니다. "매를 아끼는 자는 그의 자식을 미워함이라 자식을 사랑하는 자는 근실히 징계하느니라." 여기서 핵심은 '근실히'라는 말입니다. '근실'(勤實, diligence)은 부지런하고 진실함을 뜻하는데, 한자와 영어만으로는 이 말씀의 뜻을 설명할 수 없습니다. 이를 히브리어로 살펴보면, '근실히'라는 단어에는 '부지런히, 아침 일찍이, 악한 습성이 형성되기 전, 잘못한 바로 후에'라는 뜻이 들어 있습니다.

우리나라 속담에 "세 살 버릇 여든까지 간다"는 말이 있습니다. 옛날에는 여든까지 산 사람이 드물었기에 '여든까지 간다'는 것은 죽을 때까지, 평생을 간다는 말입니다. 그래서 가정교육이, 밥상머리 교육이 중요한 것입니다. 사람은 가장 큰 영향력을 부모에게 받기 때문입니다. 또한 "나무는 어릴 때 휘어야 한다"는 말이 있습니다. 어릴 때 휘면 쉬운데 다 자란 다음에 휘려고 하면 부러질 수 있다는 것입니다. 이처럼 어려서 받는 교육의 중요성은 백번 강조해도 부족함이 없습니다.

저는 '근실히'를 '그때그때'로 해석하곤 합니다. 아이가 잘못하면 그때그때 지적하고, 야단치고, 징계해서 바로잡아야 합니다. 그런데 대부분의 부모들은 기분에 따라 대처 방법이 다릅니다. 손님들이 많이 왔을 때 아이들은 대개 떼를 씁니다. 그럴 때 대부분의 부모는 체면을 생각해서 아이들이 좋아하는 것을 쥐어 주며 자녀들을 달랩니다. 그런데 그렇게 해서는 버릇을 고칠 수가 없습니다. 그런 경우 영국 엄마들은 아이를 옆방으로 데리고 들어가서 밖에 있는 손님에게 다 들릴 정도로 사정없이 때리고 혼을 냅니다. 그리고 아무 일도 없었다는 얼굴로 나타납니다. 그때 바로 고치지 않으면 때를 놓친 교육관이 있는 것입니다.

기분이 좋으면 잘못했는데도 그냥 넘어가고, 기분이 나쁘면 한 대 맞을 짓을 했는데 열 대를 때리는 부모가 있습니다. 이러한 경우 아이의 마음에는 아홉 대만큼의 상처가 생깁니다. 그렇게 자란 아이가 나중에 폭력적인 사람이 되고, 심지어 부모를 구타하는 원인이 될 수도 있습니다.

자녀를 체벌할 때는 몇 대 맞을 것인지를 약속하고 정해 놓은 회초리로 해야 합니다. 부모의 기분에 따라 화난 상태에서 손으로 때리고 발로 찰 경우 아이가 크게 다치고 상할 수 있습니다. 그러므로 몰아서 징계해도 안 되고, 기분에 따라 징계해도 안 됩니다. 징계할 때는 반드시 자녀가 납득할 만한 징계를 하는 교육적 징계가 중요합니다.

얼마 전부터 사회적으로 자녀를 죽인 부모의 문제가 심각하게 대두되었습니다. 심지어 신학대학 교수이며 목사인 자가 자녀를 죽인 사건은 충격이었습니다. 분노를 조절하지 못해 일어난 일입니다. 그러므로 분노한 상태에서 자녀를 징계해서는 안 됩니다(잠 19:18 참조).

사도 바울은 제자 디모데에게 교육의 방법을 가르치며 다음과 같이 교훈했습니다. "거역하는 자를 온유함으로 훈계할지니 혹 하나님이 그들에게 회개함을 주사 진리를 알게 하실까 하며 그들로 깨어 마귀의 올무에서 벗어나 하나님께 사로잡힌바 되어 그 뜻을 따르게 하실까 함이라"(딤후 2:25-26). 온유한 마음이 들지 않으면 기다리고 미루었다가 마음을 추스른 후에 교훈해야 합니다. 미운 마음, 분노하는 마음으로는 교육의 효과를 전혀 기대할 수 없기 때문입니다. 인간은 영물이라 악한 감정으로 징계하면 고칠 수 없습니다.

교회에서도 징계가 필요합니다. 그러나 사랑을 담고, 인격적으로 대하고, 함께 아파하는 마음으로 징계해야 합니다. 상대가 칼을 휘두르는 것 같은 느낌을 받으면 아무 소용없습니다. 그 어떤 행위도 사랑이 없으면 소리 나는 구리와 울리는 꽹과리가 되고 맙니다. 징계의 목적은 징계 자체가 아니라 회개하도록 하고 마귀의 올무에서 벗어나 하나님의 뜻을 따르게 하기 위함입니다.

우리는 징계를 잘하고 잘 받아 사람다운 사람이 되어야 합니다. 그리고 사람다운 사람을 만드는 가정과 교회가 되어야 합니다.

소소한 감사가
삶을 풍요롭게 한다

내 아들아
완전한 지혜와 근신을 지키고
이것들이 네 눈앞에서 떠나지 말게 하라

잠 3:21

복은 크게 세 가지인데,
첫 번째 복은 생명을 얻는 것입니다.
두 번째 복은 아름답게 되는 것입니다.
세 번째 복은 두려움이
사라지는 것입니다.

만일 당신이 세상을 살면서 가장 갖고 싶은 것 하나를 가질 수 있다면 무엇을 갖겠습니까? 많은 사람들이 '돈이면 안 되는 일이 있나?' 하고 말합니다. 돈의 위력은 정말 대단합니다. 자본주의 사회에서는 돈 많은 사람들이 새로운 귀족이요, 양반입니다. 돈이면 죽을 사람의 생명도 연장하고, 감옥에 들어간 사람도 꺼냅니다. 권력이 더 크다고 생각하는 사람들도 있습니다. 권력이 있으면 대기업을 없애기도 하고, 재벌들이 와서 머리를 조아리게도 하고, 정치 비자금을 받아 챙길 수도 있기 때문입니다. 그런가 하면 지식은 권력 있는 사람을 조종할 수 있습니다. 겉으로 보기엔 밑에 있는 것 같아도 실제로 권력자를 움직이는 것은 경제전문가, 행정전문가와 같은 수많은 전문가들입니다. 요즘 아이들은 미모를 제일로 생각하는 경향이 있습니다. 미모가 뛰어나 방송에 나오고 광고 출연까지 하면 돈도 벌고, 인기도 누리고, 선망의 대상이 되어 꿈같은 삶을 살게 됩니다. 이 외에도 건강하고, 힘 있고, 인맥이 넓으면 세상 살기가 편하고 출세할 수도 있습니다.

성경은 복 있는 사람에 대해 이야기합니다. 저는 하나님이 모든 사람에게 하루 24시간을 주시는 것처럼 복도 똑같이 주신다고 생각해 보았습니다. 그런데 어떤 사람은 불평하기 때문에 복이 달아납니다. 또 어떤 사람은 당연하다고 생각하고 감사하지 않기 때문에 복을 복으로 느끼지 못합니다. 우리가 아무 생각 없이 맞이한 오늘이 그 누구에게는 그렇게 사모하던 내일이었음을 안다면, 그런데도 오늘을 맞이하지 못하고 그 사람이 죽은 것을 생각한다면 오늘 하루가 얼마나 소중한지 새삼 감사하게 될 것입니다. 비록 아프고, 외롭고, 가난하고, 버림받고, 쓸쓸해도 이 모든 것이 생명이 있기에 느끼는 아픔이라면 생명을 주신 하나님에게 오히려 감사할 수 있지 않을까요? 같은 양의 시간과 복을 받고도 아무 생각 없이 사는 사람, 감사하지 않고 오히려 불평만 하며 사는 사람은 복을 차 버리는 사람입니다. 비탈에 서서도 원망하지 않는 나무처럼, 집을 지탱하면서도 힘들다고 투덜대지 않는 주춧돌처럼 주어진 자리에서 주어진 일에 감사하고 만족하며 묵묵히 살아가는 사람이 복 있는 사람이라 할 수 있을 것입니다.

세상 사람들은 복을 외적이고 물질적인 것으로 이해합니다. 그래서 새해에 복조리를 만들어 돌리고, 정화수를 떠 놓고 지성으로 복 받기 위해 기도합니다. 세상에서는 장수하는 것, 부자가 되는 것, 건강하고 평안한 것, 덕을 세우는 것, 편안하게 죽는 것, 그뿐 아니라 치아가 건강한 것까지도 복이라고 말합니다. 그러나 성경에서 말하는 복은 내적이고 영적인 면이 강합니다.

구약에서의 복은 히브리어의 두 가지 단어로 설명할 수 있습니다. 하나는 '바라크'인데, 이는 '무릎을 꿇다'라는 뜻으로서, '하나님 앞에 무릎을 꿇는 것이 복'이라는 말입니다. 다른 하나는 '아쉐레이'인데, 이는 '올바른 길을 걷는 자에게 주시는 복'을 뜻합니다. 시편 1편에 나오는 '복 있는 사람'에서의 복은 '아쉐레이'입니다. 이는 복 받을 짓을 해서 받는 것입니다. 악인은 보지도, 따르지도, 가까이하지도 않으면서 오직 하나님의 말씀대로 사는 사람입니다.

이처럼 복은 올바른 길을 가는 사람이 받는 것입니다. 복조리 돌리고, 문에 '복'(福)자를 써 붙이고, 그것으로도 부족해 복이 쏟아지라고 글자를 거꾸로 붙여 놓는다고 받을 수 있는 것이 아닙니다. 빌어서 복이 오고, 굿을 해서 복이 오는 것이 아니라, 복 받을 짓을 하는 사람, 자세와 태도가 바로 된 자에게 하나님이 복을 주시는 것입니다. 복 있는 사람이 되기를 원한다면 하나님에게 무릎 꿇고 복종하십시오. 그리고 올바른 길을 걸어가십시오.

지혜를 얻은 사람

"지혜를 얻은 자와 명철을 얻은 자는 복이 있나니 이는 지혜를 얻는 것이 은을 얻는 것보다 낫고 그 이익이 정금보다 나음이니라 지혜는 진주보다 귀하니 네가 사모하는 모든 것으로도 이에 비교할 수 없도다"(잠 3:13-15).

지혜자는 복 있는 사람에 대해 말하면서 그 무엇보다 값지고 보배롭고 힘 있는 것이 지혜라고 말씀합니다. 그러면서 지혜의 가치를 세상 사람들이 사모하고 가장 보배롭게 생각하는 것들, 곧 은, 금 및 진주와 비교하고 있습니다.

은과 금과 진주는 귀한 것이기에 누구나 좋아합니다. 그러나 이런 것들을 소유하면 기쁨과 동시에 잃어버릴 염려와 빼앗길 걱정을 하게 마련입니다. 지혜는 그렇지 않습니다. 잃어버릴 염려가 없습니다. 빼앗길 걱정도 없습니다. 절대적 안전을 보장받는 것이 지혜라고 할 수 있습니다. 그러므로 지혜가 귀중하고 가치 있는 것입니다. 지혜가 있으면 금은보화는 자연스럽게 따라오게 마련입니다. 그래서 지혜 있는 사람을 복 있는 사람이라고 하는 것입니다.

지혜는 한 번 소유했다고 끝나는 개념이 아닙니다. 본문은 지혜를 이미 얻었다 할지라도 계속 추구해야 함을 한 단어를 통해 깨우쳐 줍니다. "지혜를 얻은 자와 명철을 얻은 자는 복이 있나니"(잠 3:13).

이 말씀에는 '얻은 자'라는 말이 두 번 나옵니다. 히브리어 원어를 보면 앞에 사용된 '얻은'과 뒤에 사용된 '얻은'이라는 단어가 다릅니다. 앞에 나오는 '얻은'(마차)이 완료형으로 영속적인 소유의 개념이라면, 뒤에 나오는 '얻은'(야피크)은 미완료형으로 계속적인 획득의 개념입니다.

지혜를 예수님으로 대입해 설명하면 이해하기 쉽습니다. 예수 믿고 구원받은 사람이라 할지라도 계속 성령의 충만을 구하고 성령의 인도하심을 받고 자라 가야 합니다. 이렇게 지혜를 얻고 계속해서 지혜를 추구하는 사람이 복 있는 사람입니다. 한 번 받은 복을 우려먹고 사는 사람은 복 있는 사람이 아니라 복 '받았던' 사람이라고 해야 합니다. 신앙생활도 마찬가지입니다. 옛적에 받은 은혜만 간증하면 안 됩니다. 지금, 오늘 받은 은혜를 간증할 수 있어야 진정한 복 있는 사람입니다.

본문은 그 복이 어떤 복인가에 대해서 구체적으로 말씀합니다.

"그의 오른손에는 장수가 있고 그의 왼손에는 부귀가 있나니 그 길은 즐거운 길이요 그의 지름길은 다 평강이니라 지혜는 그 얻은 자에게 생명나무라 지혜를 가진 자는 복되도다"(잠 3:16-18).

지혜가 주는 현실적인 복의 첫 번째가 장수입니다. 지혜와 장수의 상관관계를 이렇게 설명하면 이해가 빠를 것입니다. 어리석은 자는 무모한 행동으로 정력을 낭비합니다. 그 결과 질병과 육체적 고통을 당하고 수명이 단축됩니다. 뿐만 아니라 믿음의 길을 떠나게 됩니다. 그에 반해 지혜로운 사람은 몸을 단정하고 규칙적으로 사용하며 경건하게 믿음 생활을 하기 때문에 건강하고 장수하게 됩니다.

지혜자가 누리는 두 번째 복은, 하나님의 보호 안에서 누리는 부귀입니다. 지혜의 왕 솔로몬의 부귀와 영화는 세계적으로 명성을 떨쳤습니다. 솔로몬의 부귀에 대해 열왕기상 10장 27절은 "왕이 예루살렘에서 은을 돌 같이 흔하게 하고 백향목을 평지의 뽕나무 같이 많게 하였더라"고 기록합니다.

이뿐 아니라 본문 17절은 즐거움과 평강의 복을 더하고 있습니다. 세상에서 얻는 즐거움 속에는 양심에 거리끼는 것들이 들어 있습니다. 그 대표적인 이야기가《춘향전》에 나옵니다.

金樽美酒千人血　금술잔의 비싼 술은 많은 백성의 피요
玉盤佳肴萬姓膏　옥소반의 비싼 안주는 많은 백성의 기름이로다
燭淚落時民淚落　촛불 눈물 떨어질 때 백성 눈물 떨어지고
歌聲高處怨聲高　노랫소리 높은 곳에 원망소리 높았더라

우리는 지혜를 통한 평안을 얻어야 합니다. 주 안에서 참된 평안을 찾아야 합니다.

18절에서 '지혜는 그 얻은 자에게 생명나무'라는 뜻은, 아담이 불순종함으로 잃어버린 생명을 찾을 수 있는 것이 참된 지혜이신 예수 그리스도임을 깨우쳐 주는 영적인 말씀입니다. 지혜는 예수님을 뜻하므로 예수 그리스도를 얻는 자가 생명을 얻는다는 말씀입니다.

예수님을 만난 사람은, 생명나무를 만난 사람은 다른 사람에게 생명을 전하는 사람이 될 수 있습니다(잠 11:30 참조). 우리는 지혜의 근원 되시는 예수님을 소유해서 장수와 부귀, 즐거움과 평강을 누리고, 생명 되시는 예수님을 전하는 삶을 살아야 합니다.

지혜를 지키는 사람

오늘날처럼 놀이 문화가 많지 않았던 시절에는 교회에서 학생들이나 청년들이 탁구를 많이 쳤습니다. 저도 탁구를 좋아해서 많이 쳤는데 그러다 보니 실력이 늘어 군대에 있을 땐 중대 대표로, 직장에 다닐 땐 직장 대표로 대회에 나가기도 했습니다. 그런데 얼마 전, 저보다 실력이 한참 아래였던 분과 시합을 했는데 이길 수가 없었습니다. 그분은 계속해서 탁구를 치며 실력을 키웠고, 저는 신학을 하면서 전도사, 목사가 되고 목회하느라 바빠 탁구를 칠 기회가 없었기 때문입니다.

세상만사가 그렇습니다. 실력을 유지하는 것이 어렵습니다. 전쟁에서도 성을 빼앗는 것보다 성을 지키는 것이 어렵다고 말합니다. 사업하는 사람들도 창업하는 것보다 부모가 세운 기업을 지켜 나가는 것, 수성이 더 어렵다고 말합니다. 그래서 대를 이어 잘되는 기업이 그리 많지 않은 것입니다. 연애하고 사랑하는 문제도 마찬가지입니다. 처음에는 사랑의 불꽃이 튀지만 시간이 지날수록 식어 갑니다. 그러다가 헤어지기도 합니다.

열정은 인생을 불태우는 연료입니다. 그러나 더 중요한 것은 지속적 열정입니다. 지속적 열정은 인생의 열매를 맺게 하기 때문입니다. 신앙생활도 마찬가지입니다. 다람쥐 쳇바퀴 돌듯 자라지 못하고 맴도는 신앙이 있습니다. 이러한 신앙을 가진 사람들은 같이 신앙생활을 시작한 사람들이 직분을 받는 동안 그저 가뭄에 콩 나듯 예배에 나옵니다. 히브리서 기자는 이처럼 말씀의 초보, 유아기적 신앙에 머물러 있는 성도들에게 도의 초보를 버리라고, 매일 기초만 닦지 말고 집을 지으라고 그리고 완전한 데로 나아가라고 안타까운 마음으로 권면합니다(히 5:13-6:2 참조). 지혜를 얻는 것도 중요하지만 계속 유지, 발전하는 것이 더 중요하기 때문입니다.

"여호와께서는 지혜로 땅에 터를 놓으셨으며 명철로 하늘을 견고히 세우셨고 그의 지식으로 깊은 바다를 갈라지게 하셨으며 공중에서 이슬이 내리게 하셨느니라 내 아들아 완전한 지혜와 근신을 지키고 이것들이 네 눈앞에서 떠나지 말게 하라"(잠 3:19-21).

하나님은 지혜로 천지를 창조하신 후 창조하신 우주를 계속 지키고 가꾸고 보존하십니다. 이것이 하나님의 지혜입니다. 이처럼 우리도 지혜를 지키고 유지해야 합니다. 본문 21절의 '떠나지 말게 하라'는 말씀에는 '네 마음에서 도망가거나 흘러나가지 않게 하라', '손가락의 반지처럼 항상 붙어 있게 하라', '옆으로 미끄러지지 마라', '하나님을 떠나지 말고 눈앞에 보듯이 늘 모시고 따라가라', '네 마음속에서 그 가치를 약화시키거나 잃어버리지 마라' 같은 뜻이 담겨 있습니다.

지혜는 이렇게 소중히 지켜야 할 가치가 있습니다. 한때 지혜롭다는 소리를 들은 사람들이 돈 문제로 추락하고, 이성 문제로 손가락질 받고, 명예욕 때문에 다투고 추해지는 일을 많이 봅니다. 지혜를 끝까지 지키지 못하면 인생이 우둔한 자가 되고 맙니다. 우리의 지혜가 한여름 밤의 꿈으로 끝난다면 참으로 비참합니다. 지혜자는 지혜를 끝까지 지키는 자입니다.

성경은 하나님의 말씀인 지혜를 지키지 않는 악인은 땅에서 끊어지게 되지만, 하나님의 도인 지혜를 지키는 사람은 이 땅에서도 잘될 것을 말씀합니다(시 37:34 참조). 우리는 지혜를 얻어야 합니다. 뿐만 아니라 지혜를 끝까지 지켜 하늘의 복과 땅의 복을 누려야 합니다.

지혜를 의지하는 사람

신앙인은 두 부류로 나눌 수 있는데, 한 부류는 상대적 신앙인이고, 다른 한 부류는 절대적 신앙인입니다. 상대적 신앙인은 복 받을 때는 잘 믿지만 고난 받을 때는 흔들립니다. 세상이 더 좋아서 주일성수보다는 세상일에 우선순위를 둡니다. 반면 절대적 신앙인은 어떠한 역경 속에서도 흔들리지 않는 요지부동(搖之不動)의 신앙을 가진 사람입니다. 이러한 신앙을 가진 사람은 어려움에 처하면 하나님에게 더욱 매달려 기도합니다. 병이 들어도 주님이 고쳐 주시리라 믿고 기도합니다. 세상 사람들 눈에는 답답하고 융통성이 없어 보이지만, 하나님은 이러한 자들을 어여삐 보시며 '너는 내 아들이라 내가 너를 도우리라' 말씀하십니다. 지혜를 의지하는 사람이란 바로 이런 절대적 신앙인을 가리키는 말입니다.

자신을 한번 돌이켜 보십시오. 당신은 상대적 신앙인입니까, 아니면 절대적 신앙인입니까? 문제가 생기면 도와줄 사람을 찾는 유형입니까, 아니면 먼저 무릎 꿇고 두 손을 모으는 유형입니까? 시편 기자는 "귀인들을 의지하지 말며 도울 힘이 없는 인생도 의지하지 말지니 그의 호흡이 끊어지면 흙으로 돌아가서 그날에 그의 생각이 소멸하리로다 야곱의 하나님을 자기의 도움으로 삼으며 여호와 자기 하나님에게 자기의 소망을 두는 자는 복이 있도다"(시 146:3-5)라고 권고합니다. 힘 있는 사람에게 도움을 청하는 것이 쉽고 확실한 방법 같지만 믿을 인생이 어디 있느냐는 것입니다. 보이지 않아도 영원하고 능력이 많으신 하나님에게 소망을 두고 도움을 청하라는 것입니다. 그러면 다음과 같을 것이라고 말씀합니다.

"그리하면 그것이 네 영혼의 생명이 되며 네 목에 장식이 되리니 네가 네 길을 평안히 행하겠고 네 발이 거치지 아니하겠으며 네가 누울 때에 두려워하지 아니하겠고 네가 누운즉 네 잠이 달리로다 너는 갑작스러운 두려움도 악인에게 닥치는 멸망도 두려워하지 말라 대저 여호와는 네가 의지할 이시니라 네 발을 지켜 걸리지 않게 하시리라"(잠 3:22-26).

말씀 초두의 '그리하면'은 '지혜를 지키고 의지하면'이라는 뜻입니다. 그리고 '대저 여호와는 네가 의지할 이시니라'라고 말하므로 지혜를 지킨다는 것은 전적으로 하나님을 의지하는 것임을 가르쳐 주고 있습니다. 하나님을 의지하는 사람, 다시 말해 하나님의 지혜를 의지하는 사람은 복 있는 사람입니다.

복은 크게 세 가지인데, 첫 번째 복은 생명을 얻는 것입니다. 인간은 하나님의 생기를 받아 생령이 되었습니다. 그렇기에 사람이 떡으로만 사는 것이 아니라 하나님의 입으로부터 나오는 모든 말씀으로 사는 것입니다(마 4:4 참조). 다시 말해, 육신의 양식으로 사는 것이 아니라 영의 양식을 먹어야 영생을 얻습니다. 그것을 보여 준 사건이 광야에서 만나와 메추라기를 먹이신 사건입니다. 만나와 메추라기는 하늘에서 주신 하늘 양식입니다. 지혜자는 영의 양식을 찾아 그것을 먹고 생명을 얻게 되는 것입니다.

두 번째 복은 아름답게 되는 것입니다. 잘되는 사람은 처음보다 나중이 좋습니다. 세상에서는 "배우자 잘 만나 팔자 고쳤어"라는 말을 듣는 사람이 부러움의 대상입니다. 그러나 그리스도인이라면 "예수 믿고 팔자 고쳤어"라는 말을 들어야 복 있는 사람입니다. 지혜가 '네 목에 장식이 된다'는 것은, 지혜를 얻은 사람은 목에 진주 목걸이를 한 아름다운 여인과 같이 아름다운 인생이 될 것이라는 말씀입니다. 고대 근동 지방의 문화에서 '목장식'은 높은 지위를 상징하는 것이었습니다. 애굽의 바로나 국무총리 요셉이 신분에 따른 목장식을 하고 있었습니다.

세 번째 복은 두려움이 사라지는 것입니다. 지혜를 얻어야 우리 인생의 신분이 높아지고 아름다워집니다. 그리고 지혜 되시는 예수님을 마음에 모시면 두려움이 사라집니다. 인생을 살다 보면 사람, 제도 및 시험과 같은 것들에 걸려 넘어지는 일들이 종종 발생합니다. 또 미래, 죽음, 자녀, 노후 문제와 같은 온갖 두려움이 마음을 불안하게 하고, 우울하게 만들며, 정신을 산란하게 합니다. 마음의 평안을 앗아 갑니다. 그러나 하나님이 평안을 주시면 감옥에서도 평안히 자고, 바울과 같이 파선당해 표류하는 배 안에서도 다른 사람들을 위로할 용기가 생깁니다. 이것이 지혜를 소유한 사람의 유익이요, 이렇게 지혜를 의지하는 사람이 진정 복 있는 사람입니다.

"평안을 너희에게 끼치노니 곧 나의 평안을 너희에게 주노라 내가 너희에게 주는 것은 세상이 주는 것과 같지 아니하니라 너희는 마음에 근심하지도 말고 두려워하지도 말라"(요 14:27).

우리는 지혜 되시는 예수님을 의지하고, 생명을 얻고, 아름답게 되고, 평안을 누리며 사는 복 있는 사람이 되어야 합니다.

·

옛적에 받은 은혜만 간증하면 안 됩니다.

지금, 오늘 받은 은혜를 간증할 수 있어야

진정한 복 있는 사람입니다.

2부

인생의 여름,
지혜를 가꾸라

8

베풂이
성품을 낳는다

네 손이 선을 베풀 힘이 있거든
마땅히 받을 자에게 베풀기를 아끼지 말며

잠 3:27

선을 행하는 데 있어
중요하게 기억해야 할 것은
'바로, 지금, 여기에서'입니다.
전도도 마찬가지입니다.
오늘 전도하고, 오늘 복음 전하고,
오늘 구원해야 합니다.
사람의 생명이 내일을
장담할 수 없기 때문입니다.

신앙생활은 크게 두 부분으로 나눌 수 있습니다. 하나는 대신 부분이고 또 다른 하나는 대인 부분인데, 대신 부분은 하나님을 대하는 태도 내지 방법을, 대인 부분은 이웃을 대하는 태도 내지 방법을 뜻합니다. 성경의 요약이라 할 수 있는 십계명도 1-4계명까지의 대신 계명과 5-10계명까지의 대인 계명으로 나눌 수 있는데, 이는 예수님이 가르쳐 주신 것입니다(마 22:37-40 참조).

본문은 십계명으로 말하면 두 번째 부분에 해당하는 것으로, 이웃을 어떻게 대해야 하는지를 가르쳐 주는 지혜의 말씀, 곧 대인 관계에 있어 지혜자가 취해야 할 실천적 행동과 그로 인해 얻을 수 있는 유익에 대한 내용입니다. 단순하고 쉬운 문제 같지만 사람마다 전부 개성이 다르다는 데 그 문제의 심각성이 있습니다. 노인을 대할 때와 어린아이를 대할 때가 다릅니다. 언어와 문화가 같은 동족을 대할 때와 언어와 문화가 다른 외국인을 대할 때가 같을 수는 없습니다. 신앙이 같은 교인과 타종교인을 대할 때 역시 마찬가지입니다. 부자를 대할 때와 가난한 사람을 대할 때, 또 많이 배운 사람을 대할 때와 낫 놓고 기역자도 모르는 무학자를 대할 때가 다를 것입니다. 이런 여러 요인을 생각해 보면 대인 관계에 있어서도 지혜가 필요하다는 것을 알 수 있습니다.

다중 지능 이론이라는 것이 있습니다. 이는 하버드 대학교 심리학 교수인 하워드 가드너가 1983년에 제시한 이론으로, 인간은 IQ와 같은 한 가지 지능만 갖고 있는 것이 아니라 여러 종류의 지능이 있다는 이론입니다. 하워드 가드너 교수는 인간의 지능이 서로 독립적이고 다른 여덟 가지 유형, 곧 언어 지능, 논리·수학 지능, 공간 지능,

신체 운동 지능, 음악 지능, 대인 관계 지능, 자기 이해 지능 그리고 자연 이해 지능의 능력으로 구성된다고 주장했습니다. 그 후 다중 지능 학회에서 아홉 번째 유형으로 '종교 지능'을 제시한 학자들이 있었지만 채택되지 않았습니다. 그래서 어떤 이들은 여덟 가지 유형 이라고 하고, 어떤 이들은 종교 지능을 포함해서 아홉 가지 유형으로 설명하기도 합니다.

초기에는 세상에 이름을 알리고 출세하는 사람들은 특별히 언어 지능이 발달한 사람이라고 주장했습니다. 그런데 최근 들어서는 대인 관계 지능이 발달한 사람이라는 주장이 더 강하게 받아들여지고 있습니다. 대인 관계가 세상을 살아가는 데 대단히 중요한 요소이기 때문입니다.

약한 자를 도우라

세상을 살다 보면 언제나 약한 자가 곁에 있게 마련입니다. 그런데 세상의 많은 사람들이 강한 자에게는 약하고 약한 자에게는 강합니다. 세상의 법도 공평하지 않습니다. 한 때 '유전무죄 무전유죄'(有錢無 罪 無錢有罪)라는 말이 유행한 적이 있습니다. 돈이 많으면 죄를 지어도 무죄로 석방되지만, 돈이 없으면 죄가 작아도 큰 형벌을 받는다는 말 입니다.

그리스도인들은 이럴 때 약자를 도와야 합니다. 요한복음 9장에 보면 제자들이 맹인을 보고 이것이 누구의 죄 때문인지를 묻는 장면 이 나옵니다(요 9:2 참조). 눈먼 사람을 보고 불쌍히 여기기보다 누구의 죄 때문인가를 묻는 것이 보통 사람들의 태도입니다. 거지가 동냥을 하면 도울 생각을 해야 하는데, 돕기는커녕 게을러서 그렇다고 비난하며 훈계하는 사람도 있습니다. 그래서 생긴 속담이 "동냥은 못 줄망정 쪽박은 깨지 마라"입니다. 주변에 약한 사람이 있다면 그를 나에게 돕는 것을 가르치기 위해 하나님이 보내신 축복의 통로로 생각해야 합니다.

"네 손이 선을 베풀 힘이 있거든 마땅히 받을 자에게 베풀기를 아끼지 말며 네게 있거든 이웃에게 이르기를 갔다가 다시 오라 내일 주겠노라 하지 말며"(잠 3:27-28).

본문은 약한 자를 돕는 구체적인 방법을 가르쳐 줍니다. 본문에서 하나님은 '약한 자는 마땅히 받을 자격이 있다'고 말씀하십니다. 하나님은 세상의 재물이 균등하게 배분되기를 원하십니다. 그런데 그것이 우리의 손을 통해 나눠지기를 원하십니다. 우리의 손이 선을 베푸는 데 사용되기를 원하시는 것입니다. 하나님은 우리의 손이 연약한 자를 붙잡아 주고, 넘어진 형제를 일으켜 주고, 아픈 형제를 쓰다듬어 주고, 외로운 형제를 보듬어 주는 손이 되기를 원하십니다.

'힘이 있거든'이라는 말씀의 뜻은 두 가지입니다. 하나는 '능력이 있거든'이고, 다른 하나는 '기회가 있거든'이라는 뜻입니다. 먼저 능력이란 무엇입니까? 우리에게 있는 건강, 물질, 지식과 같은 것이 바로 힘이요, 능력입니다. 능력이 있거든 약한 이웃을 위해 건강과 물질과 지식을 드리라는 것입니다.

《내려놓음》(규장)이라는 책의 저자인 이용규 박사는 하버드 대학교를 졸업한 후 몽골의 가난하고 연약한 이들을 돕기 위해 건강, 물질, 지식을 다 드려 복음을 전했습니다. 우리도 이처럼 낮은 곳으로 내려가 연약한 이웃을 도와야 합니다. 이것이 참된 지혜요, 하나님의 기쁨이 되기 때문입니다.

다음으로 '기회'란 무엇입니까? 기회란 찬스를 말합니다. 그리스 신화에는 '카이로스'라는 기회의 신이 있는데 신화에 묘사된 모습이 무척이나 독특합니다. 앞머리는 숱이 무성한 반면 뒷머리는 대머리입니다. 또 발뒤꿈치에는 날개가 달려 있고, 양손에는 저울과 칼을 들고 있습니다.

기회의 신 카이로스가 이 같은 모습을 하고 있는 까닭은 무엇일까요? 앞머리의 숱이 무성한 이유는 기회를 만난 즉시 붙잡으라는 의미입니다. 뒷머리가 대머리인 이유는 망설이거나 뭉그적거리면 기회를 잡으려 해도 잡을 머리카락이 없다는 의미입니다. 그리고 발에 날개가 달려 있는 이유는 순식간에 사라져 버린다는 의미입니다. 이처럼 기회란 한 번 지나가면 다시는 잡을 수 없습니다.

추수감사절 찬송 중에 "기회 지나가기 전에 어서 추수합시다"라는 가사가 있습니다. 기회는 속히 지나가는 속성이 있기 때문에 찬스를 놓치면 안 됩니다. 어려운 이웃도 도울 수 있을 때 얼른 도와야지, 때를 놓치면 후회하게 됩니다. 기회를 잡아야 합니다. 이에 본문 28절은 '내일로 미루지 말라'고 말씀하는 것입니다.

선을 행하는 데 있어 중요한 것은 '바로, 지금, 여기에서'입니다. 약자를 돕는 선행은 즉시성이 중요합니다. 즉시 하지 않고 내일로 미루면 약자는 굶어 죽고, 얼어 죽고, 병들어 죽을 수 있습니다. 전도도 마찬가지입니다. 오늘 전도하고, 오늘 복음 전하고, 오늘 구원해야 합니다. 내일로 미루면 후회하게 됩니다. 사람의 생명이 내일을 장담할 수 없기 때문입니다. 선한 일, 구제할 일을 다음으로 미루면 하나님의 진노를 사게 됩니다(신 24:14-15 참조).

선을 베풀 힘이 있다면 기회를 놓치지 마십시오. 약한 자를 돕고 베풀 때 하나님이 힘을 공급해 주실 것입니다. 우리는 하나님의 능력으로 약한 자에게 '바로, 지금, 여기에서' 손을 내미는 삶을 살아야 합니다.

선한 자와 손잡으라

자녀를 키워 본 사람이라면 알 것입니다. 사춘기가 되면 여러 가지 특징이 나타나는데, 보통 부정적인 특징들을 아울러 '중2병'이라고 말합니다. 대개 그때쯤 사춘기가 시작되기 때문입니다. 이때는 자녀들의 복잡한 감정과 행동이 어디로 튈지 모릅니다. 그래서 '북한 인민군이 중2가 무서워 못 쳐들어온다'는 우스갯소리가 생긴 것입니다.

사춘기의 두드러지는 특징은 반항하는 것입니다. 자아가 형성되는 시기이기 때문입니다. 이를 전문 용어로 '자아형성기'라 하는데, 부모에게 종속되어 시키는 대로 순종하던 아이에게 자아가 형성되면서 부모로부터 떨어져 독립하려는 움직임이 속으로부터 시작되는 것입니다. 이때가 되면 부모보다 친구와 가까워집니다. 그러면서 점점 부모의 그늘을 벗어나고자 활동 범위가 넓어집니다. 이때 부모를 제일 어렵게 하는 것이 잘못된 친구를 사귀고 문제 행동을 일삼는 것입니다. 이러한 경우 부모들은 너무나도 힘들어집니다.

하나님이 우리를 보실 때도 마찬가지입니다. 하나님은 우리가 악한 자나 불신자가 아닌 선한 자와 손잡기를 원하십니다. 그래서 지혜자는 다음과 같은 가르침을 줍니다. "네 이웃이 네 곁에서 평안히 살거든 그를 해하려고 꾀하지 말며 사람이 네게 악을 행하지 아니하였거든 까닭 없이 더불어 다투지 말며"(잠 3:29-30).

사람들 중에는 남이 잘되는 꼴을 못 보는 사람이 있습니다. 그것이 바로 마귀 심보입니다. 마귀가 에덴동산에서 평안하게 사는 아담과 하와를 해하려고 꾄 것과 같이 평안하게 사는 사람을 해해서는 안 됩니다. 본문 29절의 '해하려고 꾀하다'라는 말은 '남을 해하기 위해 의도적으로 악을 계획하고 준비하는 것'을 뜻합니다. 마귀는 아담과 하와뿐 아니라 평안하게 사는 욥을 해하기 위해 하나님에게 참소했습니다(욥 1:8-11 참조).

악인들은 서로 손잡고 뭉치는 데 빠릅니다. 남을 해하고 넘어뜨리려고 은밀하게 계획합니다. 그에 반해 좋은 사람들은 뭉치는 데 약합니다. 감옥을 오늘날엔 교도소라고 부릅니다. 교도소는 '바로잡을 교'(矯)에 '이끌 도'(導)를 쓰는데, 이는 가르치고 지도해서 좋은 사람을 만드는 장소라는 뜻입니다. 그런데 교도소에서 악인들끼리 손잡고, 범죄 수법을 익히고, 세상에 나가 크게 한탕하자고 모의하고 나오는 경우가 많다고 합니다. 그래서 나라에서는 재범률을 낮추기 위해 온갖 노력을 기울입니다.

이런 것을 보면 의인들도 선한 사람들을 모으고 연합하는 일에 힘써야 합니다. 교회가 연합해서 선한 일을 많이 해야 합니다. 한국 기독교가 하나가 되어야 좋은 일, 큰일을 하면서 아름답고 좋은 세상을 만들 수 있습니다. 자녀가 선한 친구를 만나기 원하는 부모처럼 영의 아버지이신 하나님도 우리가 선한 자와 손잡고 아름다운 세상을 만들어 가기를 원하십니다.

우리는 기회가 있는 대로 착한 일을 하고 믿음의 사람들과 거룩한 손을 잡아야 합니다. 이를 통해 거룩한 행진을 이어 가야 합니다.

의인의 편에 서라

사람들이 똑똑한 것 같아도 선악을 잘 구별하지 못합니다. 역대 대통령 선거를 할 때마다 잘할 줄 알고 뽑지만 실패하는 경우가 매번 반복되고 있습니다. 그래도 악하지 않으면 다행입니다. 악한 사람이 영향력까지 가지게 되면 세상의 물길이 달라집니다. 배가 산으로 가고 맙니다.

제2차 세계대전이 일어나기 전, 영국의 수상이 히틀러를 만나 평화 선언을 하고 왔습니다. 전쟁은 없을 것이라고 선포했습니다. 그런데 수상이 대대적 환영 속에 귀국할 때 처칠은 히틀러가 전쟁을 일으킬 것이라고 예언했습니다. 그러나 그때는 사람들이 아무도 처칠의 말에 귀를 기울이지 않았습니다. 그러다 히틀러가 헝가리를 침입하고 전쟁을 일으키자 사람들은 그제야 처칠의 말을 떠올리며 그를 수상으로 세웠습니다.

악인이 이마에 '내가 악인입니다'라고 써 붙이고 다니는 경우는 없습니다. 그래서 우리는 분별의 영을 구하며 기도해야 합니다. 그리고 악인을 분별해야 합니다.

"포학한 자를 부러워하지 말며 그의 어떤 행위도 따르지 말라 대저 패역한 자는 여호와께서 미워하시나 정직한 자에게는 그의 교통하심이 있으며 악인의 집에는 여호와의 저주가 있거니와 의인의 집에는 복이 있느니라 진실로 그는 거만한 자를 비웃으시며 겸손한 자에게 은혜를 베푸시나니 지혜로운 자는 영광을 기업으로 받거니와 미련한 자의 영달함은 수치가 되느니라"(잠 3:31-35).

악인을 따르는 이유는 부러워하는 마음 때문입니다. 악인은 속히 뻗어 나가는 특징을 가지고 있습니다. 한 시인은 '마치 여름에 돋는 풀과 같다'고 노래했습니다. 악인이 형통하는 것을 부러워하기 때문에 손잡게 되고, 따라가게 되는 것입니다. 그러나 시편 기자는 "잠시 후에는 악인이 없어지리니 네가 그곳을 자세히 살필지라도 없으리로다 … 내가 악인의 큰 세력을 본즉 그 본래의 땅에 서 있는 나뭇잎이 무성함과 같으나 내가 지나갈 때에 그는 없어졌나니 내가 찾아도 발견하지 못하였도다"(시 37:10, 35-36)라고 이야기합니다.

악인의 결국은 여름 과일이 속히 자라는 대신 속히 썩어 버리는 것과 같습니다. 악인이 잘된다고 부러워하거나 그와 손잡으면 그가 망할 때 함께 망한다는 사실을 꼭 기억해야 합니다.

본문에서 악인을 따른 사람은 하나님의 미움을 사고(32절), 하나님의 저주가 임하며(33절), 하나님이 비웃으시고(34절), 세상에서 수치를 당합니다(35절). 그러나 의인과 손잡은 사람은 하나님과 교통하고, 복을 받으며, 은혜를 받고, 영광을 얻게 된다고 말씀합니다. 그래서 시편 기자는 진정으로 복 있는 사람에 대해 "악인들의 꾀를 따르지 아니하며 죄인들의 길에 서지 아니하며 오만한 자들의 자리에 앉지 아니하고"(시 1:1)라고 말씀한 것입니다.

악인들의 결국은 바람에 나는 겨와 같이, 여름에 돋는 풀과 같이 날아가고 사라지게 됩니다. 우리는 악인과 함께 앉지도, 서지도 말고, 그들을 부러워하지도 말며, 의인과 손잡고 의인 편에 서는 복 있는 사람이 되어야 합니다.

우리는 기회 있는 대로 착한 일을 하고
믿음의 사람들과 거룩한 손을 잡아야 합니다.
이를 통해 거룩한 행진을 이어 가야 합니다.

9

선한 마음이
상한 마음을 치유한다

내가 선한 도리를 너희에게 전하노니
내 법을 떠나지 말라

잠 4:2

'선한 도리'란 히브리어로
'레카흐 토브'라 하는데,
이는 '전해진 선한 도리'라는
뜻을 갖고 있습니다.
아무리 선한 도리라도
전해지지 않으면
아무 소용이 없습니다.

　　　　　　사람은 엄마 배 속에 잉태된 후 세상을 볼 수 없는 깜깜한 암흑 속에 갇혀 열 달을 지내게 됩니다. 그런데 태중에 있을 때에도 귀로는 밖의 소리를 듣는다고 합니다. 그래서 예부터 음악이나 좋은 소리를 들려주면서 태교를 했던 것입니다.

　이와 같이 청각은 인간의 감각 중 가장 일찍이 형성되는 기관입니다. 뿐만 아니라 청각은 최후까지 남아 있는 기관이기도 합니다. 귀로 듣고 다 기억합니다. 그래서 임종을 앞둔 사람이 혼수상태에 있다 할지라도 찬송을 부르며 천국의 소망과 '예수님을 믿고 의지하면 천국에 간다'는 복음을 전해야 합니다.

　사도 바울은 믿음이 귀를 통해 듣는 것으로 시작된다고 말했습니다 (롬 10:17 참조). 믿음도 들음에서 시작되고, 지혜도 듣는 데서 시작합니다. 그래서 본문은 "아들들아 아비의 훈계를 들으며 명철을 얻기에 주의하라"(잠 4:1)는 말씀으로 시작됩니다. 지혜에 대한 인간의 바람직한 자세를 세분해서 강조하면서 이를 실천할 때 얻을 수 있는 유익한 결과를 상세하게 가르쳐 주는데, 그중에서 제일 처음 강조하는 것이 '잘 들으라'입니다.

　이스라엘 사람들이 가장 중요하게 생각하는 말씀을 '쉐마'라고 하는데, 이는 '들으라'라는 의미입니다. '쉐마'라고 하면 신명기 6장 4-9절 말씀을 뜻하기도 합니다.

　"이스라엘아 들으라 우리 하나님 여호와는 오직 유일한 여호와이시니 너는 마음을 다하고 뜻을 다하고 힘을 다하여 네 하나님 여호와를 사랑하라 오늘 내가 네게 명하는 이 말씀을 너는 마음에 새기고 네 자녀에게 부지런히 가르치며 집에 앉았을 때에든지 길을 갈

때에든지 누워 있을 때에든지 일어날 때에든지 이 말씀을 강론할 것
이며 너는 또 그것을 네 손목에 매어 기호를 삼으며 네 미간에 붙여
표로 삼고 또 네 집 문설주와 바깥문에 기록할지니라"(신 6:4-9).

이 말씀은 유대인들이 자녀들이 말귀를 알아듣고 암송할 수 있는
나이가 되면 가장 먼저 읽어 주고 암송시키는 중요한 말씀으로 유대
인의 교육헌장이라고 할 수 있습니다. 우리나라 성경에는 '이스라엘
아 들으라'라고 번역되어 있지만 히브리어 원문을 보면 '쉐마 이스
라엘'이라고 되어 있습니다. 즉 '들으라 이스라엘'로 시작하는 것입
니다. 그래서 이 말씀 전체를 '쉐마'라고 부르는 것입니다.

듣는 것은 참 중요합니다. 지혜자가 되어 참된 도리를 행할 수 있
게 되는 것도 지혜의 말씀과 부모의 훈계와 선생님의 가르침을 듣는
데서부터 출발하기 때문입니다. 자녀가 공부 잘하기를 원한다면 선
생님의 말씀을 귀담아 듣는 훈련을 시키십시오. 말을 잘하기를 원한
다면 상대방의 말을 귀담아 듣는 습관을 기르십시오.

선한 도리를 후대에 전하라

과거 우리나라는 '동방예의지국'(東邦禮義之國)이라고 불렸습니다. 예
를 숭상해서 조상에게 효도하고, 나라에 충성하고, 어른을 공경하며,
자녀를 잘 교육하는 아름다운 나라라는 뜻입니다. 지금은 과연 어떨
까요?

얼마 전 손봉호 박사가 어느 글에 '동방무례지국'이라고 쓴 것을
보았습니다. 공무원 시험을 준비하는 딸이 엄마가 고무줄을 얼굴에
튕기며 쐈다고 경찰에 신고하면서 100미터 접근 금지 신청을 했습

니다. 어떤 가정에서는 술 취한 아버지가 아들을 꾸중하고 때렸다는 이유로 아내가 경찰에 신고해서 아버지가 아들 곁에 올 수 없도록 100미터 접근 금지 신청을 했습니다.

왜 이렇게까지 되었을까요? 과거에 선한 도리를 지키는 나라라고 자랑했지만 자자손손 대대로 가르치고 전하는 데 실패했기 때문입니다. 가정교육이 사라졌습니다. 부모의 말에 더 이상 권위가 없고, 가장의 권위가 땅에 떨어졌습니다.

예레미야 35장에 보면 하나님이 예레미야 선지자에게 "너는 레갑 사람들의 집에 가서 그들에게 말하고 그들을 여호와의 집 한 방으로 데려다가 포도주를 마시게 하라"(렘 35:2)고 말씀하십니다. 그래서 예레미야는 그들을 다 불러 모은 후에 술잔 가득 포도주를 따라 주며 마시라고 권했습니다. 그때 그들이 이렇게 말했습니다.

"그들이 이르되 우리는 포도주를 마시지 아니하겠노라 레갑의 아들 우리 선조 요나답이 우리에게 명령하여 이르기를 너희와 너희 자손은 영원히 포도주를 마시지 말며 너희가 집도 짓지 말며 파종도 하지 말며 포도원을 소유하지도 말고 너희는 평생 동안 장막에 살아라 그리하면 너희가 머물러 사는 땅에서 너희 생명이 길리라 하였으므로 우리가 레갑의 아들 우리 선조 요나답이 우리에게 명령한 모든 말을 순종하여 우리와 우리 아내와 자녀가 평생 동안 포도주를 마시지 아니하며 살 집도 짓지 아니하며 포도원이나 밭이나 종자도 가지지 아니하고 장막에 살면서 우리 선조 요나답이 우리에게 명령한 대로 다 지켜 행하였노라"(렘 35:6-10).

레갑 족속은 이방 족속으로 원래는 겐 족속의 일파였습니다. 그들은 유목 생활을 했으며 출애굽 때부터 이스라엘과 함께 가나안에 들어와 이스라엘 변방에 거주했습니다. 그러다 바벨론이 침입하자 변방에 있던 레갑 족속이 예루살렘으로 피신해 함께 살게 되었습니다.

요나답은 레갑의 아들입니다. 그는 예후 시대의 인물로 예후와 함께 바알 숭배를 척결하는 데 앞장선 사람입니다. 그는 바알 숭배를 거부하기 위해 광야로 나가 금욕 생활을 하며 우상으로부터 야기되는 오염을 피했습니다.

요나답이 살던 때는 B.C. 845년경이고, 예레미야가 그들을 불러 시험했을 때는 B.C. 605년경입니다. 그들은 자그마치 240년 동안 조상이 가르친 선한 도리를 철저히 지켜 온 것입니다. 조상은 선한 도리를 가르치며 전해야 하고, 후손은 그것을 듣고 지켜야 합니다.

"내가 선한 도리를 너희에게 전하노니 내 법을 떠나지 말라 나도 내 아버지에게 아들이었으며 내 어머니 보기에 유약한 외아들이었노라 아버지가 내게 가르쳐 이르기를 내 말을 네 마음에 두라 내 명령을 지키라 그리하면 살리라"(잠 4:2-4).

본문 2절의 '도리'란 '어떤 입장에서 마땅히 지켜야 할 바른 길'을 뜻합니다. 하나님의 자녀 된 우리는 마땅히 지켜야 할 선한 도리에 대해 깨닫고 실천해서 하나님의 복을 누리는 삶을 살아야 합니다. 그리고 그 선한 도리를 후손에게 전해야 합니다.

'선한 도리'란 히브리어로 '레카흐 토브'라 하는데, 이는 '전해진 선한 도리'라는 뜻을 갖고 있습니다. 아무리 선한 도리라도 전해지지 않으면 소용없습니다. 고려청자의 비법을 자손에게 가르쳐 주지 않았기 때문에 지금까지 청자의 비췻빛을 내기 위해 도공들이 애를 쓰고 있습니다. 그래서 '가르쳐 지키게 하라'고 강조하는 것입니다.

가르치는 것은 부모의 책임이고, 듣는 것과 지키는 것은 자녀의 책임입니다. 부모는 가르쳐 전하기를, 자녀는 배우고 지키기를 반복하면 자자손손 복을 받게 되는 것입니다. 본문 3-4절에 보면 솔로몬도 아버지에게 들은 것을 전한다고 말합니다. 듣고, 지키고, 전하다 보니 유약했던 솔로몬이 지혜의 왕이 되었던 것입니다. 우리는 책임과 의무가 믿음으로 아름답게 이어지는 가정과 교회를 이루기 위해 애써야 합니다.

"내가 너희에게 분부한 모든 것을 가르쳐 지키게 하라 볼지어다 내가 세상 끝 날까지 너희와 항상 함께 있으리라 하시니라"(마 28:20).

선한 도리를 지켜 유혹에서 벗어나라

본문은 여러 가지 명령어를 사용하며 선한 도리를 지킬 것을 강조합니다.

'들으라', '주의하라'(1절), '떠나지 말라'(2절), '잊지 말며 어기지 말라'(5절), '버리지 말라', '사랑하라'(6절), '얻으라'(7절), '높이라', '품으라'(8절).

이렇게 반복해서 강도 높게 교훈한 후에 이것을 지킬 때 오는 다양한 축복을 제시합니다.

'살리라'(4절), '보호하리라', '지키리라'(6절), '높이 들리라', '영화롭게 하리라'(8절), '아름다운 관을 주리라'(9절).

교훈의 말씀을 듣고 선한 도리를 지킬 때 세상 유혹을 물리치고 승리할 수 있습니다.

요즘엔 온갖 세상 풍조가 사람들을 유혹합니다. TV, 인터넷, 모바일을 통해 수많은 광고가 사람들의 마음을 흔듭니다. 궁전 같은 아파트 광고, 꿈속에 그리던 전원주택, 당장 먹으면 병을 고치고, 회춘하고, 100세를 살 수 있을 것 같은 약 광고가 사람들을 미혹합니다. 그래서 집집마다 먹다 남은 약들이 가득 차 있습니다.

집안일에 손 하나 대지 않도록 해 줄 것 같은 가전제품 광고가 얼마나 강렬한지, 아직 쓸 만한 가전제품들을 바꾸고 싶은 욕구와 싸워 이겨야 합니다. 또 화려한 옷과 가구와 자동차와 요리까지 얼마나 광고를 잘하는지, 광고에 출연하는 연예인들 말만 들으면 우리 모두 천국에서 살게 될 것 같습니다. 이런 때에 우리는 "유혹에 빠지지 않게 기도하라"(눅 22:40) 하신 예수님의 말씀을 기억해야 합니다. 이런 세상을 살아가는 그리스도인에게 선한 도리는 세상 유혹을 막아 지켜 주는 역할을 하게 되는 것입니다.

"지혜를 얻으며 명철을 얻으라 내 입의 말을 잊지 말며 어기지 말라 지혜를 버리지 말라 그가 너를 보호하리라 그를 사랑하라 그가 너를 지키리라 지혜가 제일이니 지혜를 얻으라 네가 얻은 모든 것을 가지고 명철을 얻을지니라"(잠 4:5-7).

본문은 선한 도리가 '너를 보호하리라', '너를 지키리라'고 반복해서 강조하고 있습니다. 사도 바울도 참된 지혜의 근원이신 하나님이 우리가 하나님을 올바로 알고 섬길 수 있도록 하기 위해 지혜를 부어 주신다고 말합니다(엡 1:17 참조). 하나님의 지혜를 소유할 때 우리를 무너뜨리려는 사탄의 궤계를 깨닫고 물리칠 수 있습니다.

세상은 계속해서 우리를 유혹합니다. 마귀는 시대에 따라 전략을 바꿔 가면서 우리를 미혹합니다. 우리나라에 기독교가 들어올 당시에는 제사와 술과 담배와 도박으로 사람들을 넘어뜨리고 올무에 걸리게 만들었습니다. 그 올무가 지금은 더 진화했습니다. 지금은 돈과 지식과 개인주의와 쾌락과 외모를 가꾸는 일 등이 이 시대를 사는 사람들을 쓰러뜨리는 사탄의 무기입니다.

이런 수많은 유혹을 이기고 선한 도리를 행하려면 참된 지혜를 구해야 합니다. 하나님이 주시는 참된 지혜야말로 우리의 심령을 지켜 마음이 흔들리지 않고 바른 길을 걸을 수 있게 합니다(잠 2:16 참조). 쾌락으로 이끄는 마귀의 유혹의 강도보다 지혜의 크기가 크면 음녀에게 끌려가지 않게 됩니다. 그러므로 지혜를 구하고 선한 도리를 지키면 세상 유혹에 넘어가지 않을 수 있습니다(잠 2:20 참조).

지혜를 사모하십시오. 그리고 선한 도리를 지키십시오. 온갖 세상 유혹을 물리치고 의인의 길을 걸으십시오.

선한 도리를 지켜 영화롭게 되라

사람들은 누구나 영예를 얻기 원합니다. 부자가 되고 싶고, 높아지고 싶고, 이름을 알리고 싶어 합니다. 그러나 세상의 수단과 방법으로 부귀영화를 꿈꾸고 명예를 높이려고 하면 오래가지 못합니다. 그러므로 우리는 선한 도리를 따라야 합니다. 인간의 사사로운 지혜는 잠깐뿐인 세상에서 헛된 재물과 영화를 추구하다가 결국 자멸하게 됩니다(고전 3:19 참조).

수많은 사람들이 자기 꾀에 빠져 쓰러지고 멸망합니다. 그러나 참된 지혜를 소유한 자는 하나님의 말씀을 지키고 순종할 때 형통하고 인생 승리와 성공이 있음을 확신합니다. 그래서 힘들고 어려워도, 그 길이 험하고 멀어도 참고 견디며 묵묵히 걸어갑니다. 주님의 손을 놓지 않고 함께 갑니다. 그러면 그 길은 반드시 영화로운 길이 됩니다.

"그를 높이라 그리하면 그가 너를 높이 들리라 만일 그를 품으면 그가 너를 영화롭게 하리라 그가 아름다운 관을 네 머리에 두겠고 영화로운 면류관을 네게 주리라 하셨느니라"(잠 4:8-9).

'품다'라는 말은 남편이 아내를, 부모가 자녀를 사랑해서 품는 애정이 넘치는 태도를 묘사한 것입니다. 이는 지혜를 사랑하라는 말씀입니다. 열애하듯이 사랑하라는 말씀입니다. 지혜를 진정으로 사랑하고 귀하게 여기면서 선한 도리를 지키면 하나님이 영화롭게 해 주신다는 말씀입니다. 또한 '아름다운 관'이란 지혜를 왕관처럼 최고의 가치로 인정하고 귀중하게 여길 때 세상에서 존귀하고 영화롭게 될 것을 말씀하는 것입니다. 이처럼 지혜의 가치는 탁월합니다.

내가 먼저 선한 도리를 깨우치고 실천해야 합니다. 자녀 교육도, 부부 관계도, 부모님을 섬기는 것도, 교회 생활과 대인 관계도 선한 도리를 따르면 하나님이 평안케 하시고 사슴 발과 같이 높은 곳을 거닐게 해 주실 것입니다.

내가 나를 높이는 것으로는 곧 추락하고 맙니다. 그러나 지혜를 얻고 선한 도리를 따라가면 하나님이 영화로운 면류관을 이 세상과 하늘나라에서 씌워 주실 것입니다.

성경은 "지혜가 네 영혼에게 이와 같은 줄을 알라 이것을 얻으면 정녕히 네 장래가 있겠고 네 소망이 끊어지지 아니하리라"(잠 24:14)

라고 말씀합니다. 지혜, 곧 선한 도리를 얻는 자는 장래가 보장되고 소망이 있습니다. 우리는 지혜를 얻고 선한 도리를 지켜 영화로운 면류관 쓰기를 소망해야 합니다.

10

지혜로운 부모가
성숙한 자녀를 만든다

내 아들아 들으라 내 말을 받으라
그리하면 네 생명의 해가 길리라

잠 4:10

우리는 하나님의 마음을 헤아리고
부모의 심정을 이해하는
성숙한 성도가 되어야 합니다.
그리고 악인의 길을 떠나
의인의 길을 걸음으로
점점 더 창대해지는
복을 받아야 합니다.

당신은 언제 철이 들었습니까? 사람에 따라 일찍 철이 드는 사람이 있는가 하면 늦게 철이 드는 사람도 있습니다. 보통 인생의 쓴맛을 일찍 본 사람이 철도 일찍 든다고 합니다. 그러나 반드시 그런 것도 아닙니다. 같은 환경에서 자란 형제도 속이 깊은 사람이 있는가 하면 전혀 생각 없이 자라는 경우도 있기 때문입니다.

우리나라 속담에 "철들자 망령이라"는 말이 있습니다. 늦게 철들어 사리를 알 만할 땐 늙어서 아무것도 할 수 없게 되는 경우를 일컫는 말입니다. 그러면 철이 든다는 건 무슨 뜻일까요? 이는 '제법 사리를 분별할 줄 아는 힘이 생긴다'는 뜻입니다.

사람은 보통 몇 살쯤 철이 들까요? 아이들의 성장 과정을 보면 일곱 살 무렵 눈치가 빠해집니다. 로버트 풀검의 《내가 정말 알아야 할 모든 것은 유치원에서 배웠다》(랜덤하우스코리아 역간)라는 책이 있습니다. 어떻게 살아야 하는지, 무얼 해야 하는지, 어떤 사람이 돼야 하는지 그리고 다른 사람들과 함께 살아가려면 어떠해야 하는지를 유치원 다닐 나이만 되어도 알 수 있다는 내용의 책입니다. 그러나 이론과 실제는 늘 다릅니다. 그렇기에 "철들자 망령이라"는 말이 생긴 것입니다.

영국에서 5천 세대를 대상으로 '자녀들이 몇 살 때 철이 들었는가'에 대해 조사한 결과 '평균 22세 때 부모의 입장을 이해하기 시작했다'는 통계가 나왔습니다. 당신의 자녀는 어떻습니까? 그리고 당신은 언제 철이 들었습니까? 보통은 부모가 돼 보아야 부모 마음을 안다고들 합니다. 어릴 땐 부모 마음을 다 이해할 수 없는 것이 인지

상정(人之常情)이지요. 자기가 그 입장에 서 보아야 비로소 '아! 그때 어머니의 마음이 그랬겠구나!' 하고 목이 메게 되는 것입니다.

본문은 "내 아들아 들으라"라는 말씀으로 시작합니다. 어떤 부모든 자식이 지혜자가 되고, 잘되고, 형통하기를 원합니다. 자식이 일찍 철이 들어 사리를 분별하고 지혜롭게 모든 일을 행하기 원하는 것이 부모의 심정인 것입니다. 그런데 자식은 이런 부모의 심정을 잘 이해하지 못합니다. 이는 영의 아버지인 하나님과 우리의 관계에서도 마찬가지입니다. 우리는 부모의 심정을 이해해서 그 말씀을 듣고 순종하는 지혜자, 철든 자녀가 되어야 합니다. 더 나아가 하나님의 마음을 이해할 수 있는 하나님의 자녀가 되어야 합니다.

부모는 자식의 장수를 원한다

부모라면 누구나 자식이 건강하고 무병장수하기를 원합니다. 아무리 말썽 피우는 자식이라도 막상 아파서 입원하면 밤새 잠 못 자며 간병하는 것이 부모입니다. 어려서 열병에 걸려 약을 먹고 깊은 잠에 들었다가 눈을 떴는데 근심 어린 눈빛으로 저의 얼굴을 지켜보시던 어머니의 얼굴이 지금도 생각납니다.

가장 큰 불효는 부모보다 자식이 먼저 죽는 것이라고 합니다. 부모가 돌아가시면 산에다 묻지만 자식이 먼저 죽으면 부모의 가슴에 묻기 때문에 그렇습니다. 부모는 자식을 결코 잊을 수 없기 때문에 늘 마음에 아픔이 된다는 말입니다.

지혜자는 아들에게 이렇게 당부하고 있습니다.

"내 아들아 들으라 내 말을 받으라 그리하면 네 생명의 해가 길리라 내가 지혜로운 길을 네게 가르쳤으며 정직한 길로 너를 인도하였은즉"(잠 4:10-11).

본문은 지혜가 인간 생활에 가져다주는 실제적인 유익의 첫 번째를 장수로 꼽고 있습니다. 장수란 사람이 살 수 있는 최대한의 날까지 생명이 연장되는 것을 뜻하는데, 구약성경에서 장수는 하나님의 계명과 법도를 지키는 자에게 주어지는 축복으로 언급됩니다.

지혜자는 장수의 복을 얻기 위해서는 부모의 훈계를 중요하게 생각해서 듣고 지켜야 한다고 이야기합니다. 즉 지혜의 가르침을 따라 부모님의 가르침을 귀담아 듣는 자는 하나님과 더불어 교통하게 되고, 영원한 생명을 얻을 뿐 아니라 땅에서도 장수하게 된다는 뜻입니다. 셰익스피어도 "자식에게 있어서 부모는 하늘의 대리인이므로 부모의 소리는 곧 신의 소리와 같다"고 말했습니다.

본문은 또한 자식을 신앙 안에서 올바르게 양육하기 위해서 노력하는 아버지의 모습을 '가르치다', '인도하다'라는 말로 표현하고 있습니다. 부모는 자녀에게 지혜로운 길을 가르치고 그들을 정직한 길로 인도하고자 합니다. 비록 자신은 미련해도 자식만큼은 지혜롭기를 원합니다. 자신은 학교 문턱을 넘어 보지 못했어도 자식만큼은 소 팔고 논밭을 팔아서라도 대학에 보내기 위해 애쓰는 것이 부모 마음입니다. 또한 자신은 모로 갈지라도 자녀만큼은 바른 길로 걸으라고 훈계하는 것이 부모입니다. 이런 부모의 심정을 이해하고 순종하는 자에게 하나님은 장수의 복을 주시겠다고 약속하셨습니다(왕상 3:14 참조).

우리는 오직 자식 하나 잘되기만을 바라는 부모의 심정을 이해하고 그 말씀에 순종함으로 지혜의 길, 정직한 길을 걸어야 합니다. 그래야 약속된 장수의 복, 건강의 복을 누릴 수 있습니다.

부모는 자식의 순탄한 길을 원한다

저는 한국 어머니들의 맹목적인 헌신을 싫어합니다. 어릴 때부터 청소와 설거지, 작은 빨래와 간단한 요리 정도는 할 수 있게 훈련돼야 한다고 생각합니다. 그런데 한국의 부모들은 자식들이 오직 공부해야 한다고, 시간이 모자라고 피곤하다고 집안일을 아예 시키지 않습니다. 그러면서 나중에 크면 다 할 줄 알게 된다고 말합니다.

그런데 가만 보면 일을 시키지 않는 어머니들이나 어려서부터 일을 시켜야 한다고 주장하는 사람이나 자녀들이 순탄한 길을 가기를 바라는 것은 같습니다. 둘 다 자녀를 위한 것이요, 잘되기를 바라는 것인데 방법이 다를 뿐입니다. 그렇다면 자녀를 진정 순탄한 길로 인도하는 것은 무엇일까요?

"다닐 때에 네 걸음이 곤고하지 아니하겠고 달려갈 때에 실족하지 아니하리라 훈계를 굳게 잡아 놓치지 말고 지키라 이것이 네 생명이니라 사악한 자의 길에 들어가지 말며 악인의 길로 다니지 말지어다 그의 길을 피하고 지나가지 말며 돌이켜 떠나갈지어다 그들은 악을 행하지 못하면 자지 못하며 사람을 넘어뜨리지 못하면 잠이 오지 아니하며 불의의 떡을 먹으며 강포의 술을 마심이니라"(잠 4:12-17).

'곤고하지 아니하겠고 실족하지 아니하리라'는 말은 순탄한 길을 가기 원하는 부모의 심정을 피력한 것입니다. '다닐 때에'는 일상생활 속의 용무를 뜻하고, '달려갈 때에'는 어떤 일을 신속하게 처리해야 할 긴박한 상황을 말합니다. 이는 '모든 일에 실족하지 않고 평안한 삶을 살려면'이라는 뜻입니다.

본문은 지혜가 생명의 부여자임을 강조하면서 훈계를 굳게 잡아 놓치지 말고 지킬 것을 당부합니다. 그러면서 '사악한 자의 길에 들어가지 말라'고 충고합니다. '사악한 자'란 히브리어로 '레솨임'이라 하는데, 이는 '상습적으로 악을 행하는 자'라는 뜻입니다. 문제는 악인인지 의인인지를 분별할 줄 아는 눈이 없다는 것입니다. 사악한 자가 '내가 악을 꾸미고 있다'고 공개하진 않기 때문입니다. 사악한 자일수록 교묘한 말로 위장합니다.

'그의 길을 피하고 돌이켜 떠나가라'는 말은 사악한 자 또는 악인인지 알았으면 피하고 돌이켜 떠나가라는 것입니다. 똥이 무서워서 피하는 게 아니라 더러워서 피하는 것처럼 말입니다. 정에 끌려 다니거나 내가 한번 고쳐 보겠다고 악인과 계속 같이 있으면 함께 멸망하게 됩니다. 함께 더러워지고 함께 악인 취급을 받게 됩니다. 그러므로 피해야 합니다.

본문은 또한 악인의 습성을 가르쳐 주고 있습니다. "악인은 악한 마귀에게 영혼을 점령당한 사람이다"라는 말처럼 그들이 하는 일은 마귀의 짓입니다. 그래서 악인들은 악을 행하지 못하면 잠을 자지 못하고, 사람을 넘어뜨리지 못하면 잠이 오지 않는다고 말합니다. 또 악인들은 불의한 일을 떡 먹듯 하고, 강포를 행하기를 술 마시듯 한다고 말씀하고 있습니다. 그렇기 때문에 시편 기자는 악인과의 관계를 끊어야 한다고 말했습니다(시 1:1 참조).

우리는 악인을 분별해서 그의 길에는 앉지도, 서지도, 보지도 않고 의인의 길을 걸어가야 합니다. 그래야 하나님 아버지와 부모님의 뜻대로 순탄한 길을 걸을 수 있습니다.

부모는 자식의 창대함을 원한다

아이를 낳은 부모는 아이가 무럭무럭 자라기를 원합니다. 3킬로그램으로 태어난 아이가 70킬로그램이 넘는 어른이 돼서 어머니보다 몸집이 배가 되어도 더 먹으라며 자신의 밥을 덜어 주는 게 부모의 마음입니다. 아내는 그만 먹으라고, 살찐다고 밥을 빼앗아도 어머니는 그러는 법이 없습니다.

"네 시작은 미약하였으나 네 나중은 심히 창대하리라"(욥 8:7). 이 말씀은 장사하는 사람만 좋아하는 말씀이 아니라 모든 부모들이 자식에 대해 기원하는 말씀입니다. 사람의 일생이 처음도 좋고 나중도 좋으면 정말 좋겠지만, 그런 사람은 사실 많지 않습니다. 사람들은 '처음은 좋았는데 나중은 어려워졌다'와 '처음은 어려웠지만 나중은 창대해졌다' 중 하나를 선택해야 한다면 무엇을 고를까요? 이 말의 뜻을 아는 사람이라면 모두 후자를 택할 것입니다.

한국 역대 대통령 중에 시작보다 끝이 더 좋았던 대통령이 한 명도 없다는 것은 비극입니다. 카터 대통령은 미국 역대 대통령 중에서 국정 수행 능력이 거의 바닥 수준이라고 평가될 만큼 인정받지 못한 지도자였습니다. 그러나 대통령 임기가 끝난 후에도 최선을 다해 봉사하고, 변함없는 신앙을 가지고 분쟁 지역에 가서 중재하며 노벨평화상을 타는 등 가장 존경받는 지도자가 되었습니다. 얼마나 아름다운 모습인지 모릅니다.

그렇다면 우리의 나중이 창대해지기 위해서는 어떻게 해야 할까요? 본문은 의인의 길을 걸어가라고 말씀합니다.

"의인의 길은 돋는 햇살 같아서 크게 빛나 한낮의 광명에 이르거니와 악인의 길은 어둠 같아서 그가 걸려 넘어져도 그것이 무엇인지 깨닫지 못하느니라"(잠 4:18-19).

본문은 의인의 길과 악인의 길을 빛과 어두움으로 대조하면서 그 결과가 너무나 다른 것을 깨우쳐 주고 있습니다. '돋는 햇살'은 아침 햇살을 말합니다. 아침의 햇살은 그렇게 강하지 않습니다. 처음 돋는 햇살은 눈으로 바라볼 수 있을 정도로 약합니다. 그래서 해가 돋을 때의 풍경을 카메라에 담을 수 있습니다. 그러나 잠시만 지나면 태양은 쳐다볼 수 없습니다. 이처럼 하나님의 말씀을 따라 사는 지혜자, 부모님의 말씀에 순종하는 의인은 처음에는 미약해 보이지만 하나님이 점점 더 창대한 복을 주십니다.

광명은 히브리어로 '네콘 하욤'이라 하는데, 이는 '정오'라는 뜻입니다. 정오에는 해가 중천에 뜹니다. 정오의 태양은 그림자가 없습니다. 모든 세상을 구석구석 밝힙니다. 아침 햇살도 저녁노을도 사물의 그림자를 반대편으로 길게 드리우지만 정오의 햇빛은 그렇지 않습니다.

반대로 어둠은 히브리어로 '에페라'라 하는데, 이는 '한밤중의 어둠, 칠흑 같은 어둠'이라는 뜻입니다. 이처럼 악인의 길은 캄캄한 밤중과 같아서 자기가 넘어져도 넘어진 줄 모릅니다. 그러므로 우리는 악인의 길을 떠나 의인의 길을 걸어야 합니다.

"이스라엘의 하나님이 말씀하시며 이스라엘의 반석이 내게 이르시기를 사람을 공의로 다스리는 자, 하나님을 경외함으로 다스리는 자여 그는 돋는 해의 아침빛 같고 구름 없는 아침 같고 비 내린 후의 광선으로 땅에서 움이 돋는 새 풀 같으니라 하시도다"(삼하 23:3-4).

우리는 하나님의 마음을 헤아리고 부모의 심정을 이해하는 성숙한 성도가 되어야 합니다. 그리고 악인의 길을 떠나 의인의 길을 걸음으로 점점 더 창대해지는 복을 받을 수 있기를 소원합니다.

하루를 지키는 것이
일생을 지키는 전초다

모든 지킬 만한 것 중에
더욱 네 마음을 지키라
생명의 근원이 이에서 남이니라

잠 4:23

마음을 지킨다는 것은
악한 것을 피하는 정도의
소극적인 자세가 아니라,
악한 것과 담대히 싸워 이겨
신앙 성장을 이룩하는
적극적 태도를 말합니다.
사람이 악한 것과 싸워서
마음을 지켜야 하는 이유는
생명의 근원이 되기 때문입니다.

세상을 살아가면서 꼭 지켜야 할 것들이 있습니다. 한 예로, 운전하는 사람은 교통 법규를 잘 지켜야 합니다. 교통 법규를 지키지 않아서 일어나는 인명 피해와 재산의 손실이 엄청납니다. 그렇기 때문에 사람이 있을 때든 없을 때든, 밤이든 낮이든 교통 신호를 지키는 훈련이 중요합니다. 운전하는 모든 사람이 교통 신호를 지킨다면 교통사고는 사라지게 될 것입니다.

또한 지켜야 할 최소한의 예절이 있습니다. 공공장소에서는 휴대폰을 꺼 놓아야 합니다. 장례식에서 입관 예배를 드리는데 난데없이 '왜 이리 좋노, 왜 이리 좋노' 하는 노래가 울린다면 얼마나 난처하겠습니까?

공연장에서 지켜야 할 에티켓이 있고, 음식점에서 지켜야 할 에티켓이 있습니다. 그중 요즘 제일 문제 되는 것이 인터넷상에서의 예절입니다. 얼굴을 감춘 채 마음대로 비방하고 욕하는 추한 일이 많이 벌어지고 있습니다. 악플로 인해 자살하는 사건 또한 심심치 않게 일어나고 있습니다.

"내 아들아 내 말에 주의하며 내가 말하는 것에 네 귀를 기울이라 그것을 네 눈에서 떠나게 하지 말며 네 마음속에 지키라 그것은 얻는 자에게 생명이 되며 그의 온 육체의 건강이 됨이니라"(잠 4:20-22).

지혜자는 자신이 젊은 날 부모로부터 받은 교훈을 생각하며 아들에게 교훈하고 있습니다. 본문에서 말씀하는 '그것'은 지혜를 뜻합니다. '네 마음속에 지키라'는 표현은 사람이 귀중한 물건을 은밀한 곳에 보관하는 것처럼 지혜의 교훈을 마음 중심에 깊이 간직하라는 뜻입니다. 지혜를 얻는 자는 영적인 면에서 영원한 생명을 얻을 뿐 아니라 육체적으로도 건강한 삶을 살게 된다며 영육 간의 유익을 설파합니다. 그러면서 구체적으로 꼭 지켜야 할 네 가지를 말씀합니다.

마음을 지키라

"모든 지킬 만한 것 중에 더욱 네 마음을 지키라 생명의 근원이 이에서 남이니라"(잠 4:23).

세상에 지켜야 할 것이 많지만 가장 중요한 것은 '마음'이라고 말씀합니다. 마음은 히브리어로 '레바브'라 하는데, 이는 '인격, 곧 감정, 의지, 지식, 분별력의 자리'를 의미합니다. 본문에서 마음을 지킨다는 것은 악한 것을 피하는 정도의 소극적인 자세가 아니라, 악한 것과 담대히 싸워 이겨 신앙 성장을 이룩하는 적극적 태도를 말합니다. 사람이 악한 것과 싸워서 마음을 지켜야 하는 이유는 마음이 생명의 근원이 되기 때문입니다.

먼저 마음의 상태를 건강하게 유지하는 것이 중요합니다. 마음의 상태가 건강한지 아닌지를 어떻게 알 수 있을까요? 사람의 감정이 우울할 때 무엇을 하는가를 보면 알 수 있습니다. 감정은 일이 잘못되거나 실패했을 경우에만 우울해지는 것이 아닙니다. 일이 잘되고 성공한 경우에도 우울해지는 경우가 있습니다.

사람은 어떤 큰일을 치르고 나면 감정의 진공 상태가 일어납니다. 그러면 허전하고, 나른하고, 무기력해지고, 텅 빈 마음이 됩니다. 이때 어떤 사람은 술을 마시거나, 잠을 자거나, TV를 보거나, 드라이브를 즐깁니다. 반면 기도하거나, 성경 말씀을 보거나, 자연 속에서

고요한 시간을 갖는 사람도 있습니다.

능력의 선지자 엘리야는 갈멜 산에서 바알과 아세라의 선지자 850명을 물리치고 나서 그 승리의 반작용으로 두려움이 몰려왔습니다. 그래서 그는 광야로 도망가 '하나님, 나 죽겠습니다. 차라리 나를 죽여 주십시오' 하고 외쳤습니다. 그때 하나님이 로뎀 나무 그늘 아래서 쉬게 하시고 그의 영을 회복시켜 주셨습니다(왕상 19:4-8 참조).

몇 년 전 서울시에서 노숙자들 문제로 골머리를 앓았습니다. 그러던 중 어떤 사람이 노숙자들에게 인문학을 가르칠 것을 제안했습니다. 그 제안을 받아들여 문학을 가르치고, 철학 강좌를 열고, 역사를 가르쳤습니다. 그런데 놀랍게도 노숙자 중에 자리를 차고 일어나 자활의 길을 가는 사람들이 여럿 생겨났습니다. 이런 일이 어떻게 가능했을까요? 빵을 준 것이 아니라 마음을 다시 찾아 주었기 때문입니다.

요즘 자녀들을 조기 유학 보내는 부모들이 있습니다. 조기 유학의 장점은 글로벌하게 성장할 수 있는 가능성이 높다는 것입니다. 반면에 사랑을 받지 못해 남을 포용하고, 배려하고, 사랑해야 할 마음의 여유가 없다는 것이 문제입니다. 그래서 마음을 지키는 것이 중요합니다.

기쁜 일이 있습니까? 찬송하십시오. 승리를 주신 주님을 증거하십시오. 우울하십니까? 기도하십시오. 말씀을 묵상하십시오. 아름다운 자연 속에서 주님과 동행하십시오. 그리고 믿음의 친구들과 대화를 나누십시오. 마음을 지키는 사람이 생명을 얻게 됩니다.

느부갓네살은 주변의 모든 나라를 정복하고 바벨론을 대제국으로 만든 위대한 왕이었습니다. 유다 왕국을 무너뜨리고 예루살렘 성과 성전을 훼파한 무서운 왕이었습니다. 그런 용맹한 왕도 마음이 흔들렸습니다. 그는 낭광(狼狂, lycanthropy), 곧 자신이 동물로 변했다고 생각하고 동물처럼 행동하는 정신병에 걸렸습니다. 이에 대해 다니엘서는 다음과 같이 증거합니다.

"네가 사람에게서 쫓겨나서 들짐승과 함께 살면서 소처럼 풀을 먹을 것이요 이와 같이 일곱 때를 지내서 지극히 높으신 이가 사람의 나라를 다스리시며 자기의 뜻대로 그것을 누구에게든지 주시는 줄을 알기까지 이르리라 하더라 바로 그 때에 이 일이 나 느부갓네살에게 응하므로 내가 사람에게 쫓겨나서 소처럼 풀을 먹으며 몸이 하늘 이슬에 젖고 머리털이 독수리 털과 같이 자랐고 손톱은 새 발톱과 같이 되었더라"(단 4:32-33).

왕이 되는 것보다, 부자가 되는 것보다 그리고 학자가 되는 것보다 마음을 다스리는 것이 더 중요합니다. 성경은 "노하기를 더디 하는 자는 용사보다 낫고 자기의 마음을 다스리는 자는 성을 빼앗는 자보다 나으니라"(잠 16:32)고 말씀합니다. 마음을 지키는 사람은 장수도 제왕도 부럽지 않습니다. 영혼이 즐거움을 누리기 때문입니다. 우리는 마음을 굳게 지켜 영원한 생명을 누릴 수 있어야 합니다.

입술을 지키라

누군가 말하기를 "인류 역사상 전쟁이 없었던 기간은 단 4년에 불과하다"고 했습니다. 그렇습니다. 두 차례에 걸친 세계대전, 한국 전쟁, 베트남 전쟁, 아프가니스탄 전쟁, 이라크 전쟁 등 세상의 크고 작은 전쟁으로 인해 수많은 생명이 목숨을 잃었습니다. 우리 역사만 봐도 살수대첩, 임진왜란, 한산대첩, 행주대첩, 병자호란 등 수많은 인명이 희생되었습니다.

그런데 전쟁에서 총칼에 의해 죽은 사람보다 사람들의 입에서 나오는 말로 인해 상처받고 죽은 사람이 더 많다고 합니다. 칭찬하고, 격려하고, 위로하고, 사랑하고, 사람을 살리라고 준 입술을 축복의 통로로 사용하지 않고 독을 품고, 저주하고, 욕하고, 비방하는 일을 서슴지 않는 것이 인간의 추한 모습입니다. 이에 대해 지혜자는 "구부러진 말을 네 입에서 버리며 비뚤어진 말을 네 입술에서 멀리하라"(잠 4:24)고 말합니다. 말을 잘하는 것은 고사하고 실수만 하지 않아도 온전한 사람이라는 것입니다. 그만큼 말을 잘하는 것은 어려운 일입니다. 그래서 지혜자는 무엇보다도 입술을 지키라고 권면합니다.

본문의 '구부러진 말'은 히브리어로 '이케슈트', '비뚤어진 말'은 '레주트'인데, 이 두 단어 모두 아주 교묘하고 간사하게 남을 속이는 말을 가리킵니다. 어떤 사람이 악한 사람인가, 선한 사람인가는 그의 말이 진실한가, 거짓된가를 보면 알 수 있습니다.

이처럼 말은 중요합니다. 그래서 잠언에서 지혜 다음으로 많이 다루는 교훈이 말에 관한 것입니다.

"눈짓하는 자는 근심을 끼치고 입이 미련한 자는 멸망하느니라"(잠 10:11).

"말이 많으면 허물을 면하기 어려우나 그 입술을 제어하는 자는 지혜가 있느니라"(잠 10:19).

"온순한 혀는 곧 생명나무이지만 패역한 혀는 마음을 상하게 하느니라"(잠 15:4).

"사람은 그 입의 대답으로 말미암아 기쁨을 얻나니 때에 맞는 말이 얼마나 아름다운고"(잠 15:23).

"선한 말은 꿀 송이 같아서 마음에 달고 뼈에 양약이 되느니라"
(잠 16:24).

"사람은 입에서 나오는 열매로 말미암아 배부르게 되나니 곧 그의
입술에서 나는 것으로 말미암아 만족하게 되느니라 죽고 사는 것이
혀의 힘에 달렸나니 혀를 쓰기 좋아하는 자는 혀의 열매를 먹으리
라"(잠 18:20-21).

우리는 입술을 지켜 풍성한 생명을 얻고 누리는 지혜자가 되어야
합니다.

눈을 지키라

눈은 마음의 창이라고 합니다. 사람들은 사물을 눈으로 보고 판단합
니다. 누구나 보는 것을 중요하게 여깁니다. 그래서 이런 말이 생겼
습니다. "백문불여일견"(百聞不如一見, 백 번 듣는 것이 한 번 보는 것만 못하다).

먼저는 많이 보는 것이 중요합니다. 여행을 많이 하고 세상 곳곳
을 두루 보며 경험하는 것이 인생을 폭넓게 사는 데 꼭 필요합니다.
그러나 그보다 더 중요한 것은 꼭 봐야 할 것을 보는 것입니다. 가령
태양을 오래 보면 눈이 나빠지게 됩니다. 그러나 숲을 오래 보면 눈
이 밝아집니다. 그러므로 보아야 할 것과 보지 말아야 할 것을 가릴
줄 아는 자가 지혜자입니다.

"네 눈은 바로 보며 네 눈꺼풀은 네 앞을 곧게 살펴"(잠 4:25).

바른 것을 보고 곧은 것을 보아야 합니다. 어려서부터 좋은 책과
아름다운 자연을 보아야 합니다. 눈을 통해서 모든 선하고 악한 것
이 마음에 입력되기 때문입니다.

예수님 이전에는 간음을 '합법적 관계가 아닌 남녀 간의 분류 관계'라고 정의했습니다. 그런데 예수님은 "마음에 음욕을 품은 자마다 이미 간음했다"고 말씀하심으로 죄의 차원을 육적인 차원에서 영적인 차원으로 확대하셨습니다. 그렇다면 사람이 음욕을 품을 때 제일 큰 영향을 끼치는 육체의 기관이 어디일까요? 바로 눈입니다. 특히 남자는 눈으로 정욕을 느낍니다. 이처럼 우리는 눈으로 보는 것을 조심해야 합니다. 인간을 타락하게 하는 3대 죄악이 무엇입니까? 육신의 정욕과 안목의 정욕과 이생의 자랑입니다(요일 2:16 참조).

요즘 '야동'을 보기 시작하는 평균 연령이 중학교 1학년이라는 통계가 나왔습니다. 이런 세상에서 자녀 교육을 어떻게 해야 할 것인가를 다시 한 번 생각해 봐야 합니다. 쓸데없는 것을 보지 마십시오. 더럽고 추한 것을 보지 마십시오. 깨끗하고 고상하고 아름다운 것, 신령한 것을 바라보십시오. 예수님은 "만일 네 오른 눈이 너로 실족하게 하거든 빼어 내버리라 네 백체 중 하나가 없어지고 온몸이 지옥에 던져지지 않는 것이 유익하며"(마 5:29)라고 경고하셨습니다.

우리는 눈을 열어 주의 기이한 법을 보게 해 달라고, 고상하고 아름다운 것을 보는 눈을 갖게 해 달라고 기도해야 합니다.

발을 지키라

발을 지킨다는 것은 가야 할 길과 가지 말아야 할 길을 가린다는 뜻입니다. 잠언과 시편의 많은 내용이 악인의 길과 의인의 길에 관한 이야기입니다.

"복 있는 사람은 악인들의 꾀를 따르지 아니하며 죄인들의 길에

서지 아니하며 오만한 자들의 자리에 앉지 아니하고 … 무릇 의인들의 길은 여호와께서 인정하시나 악인들의 길은 망하리로다"(시 1:1, 6).

죄인의 길에 서지 않는다는 것은 무슨 뜻일까요? 발을 지켜 가지 말아야 할 곳으로는 가지 않는 것입니다. 잠언은 발을 지키지 못하고 음녀의 유혹에 빠진 젊은이의 모습을 너무나 사실적으로 표현합니다. 도수장에 끌려가는 소같이, 쇠사슬에 매여 감옥에 들어가는 죄수같이, 올무에 걸린 새같이 멸망의 길로 들어가는 모습을 그리고 있습니다(잠 7:21-23 참조).

그리스도인들은 새벽을 깨워 기도하며 하루를 계획해야 합니다. 오늘 이 모임에 갈 것인가 말 것인가, 오늘 이 사람을 만날 것인가 말 것인가를 놓고 기도해야 합니다. 기도해서 성령의 인도함을 받아야 실수가 없습니다. 체면 때문에 참석하고, 정에 이끌려 만날 때 잘못된 길로 들어서거나 악인을 만나게 되는 경우가 발생합니다.

"네 발이 행할 길을 평탄하게 하며 네 모든 길을 든든히 하라 좌로나 우로나 치우치지 말고 네 발을 악에서 떠나게 하라"(잠 4:26-27).

'행할 길', '모든 길'이란 일상생활에서의 모든 행위를 가리키는 표현들입니다. 본문의 '평탄케 하다'란 히브리어로 '파라스'인데, 이는 '헤아리다'라는 뜻을 갖고 있습니다. 행동할 때는 신중하게 헤아려 판단하라는 말씀입니다. 또한 '든든히 하다'란 히브리어로 '쿤'이라 하는데, 이는 '장해물을 제거하다'라는 뜻으로, 생활에 방해가 되는 장해물을 제거하는 신중한 태도를 뜻합니다. 이는 "돌다리도 두들겨 보고 건너라"라는 속담과 같은 뜻입니다.

지혜자는 일상생활 속에서 매순간 진지한 자세로 살아야 할 것을 말씀합니다. 또한 '좌우로 치우치지 말고 발을 악에서 떠나게 하라'

고 말하며 악한 데로 기울지 말고 하나님 앞에 경건하고 선한 생활을 하라고 경고합니다.

"그런즉 너희 하나님 여호와께서 너희에게 명령하신 대로 너희는 삼가 행하여 좌로나 우로나 치우치지 말고 너희 하나님 여호와께서 너희에게 명령하신 모든 도를 행하라 그리하면 너희가 살 것이요 복이 너희에게 있을 것이며 너희가 차지한 땅에서 너희의 날이 길리라"(신 5:32-33).

길이 아니면 가지 마십시오. 좌로나 우로나 치우치지 말고 정도를 걸어가십시오. 발을 지켜 의의 길을 걸으며 의인과 교제함으로 하나님에게 영광 돌리는 복된 삶을 살기를 결단하십시오. 그러면 하나님이 복에 복을 더하실 것입니다.

12

흔들릴수록
믿음을 더욱 뿌리내려라

네 샘으로 복되게 하라
네가 젊어서 취한 아내를 즐거워하라
그는 사랑스러운 암사슴 같고
아름다운 암노루 같으니
너는 그의 품을 항상 족하게 여기며
그의 사랑을 항상 연모하라

잠 5:18-19

하나님은 서로 사랑하는 부부에게
복을 주십니다.
부부가 서로 사랑하는 가정에
평탄한 복을 주십니다.
그러면 자녀들이 잘 자라고,
형통케 되며,
다른 사람들의 부러움을
사게 될 것입니다.

잠언에서 가정생활에 관한 말씀을 찾기 위해 연구하다가 놀라운 사실을 발견했습니다. 잠언의 가장 큰 주제는 지혜입니다. 그래서 지혜로운 자와 미련한 자, 악인과 의인 등의 주제가 가장 많은 부분을 차지하고 있습니다. 그런데 놀랍게도 분량 면에서는 음행에 관한 내용이 가장 많습니다. 잠언은 31장, 915절로 이루어졌는데 그중 음행에 관한 말씀이 80절입니다(2:16-19, 5장, 6:20-35, 7장, 9:13-18, 23:26-28 등). 이는 분량 면에서 11분의 1에 해당됩니다.

하나님이 잠언에 이렇게 많은 부분을 할애하며 음행에 관해 말씀하시는 이유는 그만큼 인간 생활, 가정생활에서 음행이 차지하는 비중이 크기 때문일 것입니다. 이는 가정이 깨지는 이유, 이혼 사유의 대부분이 배우자의 부정이라는 것만으로도 알 수 있습니다. 이혼은 더 이상 남의 문제가 아닙니다. 이혼은 우리 가족의 문제, 교회의 문제 그리고 사회적 문제가 되고 말았습니다.

성경은 음란한 죄를 어두움에 속한 것이라고 말씀합니다. 하나님에게 돌아가지 못하게 하는 치명적인 죄라고 말씀합니다. 특히 씻지 못할 죄라는 뜻으로 사도 바울은 다음과 같이 말했습니다. "음행을 피하라 사람이 범하는 죄마다 몸 밖에 있거니와 음행하는 자는 자기 몸에 죄를 범하느니라"(고전 6:18). 자기 몸에 죄를 범한다는 것은 씻기 어렵다는 뜻입니다. 타락한 세상에서 순결을 지키며 산다는 것은 그리 쉽지 않습니다. 그러나 세상이 다 그럴지라도 하나님의 자녀 된 그리스도인은 순결해야 합니다. 잠언의 말씀을 3천 년 전 고리타분한 옛날 이야기로 치부하면 안 됩니다. 하나님은 어제나 오늘이나 동일하게 살아 계십니다. 하나님의 말씀은 불변의 진리입니다.

사탄은 아담과 하와를 쓰러뜨린 후 언제나 하나님의 말씀을 왜곡하고, 사람의 육신의 쾌락을 자극하고, 정욕을 따라 살도록 충동합니다. 거기에 넘어간 인간들은 자유라는 미명 아래 성적 타락과 방종을 일삼고 부끄러운 삶을 살며 하나님과 멀어지고 있습니다. 죄를 대놓고 지으면서 자유와 인권으로 포장하는 일이 세상에서 벌어지고 있습니다. 이에 대해 로마서는 다음과 같은 말씀으로 경고합니다.

"이 때문에 하나님께서 그들을 부끄러운 욕심에 내버려 두셨으니 곧 그들의 여자들도 순리대로 쓸 것을 바꾸어 역리로 쓰며 그와 같이 남자들도 순리대로 여자 쓰기를 버리고 서로 향하여 음욕이 불일듯 하매 남자가 남자와 더불어 부끄러운 일을 행하여 그들의 그릇됨에 상당한 보응을 그들 자신이 받았느니라"(롬 1:26-27).

음행이 동성애까지 번지게 된 것을 말씀하는 것입니다. 우리는 음행을 피하고 성결한 가정, 성결한 부부가 되기 위해 끝까지 믿음을 붙잡아야 합니다.

음행, 양날의 검

저는 고소하고 달콤한 것을 좋아합니다. 그런데 아내는 계속해서 단속합니다. 그러면 더 먹고 싶고, 그러다 보면 심지어 몰래 먹기도 합니다. 한 번은 목사님들과 뷔페에서 식사를 하는데 한 분이 아이스크림을 세 번이나 드셨습니다. 그런데 그분은 당뇨가 있었습니다. 그 자리에 사모님이 함께 있었다면 당연히 먹지 못하게 막았을 것입니다. 음행을 하게 되는 이유도 이와 같습니다.

"대저 음녀의 입술은 꿀을 떨어뜨리며 그의 입은 기름보다 미끄러우나"(잠 5:3).

음녀의 입술이 꿀을 떨어뜨린다는 것은 상냥한 미소와 달콤한 말로 유혹하며 호리는 것을 뜻합니다. 호린다는 게 무슨 말입니까? 이는 '유혹하다, 그럴듯한 말로 속여 넘기다, 매력으로 남의 정신을 흐리게 해서 빼앗다'라는 의미입니다. 음녀는 인간의 말초적인 욕망을 자극해서 큰 기쁨을 안겨 줄 것처럼 접근합니다. 그 유혹에 걸려들면 마치 기름에 미끄러지는 것처럼 빨려 들어가게 됩니다. 본문에 나오는 기름은 여자들이 몸을 치장할 때 쓰는 향유를 가리킵니다. 음녀는 대개 짙은 화장과 화려한 옷으로 치장한 후 적당한 노출과 짙은 향수 냄새로 사람들을 유혹합니다.

겉으로 보기에 표가 남에도 불구하고 남자들은 왜 그런 여자들에게 넘어가는 것일까요? 이유는 두 가지입니다. 첫째는, 남자는 눈으로 성욕을 느끼기 때문입니다. 그래서 화려한 치장에 넘어갑니다. 둘째는, 그런 여자들에게는 남자를 다루는 기술이 있기 때문입니다. 부인들은 남편에게 무심한 반면 음녀들은 돈을 목적으로 하기 때문에 상냥하고 최선을 다합니다. 그러면 남자들은 마음을 빼앗기게 됩니다. 꽃이 자기 씨를 퍼뜨리기 위해 화려한 색과 모양으로 벌을 유혹하는 것처럼 음녀들도 자신을 화려하게 치장하며 유혹하는 것입니다.

사회심리학자들이 바람피우는 사람들이 위험을 감수하며 음행을 벌이는 이유에 대해 이렇게 말했습니다. "숨어 다니며 바람을 피울 때 뇌에서 쾌락을 자극하는 호르몬이 나오는데 이는 마약을 할 때만큼 자극적이다." 그러나 그 결과에 대해서는 자신이 전적으로 책임져야 합니다.

"나중은 쑥같이 쓰고 두 날 가진 칼같이 날카로우며"(잠 5:4).

음녀의 유혹은 꿀같이 달콤하지만 결과는 쑥같이 씁니다. 음녀를 만나 달콤한 맛을 보는 것은 잠시뿐, 그 다음엔 울면서 후회하게 됩니다. 두 날 가진 칼로 베인 것 같은 예리한 상처를 받고 고통을 겪게 됩니다. 한 가정을 책임져야 하는 가장이 바람을 피우고 두 집 살림을 하는 경우 자녀들의 상처, 이복형제들의 불화, 정신적인 고통은 말로 다할 수 없습니다.

"그의 발은 사지로 내려가며 그의 걸음은 스올로 나아가나니 그는 생명의 평탄한 길을 찾지 못하며 자기 길이 든든하지 못하여도 그것을 깨닫지 못하느니라"(잠 5:5-6).

이스라엘 왕이었던 다윗이 우리아의 아내를 범한 이후에 일어난 일을 생각해 보십시오. 음녀를 만나고 음행을 즐기는 일은 마치 죽음으로 내려가는 길과 같습니다. 이는 스올, 즉 지옥으로 떨어지는 무서운 일입니다. 밧세바가 낳은 아이가 죽습니다. 맏아들 암논이 이복 누이동생 다말을 강간합니다. 복수의 칼을 갈던 다말의 오빠 압살롬이 2년 후에 암논을 찔러 죽입니다. 그 후 압살롬은 반역을 일으키고 사람들이 보는 대낮에 궁전에 차일을 쳐 놓고 그곳에서 다윗의 후궁들과 더불어 동침합니다. 이처럼 음행은 무서운 결과를 낳게 됩니다.

하나님은 어떠한 죄라도 회개하면 용서하십니다.

회개하면 → 용서받고 → 구원받는다

이 공식은 영원히 변함없습니다. 그러나 '죄얼'(罪蘖, 죄악에 대한 재앙)과 '죄책'(罪責, 잘못을 저지른 책임)은 이 땅에서 다 받게 되어 있습니다.

다윗은 이런 고통을 당할 때의 심정을 시편을 통해 고백했습니다. "내가 탄식함으로 피곤하여 밤마다 눈물로 내 침상을 띄우며 내 요를 적시나이다"(시 6:6).

우리의 몸은 성전입니다. 성도의 음행은 성전을 더럽히고 훼손하는 죄입니다(고전 3:17 참조). 음행은 꿀같이 달콤하지만 그 결과는 지옥과 같습니다. 음행을 피하십시오. 악한 세대를 본받지 말고 그리스도의 정결한 신부가 되어 성결한 가정을 이루십시오.

음행의 결과

인생을 살면서 경험만큼 중요한 것은 없습니다. 백 번 듣는 것보다 한 번 보는 것이 낫고, 백 번 보는 것보다 한 번 경험하는 것이 낫습니다. 그러나 경험이 중요하다고 모든 일을 다 경험해 보기에는 인생이 너무 짧습니다. 인생의 선배들을 통해 성공의 경험을 빨리 익히고 실패를 줄이는 사람이 지혜자입니다.

"그런즉 아들들아 나에게 들으며 내 입의 말을 버리지 말고 네 길을 그에게서 멀리하라 그의 집 문에도 가까이 가지 말라 두렵건대 네 존영이 남에게 잃어버리게 되며 네 수한이 잔인한 자에게 빼앗기게 될까 하노라 두렵건대 타인이 네 재물로 충족하게 되며 네 수고한 것이 외인의 집에 있게 될까 하노라 두렵건대 마지막에 이르러 네 몸, 네 육체가 쇠약할 때에 네가 한탄하여 말하기를 내가 어찌하여 훈계를 싫어하며 내 마음이 꾸지람을 가벼이 여기고 내 선생의 목소리를 청종하지 아니하며 나를 가르치는 이에게 귀를 기울이지 아니하였던고 많은 무리들이 모인 중에서 큰 악에 빠지게 되었노라 하게 될까 염려하노라"(잠 5:7-14).

지혜자는 음행을 멀리하라고, 피해의 심각성을 알려 경각심을 고취시키면서 음행을 피하라고 간곡히 권면합니다. 그러면서 음녀를 가까이해서 음행을 저지를 경우 잃게 될 다섯 가지를 열거하고 있습니다.

첫째, 그는 젊음을 잃게 된다고 말합니다. 본문에서는 젊음이라는 단어 대신 '존영'이라는 단어가 사용되었습니다. '존영'이란 히브리어로 '호드'라 하는데, 이는 '청년이 지니고 있는 아름다움, 신선함, 강인함'을 뜻합니다. 즉 '존영이 사라진다'는 말은 청년의 아름다움이 사라진다는 뜻입니다. 젊음의 특징은 신선하고 풋풋하고 싱싱한 건강미입니다. 어린아이의 눈망울을 보십시오. 초롱초롱하고 똘망똘망합니다. 그러나 음행에 빠진 사람은 눈빛이 흐려집니다. 오직 육체를 탐하고 잠잘 것만 생각하기 때문입니다.

둘째, 그는 세월을 잃게 된다고 말합니다. 젊음의 특징은 세월이 유수같이 빠름을 모른다는 것입니다. 인생이 언제나 푸르른 5월일 수는 없습니다. 봄날은 갑니다.

少年易老學難成 소년이여, 늙기는 쉽고 학문을 이루기는 어려우니
一寸光陰不可輕 짧은 시간이라도 가볍게 여기지 말라
未覺池塘春草夢 연못가의 봄풀이 채 꿈도 깨기 전에
階前梧葉已秋聲 계단 앞 오동나무 잎이 가을을 알리네

주자의 《권학문》에 나오는 글입니다. 봄인가 했는데 어느덧 가을이 오는 것이 인생인 것을 젊을 때는 잘 모릅니다. 그런 짧은 인생이

음행에 빠지면 어떻게 될까요? '네 수한을 빼앗기게 된다'고 말씀합니다. 음행에 빠지면 '세월을 허송하게 된다'는 뜻입니다. 사도 바울은 우리에게 "세월을 아끼라 때가 악하니라"(엡 5:16)고 말합니다.

셋째, 그는 재물을 탕진하게 된다고 말합니다. 본문 10절은 '타인이 네 재물로 충족하게 되고 네 수고한 것이 외인의 집에 있게 된다'고 말씀합니다. 음행을 저지를 때에는 많은 돈을 허투루 쓰게 됩니다. 그러다 음행이 발각되면 소송당하고, 변상하고, 곤욕을 치르면서 더 많은 재물을 잃게 마련입니다. 탕진(蕩盡)이라는 말은 '재물을 죄다 없애 버리다'라는 뜻입니다. 사람이 망할 때는 자기 돈만 쓸어 없애는 게 아닙니다. 물려받은 재산과 처갓집 재산까지 몽땅 쓸어 없애게 마련입니다. 그래서 음행을 무섭게 생각해야 합니다. 음행하는 자는 재물이 날개를 달고 달아나는 것을 보게 될 것입니다.

넷째, 그는 건강을 잃게 된다고 말합니다. 바람피우고 조강지처의 눈에서 피눈물을 흘리게 한 사람들의 말년은 대개 비참합니다. 음녀는 돈과 쾌락을 목적으로 하기 때문에 돈이 있을 때는 온갖 애교를 부리고 아양을 떨다가도 돈이 떨어지고 병들면 더 이상 미련 없이 떠나 버리고 맙니다. 본문 11절은 '네 육체가 쇠할 때 네가 한탄한다'고 말씀합니다. 전통적으로 도가에서는 방중술이라 해서 성관계를 하지 않고 건강을 지키는 장수의 비결을 가르쳐 왔습니다. 지나치거나 문란한 성생활은 건강뿐 아니라 수명을 단축한다는 것입니다.

다섯째, 그는 후회하는 인생이 된다고 말합니다. 본문 12-13절은 '내가 어찌하여 청종하지 아니하고, 귀를 기울이지 아니하였던고!' 하며 후회하게 될 것을 말씀합니다. 음행하는 자는 반드시 말년에 큰 후회를 남기게 마련입니다. 후회하지 않으려면 부모님 말씀,

선생님 훈계, 목사님 설교 그리고 무엇보다 하나님 말씀에 순종해야 합니다. 때로는 어리석고, 융통성이 부족하고 미련한 것같이 보여도 순종하는 사람이 복을 받습니다. 똑똑하고, 머리를 잘 굴리며, 영악하고, 꾀를 잘 부리고, 요령을 잘 피우거나 적당히 즐기는 사람은 반드시 후회하는 날이 오게 마련입니다.

음행의 결과는 지옥이요, 멸망입니다(잠 7:24-27 참조). 많은 것을 잃고 후회하지 말고 성결을 지켜 복된 가정을 이루십시오.

하나님의 선하신 뜻을 따르라

하나님은 선하신 의도를 가지고 인간을 만드셨습니다. 엿새 동안 우주를 만드신 후에 마지막으로 만드신 인간으로 하여금 우주를 관리하게 하셨습니다. 자연 자체로도 하나님은 기쁨을 누리실 수 있었지만 인간을 만드신 후에 더욱 크게 기뻐하셨습니다. 인간은 이렇게 하나님의 기쁨으로 탄생한 존재입니다.

그런데 하나님의 선하신 뜻을 저버리고 아담과 하와가 범죄했습니다. 마음에 두려움이 생긴 아담이 동산 수풀에 숨었을 때 하나님이 아담을 부르셨습니다. "네가 어디 있느냐"(창 3:9). 하나님은 아담이 어디 있는지 몰라서 물으신 것이 아니라, 아담에게 잘못했다는 소리를 듣기 원하신 것입니다. 그런데 아담은 그 마음을 헤아리지 못하고 하와에게 책임을 전가하며 용서받을 기회를 잃어버리고 말았습니다. 그 결과 에덴에서 쫓겨났을 뿐 아니라 평생 땀 흘리는 수고와 산고를 겪어야 하는 고통에 처하게 된 것입니다.

성(性)은 하나님이 인간에게 주신 복된 선물입니다. 생육하고 번성하기 위해 부부 생활, 성생활은 필수 요소입니다. 그런데 선하신 하나님의 뜻을 저버린 채 음란하게 행하고 동성애를 하는 등 인간은 범죄하고 타락했습니다.

"너는 네 우물에서 물을 마시며 네 샘에서 흐르는 물을 마시라 어찌하여 네 샘물을 집 밖으로 넘치게 하며 네 도랑물을 거리로 흘러가게 하겠느냐 그 물이 네게만 있게 하고 타인과 더불어 그것을 나누지 말라 네 샘으로 복되게 하라 네가 젊어서 취한 아내를 즐거워하라 그는 사랑스러운 암사슴 같고 아름다운 암노루 같으니 너는 그의 품을 항상 족하게 여기며 그의 사랑을 항상 연모하라 내 아들아 어찌하여 음녀를 연모하겠으며 어찌하여 이방 계집의 가슴을 안겠느냐 대저 사람의 길은 여호와의 눈앞에 있나니 그가 그 사람의 모든 길을 평탄하게 하시느니라 악인은 자기의 악에 걸리며 그 죄의 줄에 매이나니 그는 훈계를 받지 아니함으로 말미암아 죽겠고 심히 미련함으로 말미암아 혼미하게 되느니라"(잠 5:15-23).

본문은 사람의 길이 하나님의 눈을 벗어날 수 없다고 말씀합니다. 하나님은 인간의 일거수일투족을 불꽃같은 눈으로 감찰하고 계십니다. 아담의 후손인 인간은 죄를 지으면 숨는 버릇이 있습니다. 그러나 명심하십시오. 하나님 앞에 숨을 곳은 단 한 군데도 없습니다(시 139:7-8 참조). 간음했던 다윗도 숨고 싶었습니다. 은폐된 줄 알았습니다. 그러나 나단 선지자가 책망하고 나왔을 때 숨을 곳이 없음을 알고 회개했습니다.

부부는 서로 간에 정절을 지켜야 합니다. 과거 남성 우위 사회에서 정절을 지킬 의무는 여자에게 국한되었습니다. 그러나 하나님의 뜻은 그렇지 않습니다. 본문 15-17절은 결혼을 통해 합법적으로 얻은 부부 사이에만 성관계를 갖는 것이 축복이지, 그 도를 넘는 것은 죄가 됨을 분명히 말씀합니다. 여기에서 '우물과 샘'은 아내를 뜻하고 '물을 마신다'는 것은 부부애를 뜻합니다.

가정은 사회를 이루는 최초의 단위이기 때문에 가정의 파괴는 사회의 파괴로 이어지게 됩니다. 어떻게 하면 가정을 살리고 건강한 사회를 만들 수 있을까요? 답은 간단합니다. 부부가 서로 정절을 지키면 됩니다(히 13:4 참조).

부부는 서로 간에 만족을 구해야 합니다. 본문 18-19절이 그것을 가르쳐 줍니다. "네 샘으로 복되게 하라 … 너는 그의 품을 항상 족하게 여기며 그의 사랑을 항상 연모하라." 세상에서 제일 불행한 사람은 배우자에게서 만족을 얻지 못한 남편과 아내입니다. 부부는 서로의 만족을 위해 노력하고, 나의 주인은 남편, 나의 주인은 아내라고 서로를 높이고 의지하며 살아야 합니다(고전 7:3-4 참조).

거창한 무언가가 아닌 작은 이벤트를 계획하십시오. 큰 것을 기대하다가 실망하지 말고 작은 사랑을 만들어 가는 지혜를 발휘하십시오. 하나님은 서로 사랑하는 부부에게 복을 주십니다. 부부가 서로 사랑하는 가정에 평탄한 복을 주십니다. 그러면 자녀들이 잘 자라고, 형통케 되며, 다른 사람들의 부러움을 사게 될 것입니다.

"이 집에는 나보다 큰 이가 없으며 주인이 아무것도 내게 금하지 아니하였어도 금한 것은 당신뿐이니 당신은 그의 아내임이라 그런즉 내가 어찌 이 큰 악을 행하여 하나님께 죄를 지으리이까"(창 39:9). 요셉을 요셉 되게 한 귀한 장면의 말씀입니다. 하나님을 언제나 인식하고 하나님과 동행하는 코람데오의 신앙인이 되면 죄의 유혹을 피할 수 있습니다. 내가 나를 지킬 수는 없습니다. 하나님이 지켜 주셔야 합니다. 그러므로 우리는 하나님 앞에서 살아야 합니다.

하나님의 선하신 뜻대로 부부의 정절을 지키고 서로 사랑하며 살아가면 가정이 복을 받고 자녀들이 복을 받게 될 것입니다. 부부 생활을 깨뜨리는 음행을 피하고, 거룩하고 성결한 믿음의 가정을 이루기 위해 날마다 하나님의 지혜를 구하십시오.

13

섣부른 판단이
공든 탑을 무너뜨린다

내 아들아
네가 만일 이웃을 위하여 담보하며
타인을 위하여 보증하였으면
네 입의 말로 네가 얽혔으며
네 입의 말로 인하여 잡히게 되었느니라

잠 6:1-2

감당할 능력이 없으면서도
인정에 끌려 보증을 서는 것은
지나친 모험이며,
자신과 하나님에게 수치를 돌리는
결과를 불러옵니다.

보증은 인류의 역사와 함께하는 오래된 관행입니다. 3,500년 전 옛날 기록인 창세기와 신명기에도 사람이나 물건을 담보로 잡는 이야기가 나옵니다.

창세기 42장에 보면 가나안 땅에서 기근을 해결하기 위해 야곱의 아들 열 명이 애굽으로 식량을 구하러 가는 장면이 나옵니다. 그들이 국무총리가 된 요셉 앞에 섰을 때 요셉은 형들을 알아보았으나 형들은 요셉을 알아보지 못했습니다. 요셉이 형들을 모른 체하며 "너희는 정탐꾼들이라 이 나라의 틈을 엿보려고 왔느니라"(창 42:9) 하고 말하자 형들은 정색을 하며 "당신의 종 우리들은 열두 형제로서 가나안 땅 한 사람의 아들들이라 막내아들은 오늘 아버지와 함께 있고 또 하나는 없어졌나이다"(창 42:13) 하고 변명합니다. 그러자 요셉은 "너희는 이같이 하여 너희 진실함을 증명할 것이라 … 너희 중 하나를 보내어 너희 아우를 데려오게 하고 너희는 갇히어 있으라"(창 42:15-16) 하고 시므온을 결박했습니다.

'인질'은 곧 사람 담보물을 뜻합니다. 그래서 그들은 집으로 돌아가 막내 베냐민을 데리고 가려 했으나 아버지 야곱이 허락하지 않습니다. 요셉을 잃어버린 것만으로도 눈을 감을 수 없는데 막내 베냐민까지 외국에 보낸다는 것이 내키지 않았던 것입니다. 그때 유다가 나서서 자신이 책임지고 베냐민을 데려오겠다며 아버지를 설득합니다. 그리고 다음과 같이 말합니다. "내가 그를 위하여 담보가 되오리니 아버지께서 내 손에서 그를 찾으소서 내가 만일 그를 아버지께 데려다가 아버지 앞에 두지 아니하면 내가 영원히 죄를 지리이다"(창 43:9).

여기서 '담보가 되겠다'는 말은 '보증 서겠다, 책임지겠다'는 뜻입니다. 책임지지 못하면 그 대가를 대신 달게 받겠다는 뜻입니다. '내 손에서 그를 찾으소서'라는 말 역시 자신이 책임지겠다는 뜻입니다. 그렇게 하지 못할 경우 자신이 평생 아버지 앞에 죄인이 될 것이라고 말하며 간곡하게 설득한 내용입니다.

'전당'(典當)이라는 말이 있습니다. 이는 '물건이나 담보로 돈을 꾸어 주거나 꾸어 쓰는 것'을 뜻합니다. 신명기에 보면 전당에 대해 여러 차례 언급하고 있습니다. 한 예로, 신명기 24장 6절은 "사람이 맷돌이나 그 위짝을 전당 잡지 말지니 이는 그 생명을 전당 잡음이니라"고 말씀합니다. 이런 말씀은 사회적 약자들을 보호하기 위해 만든 법입니다. 이는 이런 법을 만들지 않으면 안 될 만큼 보증, 담보 문제로 인한 사회적 문제가 심각한 수준에 있었다는 반증입니다.

이것이 비단 옛날에만 해당되는 문제일까요? 주변에서 보증 섰다가 어려움을 당하거나 심지어 망한 경우를 보았을 것입니다. IMF 때 연대보증에 걸려 집이 날아가는 등 낭패를 본 성도들을 여럿 보았습니다. 얼마나 가슴 아팠는지 모릅니다. 그때 성경에서 왜 보증 서지 말 것에 대해 매정하게 말씀하고 있는가를 알게 되었습니다.

이런 보증 외에 자신이 스스로 서원한 일, 호언장담(豪言壯談)한 것 때문에 낭패를 보는 경우도 많습니다. 함부로 서원해서는 안 되고, 한 번 약속했으면 해로울지라도 지키는 것이 믿는 사람으로서의 올바른 태도일 것입니다(신 23:21 참조).

성경은 보증과 담보에 대해 그리고 서원한 것은 반드시 갚을 것에 대해 명확히 말씀합니다. 말씀대로 살기를 결단하십시오. 말씀을 따라 행할 때 실족하지 않고 평안한 삶을 살 수 있습니다.

보증의 올무

보증을 섰다가 어려움을 겪는 사람들의 공통점은 착하고, 마음이 여리고, 정에 약하다는 것입니다. 그 원수 같은 정 때문에 자신뿐 아니라 가족들이 피해를 입으며 함께 풍파를 겪게 됩니다. 그래서 동서고금을 막론하고 보증을 서지 말라고 말하는 것입니다.

"내 아들아 네가 만일 이웃을 위하여 담보하며 타인을 위하여 보증하였으면 네 입의 말로 네가 얽혔으며 네 입의 말로 인하여 잡히게 되었느니라"(잠 6:1-2).

보증에 대한 문제는 인간 사회에서 가장 흔히 발생하는 사건 중에 하나입니다. 보증이란 채무자가 그 빚을 갚을 능력이 없을 때 그것을 대신 갚아야 하며, 그러한 여건이 안 될 때는 자신뿐 아니라 가정과 이웃과 세상에 대해 엄청난 대가를 치러야 합니다. 경솔한 보증은 모든 것에 대해 파멸을 예고하는 엄청난 재앙이 될 수 있습니다. 그렇기에 지혜자는 우리로 하여금 쓸데없는 만용이나 감정에 치우쳐 보증했다가 패가망신하는 어리석은 자가 되지 않도록 보증하지 말 것을 권하고 있습니다.

보증을 금하시는 하나님의 권고는 우리를 위한 크신 사랑의 배려입니다. 대개 선한 마음을 소유한 사람들이 모질지 못해 보증을 서게 됩니다. 그러나 감당할 능력이 없으면서도 인정에 끌려 보증을 서는 것은 지나친 모험이며, 자신과 하나님에게 수치를 돌리는 결과를 불러옵니다. 그래서 지혜자는 이런 것을 철저하게 금하는 것입니다.

고대 사회에서는 재산을 빼앗기는 정도가 아니라 심하면 종으로 팔려갔습니다. 그러니 보증을 선다는 것은 신중해야 할 일입니다. 잠언 20장 16절에 보면 아주 무자비하게 들리는 말씀이 있습니다.

"타인을 위하여 보증 선 자의 옷을 취하라 외인들을 위하여 보증 선 자는 그의 몸을 볼모 잡을지니라." 타인을 위해서 보증을 선 사람은 필경 망하게 될 것이기 때문에, 받을 것이 있다면 다른 사람에게 넘어가기 전에 속히 옷이라도 취하고, 그 몸이라도 볼모로 잡으라는 것입니다. 옛날에는 빚을 갚지 못하면 볼모로 끌려가 종살이를 했습니다. 남이 그 사람을 끌고 가기 전에 먼저 볼모로 잡으라는 뜻입니다.

이렇게 무서울 정도로 냉혹하게 말씀하는 까닭은 보증을 서는 것이 얼마나 큰 위험을 당할 수 있는 일인지를 교훈하기 위함입니다. '나는 괜찮아', '저 사람은 믿을 만해'는 위험천만한 말입니다. '사람이 속이는 것이 아니라 돈이 사람을 속이는 것'이라는 옛 어른들의 말이 괜히 생긴 게 아닙니다. 사람 잃고 돈 잃은 후에 후회해도 소용없습니다. 보증은 절대 조심해야 합니다(잠 11:15 참조).

교회 안에서는 돈을 꾸거나 빌려 주지 마십시오. 더욱이 보증하지 마십시오. 인정에 끌려 보증하면 반드시 올무에 걸립니다. 말씀대로 보증을 조심하고 올무에 걸리지 않는 지혜자가 되십시오.

올무에서 벗어나라

사람이 한 번 들어선 길을 벗어난다는 것은 참으로 어려운 일입니다. 담배에 인이 박이고 나면 그것을 끊기가 대단히 어렵습니다. 아이들이 학교에서 친구의 꾐에 빠져 일진회와 같은 폭력서클에 가입하면 그곳에서 발을 빼는 것이 매우 힘듭니다. 매 맞고 왕따당하는 등 고통당할 것을 각오해야 합니다. 도박에 빠진 사람들이 도박을 끊기 위해 손가락을 잘라 가면서 맹세하고 난 후에 얼마 안 가 발가

락에 화투장을 끼우고 다시 도박했다는 이야기도 들었습니다. 마찬가지로 보증도 여간 벗어나기 어려운 게 아니라는 말입니다.

"내 아들아 네가 네 이웃의 손에 빠졌은즉 이같이 하라 너는 곧 가서 겸손히 네 이웃에게 간구하여 스스로 구원하되 네 눈을 잠들게 하지 말며 눈꺼풀을 감기게 하지 말고 노루가 사냥꾼의 손에서 벗어나는 것같이, 새가 그물 치는 자의 손에서 벗어나는 것같이 스스로 구원하라"(잠 6:3-5).

지혜자는 성급하고 경솔하게 저지른 보증으로 파멸에 이르기 전에 그것을 벗어야 한다고 충고합니다. 히브리법에 의하면, 채무자가 기한 내에 빚을 갚지 못하면 보증인은 채무자 대신 재산을 압류당하고, 그것도 모자라면 심지어 누운 침상과 옷까지 빼앗기게 되어 있었습니다. 이런 법이 있었기 때문에 보증을 섰다가 파산한 사람이 적지 않았던 것입니다(잠 22:7, 27 참조).

보증인이 이런 일을 당했을 경우 채권자에게 겸손하게 빌고 애원을 해서라도 벗어나는 것이 현명한 일입니다. 본문 4절은 보증을 섰다가 잘못되었다고 낙담하거나 포기하지 말고 계속 노력해서 채무의 의무에서 벗어날 것을 노루가 사냥꾼의 손에서 벗어나기 위해 사투를 벌이는 것같이, 새가 그물을 빠져나오기 위해 온갖 힘을 다하는 것같이 포기하지 말라고 권면합니다.

순간적인 욕망에 이끌려 파멸의 구덩이에 빠질 때 회개하고 하루속히 그 올무에서 벗어나는 사람이 지혜자입니다. 그러기 위해서는 겸손하게 무릎 꿇고 필사적인 기도와 간구를 해야 합니다(시 91:2-3 참조).

세상을 살면서 마음 착한 사람이 잘되고 출세하면 좋겠는데 그와 반대되는 경우가 더 많은 것을 보게 됩니다. 성격이 모질지 못한 사람은 형제가 찾아와서 보증을 서 달라고 할 때 거절하지 못합니다. 친구가 찾아와서 돈을 꾸어 달라고 해도 거절하지 못하고 빌려 줍니다. 어떤 사람은 아예 빌려다가 꾸어 주는 경우도 있습니다.

지금은 보증을 섰다가 어려운 일을 겪는 사람들이 하도 많아서 보증을 서지 않는 것이 상식이 되었지만 예전에는 그렇지 않았습니다. 그래서 보증으로 인한 피해를 당하고 후손에게 교훈으로 남길 만큼 중요한 문제가 된 것입니다. 우리는 보통 이기적인 사람을 나쁘게 보지만 꼭 그런 것만은 아닙니다. 때로는 이기적인 사람이 되어야 합니다.

"너는 사람과 더불어 손을 잡지 말며 남의 빚에 보증을 서지 말라"(잠 22:26). 우리는 하나님의 말씀에 철저히 순종해야 합니다. 잠시 정에 못 이겨 보증했다면 그것으로 인한 시험과 환난을 면하게 해 달라고 간절히 기도하며 하나님의 도우심을 구하십시오.

사랑의 보증을 깨달으라

예나 지금이나 이웃을 위한 담보는 흔히 있는 일입니다. 때로 이것은 자신을 파괴시키는 큰 실수의 원인이 되기도 했습니다. 그래서 본문은 보증의 경솔함과 성급함에 대해 충고하며 마치 남을 위한 보증 자체를 금하는 것같이 말씀합니다. 그러나 때론 남을 위한 보증이 이웃을 돕는 일이 되기도 합니다. 곤란에 처한 이웃을 돕는 것은 성도의 당연한 의무입니다. 그러므로 때로는 사랑을 위한 과감한 보증이 필요합니다.

인간은 타인의 책임을 온전히 갚아 줄 만한 능력이 없습니다. 그러나 하나님은 우리를 위해서 보증해 주셨습니다(히 7:22 참조). 하나님은 스스로 예수님을 보증으로 세우시고 우리를 살리셨습니다. 그러므로 우리도 사랑의 보증인이 되어야 합니다. 이웃을 위한 보증에는 여러 가지 수고와 위험과 고통이 따릅니다. 어떤 경우에는 생명을 담보해야 합니다. 앞서 살펴본 것처럼, 아버지 야곱의 반대에도 불구하고 자신의 생명을 담보 삼아 베냐민을 애굽에 데려갔다가 반드시 살려서 돌아오겠다고 했던 유다의 경우가 그렇습니다. 이런 것을 사랑의 보증이라고 할 수 있을 것입니다.

빌레몬서에 보면 오네시모를 변호하며 열정적으로 보증하는 바울의 모습을 볼 수 있습니다. 빌레몬의 돈을 훔쳐 달아난 노예 오네시모. 우리는 잡아 죽여도 아무 탈이 없는 도망 노예인 오네시모를 보증 서고 있는 사랑의 보증자 바울을 본받아야 합니다(몬 1:18 참조).

사랑의 보증을 서는 바울의 모습을 통해 우리를 위해 생명을 버리심으로 더 좋은 언약의 보증이 되신 예수 그리스도의 사랑의 보증을 되새겨 보게 됩니다. 이런 보증은 경솔하게 보증 섰다가 스스로 올무에서 벗어나려고 발버둥치는 미련한 우리 인생들과는 너무나 차원이 다른 모습입니다. 하나님의 사랑의 보증이 아니었다면 우리는 구원받을 수도, 새 생명을 얻을 수도 없었을 것입니다.

자신을 파멸로 이끄는 경솔한 보증을 조심하십시오. 그와 동시에 우리는 하나님의 사랑에 빚진 자임을 기억하십시오. 우리는 바다같이 넓고 하늘같이 높은, 말로 다할 수 없는 하나님의 사랑을 받은 그리스도인입니다. 형제를 사랑함으로 그를 위해 자진해서 보증인이 되는 용기 있는 믿음의 소유자가 되어야 할 것입니다.

14

개미에게서
삶의 지혜를 배우라

게으른 자여
개미에게 가서
그가 하는 것을 보고
지혜를 얻으라

잠 6:6

우리는 노아와 같이
산꼭대기에 방주를 지으며
홍수를 대비하는 믿음을
가져야 합니다.
그래야 심판 때
구원을 받을 수 있습니다.

개미는 한자로 '의'(蟻)라고 씁니다. '벌레 충'(虫)과 '옳을 의'(義)가 합해진 글자입니다. 이것만 보아도 예부터 개미에 대한 이미지가 얼마나 좋았는지를 알 수 있습니다.

개미는 꿀벌과 더불어 곤충 세계에서 사회 행동이 가장 복잡한 동물입니다. 노예를 부리는 개미가 있는가 하면, 아프리카에 서식하는 한 개미는 여왕개미가 일부러 다른 개미에게 잡혀 그들의 둥지로 끌려들어가 그곳에 있는 기존 여왕개미의 머리를 물어 죽이고 자기 알을 낳아 그 족속으로 하여금 자기 알을 돌보게 만들기도 합니다. 남아메리카에는 식물의 잎을 잘게 잘라 곰팡이를 만들어 먹는 개미도 있습니다. 꿀개미는 진딧물의 배를 가볍게 두드려 진딧물이 배설한 감로를 섭취하고, 불개미는 다른 종의 알과 유충을 잡아먹기도 합니다. 또한 가위개미는 버섯을 재배해서 먹는다고 합니다.

개미는 남극 외의 모든 대륙에서 찾아볼 수 있습니다. 개미는 페르몬이라는 화학물질로 서로 소통하며, 더듬이로 냄새를 맡고 냄새의 강도로 방향에 대한 정보를 전달합니다. 개미는 물거나 찌르거나 개미산 같은 화학물질을 쏘거나 뿌리는 식으로 공격하거나 방어합니다. 남아메리카의 총알개미는 침을 쏘기도 하는데 아주 강력한 독을 가지고 있습니다.

개미는 포유류 외에 서로 가르쳐 주는 행동을 찾아볼 수 있는 유일한 종이기도 합니다. 템노토락스 알비펜니스라는 종의 개미는 척후개미가 미숙한 동료를 데리고 천천히 새로 발견한 먹잇감으로 이끌고 간다고 알려져 있습니다.

대부분의 개미는 집을 건축합니다. 땅속과 나무 밑에 집을 짓습니다. 필리핀의 베짜기개미는 잎사귀를 이어 집을 짓습니다. 그런가 하면 남아메리카의 군대개미나 아프리카의 장님개미처럼 집을 짓지 않고 방랑 생활을 하면서 서로 얽혀서 야영하는 개미도 있습니다.

동화나 우화에서 개미는 대개 부지런하고 협력적인 성격으로 묘사됩니다. 개미는 노동과 협력의 좋은 예로 사람들에게 인식되었습니다. 그래서 동화나 소설의 주인공으로 등장하기도 하고 공상과학물에 등장하기도 합니다.

과학이 발달하면서 개미와 같은 미물들의 행동과 특징을 인간에게 유용하도록 만들거나 적용하는 연구가 활발하게 진행되고 있습니다. 최근에는 자율자동차 사용을 앞두고 과학자들이 운전자 없는 자동차가 도로 정체 현상을 어떻게 해결할 수 있을까 하는 문제를 고민하다가 문제 해결의 열쇠가 개미에게 있음을 알고 개미들의 이동을 연구하고 있습니다. 21세기 첨단 문명의 시대에 과학자들이 개미에게 배우고 있다는 게 참으로 놀랍습니다.

본문에서 솔로몬은 개미를 통해 게으른 자를 교훈합니다. 우리 또한 솔로몬의 교훈을 본받아 개미와 같이 지혜로운 자가 되어야 합니다.

스스로 일하라

개미에게서 배워야 할 덕목을 꼽으라고 하면 사람들은 서슴없이 근면과 성실이라고 말합니다. 여기서 근면(勤勉)이란 '매우 부지런함, 부지런히 힘씀'이라는 뜻이고, 성실(誠實)이란 '정성스럽고 참되어 거짓이 없음'이라는 뜻입니다. 근면이나 성실은 누가 시키거나 지켜

보기 때문이 아니라, 누가 보든지 안 보든지 성심성의껏 일하는 것을 뜻합니다. 바로 개미가 그러합니다.

"게으른 자여 개미에게 가서 그가 하는 것을 보고 지혜를 얻으라 개미는 두령도 없고 감독자도 없고 통치자도 없으되"(잠 6:6-7).

지혜자는 게으른 자를 교육하기 위해서 개미를 시청각 교육의 교보재로 활용하고 있습니다. 현재의 편안한 생활에만 빠져 있는 인간을 향해, 지극히 작고 연약한 곤충에 불과하지만 언제나 열심히 일하는 개미의 모습을 보고 지혜를 배우라고 채찍질하는 것입니다.

개미는 군집 생활을 합니다. 그러나 명령에 의해 움직이는 것이 아니라 스스로 알아서 일합니다. 본문 7절은 '두령도 없고, 감독자도 없고, 통치자도 없다'고 말씀합니다. 이들은 명령하고 지시하고 감독하면서 상벌을 주는 사람들을 뜻합니다. 이런 명령자들이 없음에도 불구하고 자기의 역할을 알아서 수행한다는 놀라운 사실을 보고 게으른 자는 개미에게 배우라고 말하는 것입니다.

제일 강한 공동체는 자기의 일을 알아서 스스로 하는 집단, 곧 자율적인 공동체입니다. 독재가 강한 것 같아도 무너질 때 보면 한순간입니다. 반면 민주적인 집단은 약한 것 같지만 오래갑니다. 일개미가 일하는 시간은 보통 아침 6시부터 밤 10시까지라고 합니다. 지도자도 없고 명령과 지시가 없는데도 자발적으로 일합니다. 그런데 게으른 인간은 명령하지 않으면 일하지 않습니다.

교회든 직장이든 자율적으로 일하는 공동체는 자칫하면 무질서해질 수 있고 큰일을 할 수 없어 보입니다. 그러나 자율성이 발동되면 누가 보건 보지 않건, 지시하건 하지 않건 자신의 자리를 지키는 사람들이 하나둘씩 늘어 가면서 힘이 생기게 됩니다. 자발적으로 하니 기쁨이 있고, 성숙해집니다. 가정도 마찬가지입니다. 자녀들이 스스로 할 수 있도록 교육해야 합니다. 공부도 집안일도 어려서부터 스스로 할 수 있게 교육해야 나중에 큰일을 감당하는 성숙한 자녀가 될 수 있습니다.

"우리가 다 하나님의 아들을 믿는 것과 아는 일에 하나가 되어 온전한 사람을 이루어 그리스도의 장성한 분량이 충만한 데까지 이르리니"(엡 4:13). 이 말씀은 그리스도의 장성한 분량이 충만한 데까지 자라 온전한 사람이 되도록 하라는 말씀입니다. 그리스도인들은 범사에 그리스도에게까지 자라야 합니다. 그러기 위해서는 스스로 자라도록 노력하고 기도하면서 성령의 도우심을 받아야 합니다.

미래를 대비하라

과학이 날로 발전하고 있습니다. 그러나 미래를 예측하기는 점점 더 어려워집니다. 기후의 변화만 봐도 그렇습니다. 예전에는 예측이 가능했습니다. 겨울이면 삼한사온(三寒四溫), 여름철 장마는 6월 중순경 시작되어 7월 초순이면 끝났습니다. 그런데 지금은 삼한사온도 사라지고 장마도 사라지고 있습니다. 5월에 폭염주의보가 내리는 등 예측 불가능한 일이 계속 일어나고 있습니다. 여름이 길어지고, 겨울이 따뜻해지고, 장마 대신 게릴라성 폭우가 이곳저곳 이동하면서 퍼붓고 지나갑니다.

이처럼 미래를 예측하는 것은 어려운 일입니다. 그럼에도 불구하고 미래를 대비하는 일은 중요합니다. 지혜자는 미래를 대비하는 지혜를 개미에게 배우라고 가르치고 있습니다.

"먹을 것을 여름 동안에 예비하며 추수 때에 양식을 모으느니라"(잠 6:8).

개미는 먹이가 많을 때 모아서 저장을 합니다. 일개미가 모아들이는 들풀이나 씨앗의 종류가 열여덟 개나 된다는 기록을 보았습니다. 이렇게 열심히 모아들여 저장을 합니다. 장마철이나 눈이 올 때 또는 양식이 없을 때를 대비하는 것입니다.

이솝의 우화 《개미와 베짱이》는 여름에 땀 흘리고 겨울을 준비한 개미와 여름 내내 노래만 부르고 놀았던 베짱이를 비교해 미래를 대비하지 않는 사람은 겨울과 같은 시련이 닥칠 때 눈물을 흘리게 될 것이라고 교훈합니다. 이처럼 어려서는 열심히 공부하며 기술을 익히고, 젊어서는 열심히 일해 돈을 모으며 미래를 준비한 사람만이 노년을 여유 있고 안정되게 보낼 수 있습니다. 준비 없이 맞이한 노년은 쓸쓸할 수밖에 없는 것입니다.

믿음의 사람들이 준비해야 할 미래는 영원한 천국입니다. 예수 믿고 하나님에게 영광 돌리며 거룩한 생활을 하다가 천국에 가서 영생 복락을 누려야 합니다. '내일이 어디 있어?' 하며 오늘만 즐기다가 죽는 하루살이와 같이 '내세가 어디 있어?' 하면서 육신의 쾌락만 도모하며 사는 사람은 슬피 울며 이를 갈게 될 것이라고 주님은 경고하셨습니다. 우리는 예수님을 잘 믿는 것이 영원한 미래를 대비하는 가장 확실한 준비라는 사실을 기억해야 합니다.

'유비무환'(有備無患)이라는 말이 있습니다. 미리 준비해 두면 환난을 당하지 않는다는 뜻의 사자성어입니다. 한 나라의 국방도 전쟁이 나서 준비할 땐 이미 늦습니다. 평소에 유비무환의 정신을 가지고 방벽을 쌓고, 병사들을 훈련하고, 무기를 개발하고, 적의 동향을 살피며, 양식을 비축해야 합니다.

임진왜란은 이율곡의 십만양병설을 받아들이지 않았기 때문에 당한 전쟁입니다. 한국 전쟁도 철저하게 전쟁을 준비한 북한에 비해 남한에서는 아무런 대비도 하지 않고 있다가 당한 어처구니 없는 환난이었습니다. 나라의 국방도, 민족의 장래도, 교회의 미래도, 가정의 내일도 다 마찬가지입니다. 우리는 요셉과 같이 7년 흉년을 대비해야 합니다.

한국 기독교가 7년 풍년의 때에 7년 흉년이 올 것을 대비하지 못했습니다. 7년 흉년이 시작되는 징조를 깨닫지 못하고 계속 큰 예배당 건물을 짓다가 수많은 교회가 경매로 나와 이단에게 팔리는 어려움을 겪고 있습니다. 저는 이렇게 말하고 싶습니다. "그리스도인은 풍년에 흉년을 대비하는 지혜와 흉년에 풍년을 내다보는 믿음이 있어야 한다."

우리는 노아와 같이 산꼭대기에 방주를 지으며 홍수를 대비하는 믿음을 가져야 합니다. 노아가 하나님과 늘 동행하고 하나님의 음성을 들었기에 방주를 예비해서 다가올 홍수를 대비할 수 있었던 것처럼 우리도 하나님의 음성을 들을 수 있도록 깨어 기도해야 합니다. 그래야 심판 때 구원을 받을 수 있습니다(마 25:13 참조). 깨어 기도하고 하나님의 뜻을 분별하며 미래를 준비하면 환난을 면하고 상급을 받게 될 것입니다.

개미와 같은 미물도 미래를 대비해 양식을 모은다면, 만물의 영장인 우리가 미래를 대비하는 것은 너무나 당연한 일입니다. 우리는 노후를 대비하는 것은 물론 깨어서 기도하고 영적인 미래를 대비하는 지혜자들이 되어야 합니다.

게으른 자의 말로를 직시하라

중세 기독교에는 '7대 죄악'이라는 항목이 있었습니다. 7대 죄악에는 교만, 시기, 분노, 나태, 탐욕, 식탐, 호색이 포함됩니다. 우리는 이중에 나태, 즉 게으름이 네 번째에 자리 잡고 있다는 사실에 주목해야 합니다. 7대 죄악과 반대되는 '7대 미덕'도 있습니다. 7대 미덕에는 겸손, 사랑, 친절, 열정, 관용, 절제, 자기 통제가 포함됩니다.

7대 미덕은 7대 죄악의 반대라 할 수 있습니다. 그러므로 나태의 반대는 열정입니다. 그리스도인들은 게으르면 안 됩니다. 게으르면서 좋은 신자가 되기는 어렵습니다. 아니, 불가능합니다. 열정적인 신앙인이 되십시오. 자신의 일을 잘하는 사람이 교회 일도 잘합니다.

"게으른 자여 네가 어느 때까지 누워 있겠느냐 네가 어느 때에 잠이 깨어 일어나겠느냐 좀 더 자자, 좀 더 졸자, 손을 모으고 좀 더 누워 있자 하면 네 빈궁이 강도같이 오며 네 곤핍이 군사같이 이르리라"(잠 6:9-11).

본문은 게으른 자의 모습을 너무나 정직하게 표현합니다. 뿐만 아니라 그들의 말로를 두려울 만큼 정확하게 표현하고 있습니다. 게으른 자는 주로 누워서 뒹굽니다. 숟가락 드는 것이 귀찮아서 밥을 굶기도 합니다(잠 26:15 참조). 그들은 온갖 핑계를 다 댑니다(잠 26:13 참조). 그리고 누구의 말도 듣지 않습니다(잠 26:16 참조). 게으름은 점점 더 심화됩니다. 좀 더 자자, 졸자, 눕자 하다가 자기를 가누지도 못하게 됩니다. 점점 무기력해집니다. 그 결과는 비참하게 됩니다.

지혜자는 가난이 강도같이, 군사같이 몰아닥치게 된다며 불행을 강력하게 경고합니다. 잠언에 나타난 게으른 자의 말로는 다음과 같습니다.

1. 가난하게 됨(잠 10:4)

2. 부끄러움을 당함(잠 10:5)

3. 다른 사람에게 폐를 끼침(잠 10:26)

4. 다른 사람의 종이 됨(잠 12:24)

5. 원하는 바를 얻지 못함(잠 13:4)

6. 고통이 가득한 생활을 함(잠 15:19)

7. 집이 망하게 됨(잠 18:9)

8. 주리게 됨(잠 19:15)

9. 구걸해도 얻지 못함(잠 20:4)

10. 영육이 죽게 됨(잠 21:25)

빅토르 위고는 "게으름이라는 어머니는 강도라는 아들과 굶주림이라는 딸을 두고 있다"라는 유명한 말을 남겼습니다. 예수님도 게으른 자를 제일 싫어하셨습니다. "이 무익한 종을 바깥 어두운 데로 내쫓으라 거기서 슬피 울며 이를 갈리라 하니라"(마 25:30). 일하다 망하면 상급이 있으나 일하지 않은 자는 잃은 것이 없어도 이와 같이 심판받게 될 것을 경고하신 것입니다.

게으른 자의 비참한 말로를 기억하십시오. 그리고 개미와 같은 근면 성실함으로 열정적인 신앙을 불태우십시오.

·

믿음의 사람들이 준비해야 할 미래는 영원한 천국입니다.

예수 믿고 하나님에게 영광 돌리며 거룩한 생활을 하다가

천국에 가서 영생복락을 누려야 합니다.

좋은 친구 하나가
넘치는 재산보다 낫다

불량하고 악한 자는
… 항상 악을 꾀하여
다툼을 일으키는 자라

잠 6:12, 14

불량한 자와 사귀지 마십시오.
불량한 자가 심판 받을 때
함께 심판 받을 수 있기 때문입니다.
불량한 자를 엄중히 심판하시는
하나님은 오늘도 살아 계십니다.

조선 후기 학자 홍만종의 《순오지》(旬五志)에 보면 "친구 따라 강남 간다"는 말이 나옵니다. 여기서 강남은 양쯔 강 남쪽을 말하는데, 옛날 중국에서 양쯔 강 남쪽은 임금이 살던 궁에서 먼 변방이었습니다. 그래서 멀고 험한 곳인데도 친구가 가니까 따라간다는 의미를 가진 속담이 되었습니다. 그런데 이 말의 뜻이 좋은 의미로 사용되기보다는 '친구가 하자는 대로 줏대 없이 따라 잘못된 길로 간다'는 부정적 의미로 사용되고 있습니다.

친구 따라 강남 가는 것은 그래도 나은 편입니다. 깡패들의 세계에선 의리를 지킨다고 친구를 대신해 범죄 혐의를 뒤집어쓰고 감옥살이를 하는 경우도 있습니다. 이에 대해 성경은 불량한 자와 사귀지 말 것을 말씀합니다. 함께 불량한 사람이 되어 죄악의 구렁텅이에 빠질 수 있기 때문입니다.

실존주의 철학자 키르케고르는 인생의 3대 만남을 '부모와의 만남, 배우자와의 만남, 신과의 만남'이라 말했습니다. 저는 여기에 '친구와의 만남'이라는 항목을 더해 인생의 4대 만남을 말하고 싶습니다. 우리는 좋은 친구를 만나야 합니다. 그리고 자녀들이 좋은 친구를 만나도록 기도해야 합니다.

성경에서 좋은 친구를 만나 성공한 사람으로 다윗을 꼽을 수 있습니다. 그는 요나단 덕분에 목숨을 건지고 훗날 왕위에 올랐습니다 (삼상 20:17 참조). 훗날 왕이 된 다윗은 이 은혜를 잊지 않고 장애인이 된 요나단의 아들 므비보셋을 자신의 식탁에서 함께 먹고 마실 수 있도록 대접하며 은혜를 갚았습니다.

성경은 "많은 친구를 얻는 자는 해를 당하게 되거니와 어떤 친구는 형제보다 친밀하니라"(잠 18:24)라고 말씀합니다. 우리는 불량한 자를 멀리하고 좋은 친구를 사귀는 지혜자가 되어야 합니다. 또한 불량한 자들의 대표적인 죄악이 무엇인지를 깨달아 죄악의 싹을 잘라 버려야 합니다.

불량한 자의 모습

불량한 사람에게는 몇 가지 공통된 모습이 있습니다. 일단 침을 뱉습니다. 다리를 떱니다. 눈은 째려봅니다. 말이 거칠고 욕을 많이 합니다. 모자는 삐딱하게 쓰고, 단추는 과하게 풀며, 손은 주머니에 넣습니다. 옷은 유행을 따라 입으며, 주로 뒷골목 같은 은밀한 곳을 좋아합니다. 또한 하라는 공부나 일은 하지 않고 하지 말라는 술, 담배, 오락을 즐겨 합니다.

본문은 불량한 자의 모습을 다음과 같이 표현합니다.

"불량하고 악한 자는 구부러진 말을 하고 다니며 눈짓을 하며 발로 뜻을 보이며 손가락질을 하며 그의 마음에 패역을 품으며 항상 악을 꾀하여 다툼을 일으키는 자라"(잠 6:12-14).

불량(不良)이란 '성질이나 행실 따위가 나쁨' 또는 '물건의 질이나 성적이 좋지 못함'을 뜻하는 단어입니다. '불량한 자'는 히브리어로 '벨리야엘'이라 하는데, 이는 '무가치한 자'라는 뜻을 갖고 있습니다. 성경은 불량한 자를 악한 자와 동격으로 말씀합니다. 우리는 불량한 사람을 악한 사람이라고까지는 생각하지 않습니다. 그러나 불량한 사람이 모이면 악한 일을 하게 되고, 그러다 악인이 되는 것입니다.

본문은 12-14절 사이에서 불량한 자의 모습을 '구부러진 말을 한다', '눈짓을 한다', '발로 뜻을 보인다', '손가락질을 한다', '마음에 패역을 품는다', '항상 악을 꾀한다', '다툼을 일으킨다' 등 일곱 가지로 나열하고 있습니다.

하나님에 대한 경외심을 상실한 무리들은 습관적으로 교묘하고 간사스럽게 남을 속이는 말을 합니다. 이것을 본문에서는 '구부러진 말을 한다'고 표현한 것입니다. '눈짓을 하고 발짓을 하며 손가락질을 한다'는 표현은 악한 자들이 다른 사람을 공격하거나 함정에 빠뜨리려 할 때 동료들과 은밀히 신호를 주고받는 것을 묘사한 것입니다.

'마음에 패역을 품고 항상 악을 꾀한다'는 것은 마음까지 완전히 죄악으로 물든 것을 표현한 것입니다. 패역(悖逆)이란 '도리에 어긋나고 불순함'이란 뜻을 가진 단어인데, 이는 히브리어로 '타흐푸카'라 하며, '고의적으로 진리를 거스르는 행동이나 악행을 즐기는 습관적 행위'를 의미합니다.

불량한 자는 항상 남을 선하게 대하지 않고 해치려 하는 행동 특성을 보입니다. 그들이 가는 곳마다 다툼이 끊이지 않고 싸움이 계속됩니다. 그렇기 때문에 패역한 자와 함께하는 것은 스스로 화를 자초하는 일이 됩니다. 그러므로 아예 그들과 가까이하지 않는 것이 지혜로운 행동입니다.

이러한 지혜로운 행동을 시조로 지어 읊은 사람이 있습니다.

까마귀 노는 곳에 백로야 가지 마라
희고 흰 깃에 검은 때 묻힐세라
진실로 검은 때 묻히면 씻을 길이 없으리라

이 시조는 선우당 이 씨가 조선 광해군 시절, 곧 어지러운 시절에 벼슬길에 나가려는 동생을 말리며 지은 시입니다. 악한 무리 사이에 있다 보면 자연히 물들게 된다는 것입니다. 시편 1편 1절 또한 같은 내용을 담고 있습니다. "복 있는 사람은 악인들의 꾀를 따르지 아니하며 죄인들의 길에 서지 아니하며 오만한 자들의 자리에 앉지 아니하고."

참된 신앙인은 불량한 자와 함께 먹지도 않고, 앉지도 않고, 서지도 않습니다. 정 때문에 불량한 자와 함께하지 마십시오. 미련 때문에 악한 자에게 끌려 다니지 마십시오.

불량한 자의 일곱 가지 죄악

앞 장에서 중세 기독교의 일곱 가지 죄악, 곧 7대 죄악에 대해 언급했습니다. 수도사들은 이 7대 죄악과 싸워 가면서 수도에 정진했습니다. 이와 비슷하게 본문은 불량한 자의 일곱 가지 죄악을 나열하고 있습니다. 이 일곱 가지 죄악은 하나님이 미워하시는 것입니다.

"여호와께서 미워하시는 것 곧 그의 마음에 싫어하시는 것이 예닐곱 가지이니 곧 교만한 눈과 거짓된 혀와 무죄한 자의 피를 흘리는 손과 악한 계교를 꾀하는 마음과 빨리 악으로 달려가는 발과 거짓을 말하는 망령된 증인과 및 형제 사이를 이간하는 자이니라"(잠 6:16-19).

첫째는, '교만한 눈'입니다. 눈은 마음의 창이라고 합니다. 어린아이의 눈은 참 맑습니다. 그 안에는 하늘이 들어 있고 호수가 들어 있습니다. 그런데 악인의 눈은 탁합니다. 남을 내리깔고 보거나 훔쳐봅니다. 눈 속에 정욕이 불타고 욕심이 가득합니다. 눈동자가 왔다

갔다 불안합니다. 그러므로 우리는 선하고 맑은 어린아이와 같은 눈을 가져야 합니다. 사무엘하 22장은 하나님이 교만한 자를 찾아서 낮추신다고 말씀합니다(삼하 22:28 참조).

둘째는, '거짓된 혀'입니다. 요한복음은 이를 마귀에게 속한 것이라고 말씀합니다. "너희는 너희 아비 마귀에게서 났으니 너희 아비의 욕심대로 너희도 행하고자 하느니라 그는 처음부터 살인한 자요 진리가 그 속에 없으므로 진리에 서지 못하고 거짓을 말할 때마다 제 것으로 말하나니 이는 그가 거짓말쟁이요 거짓의 아비가 되었음이라"(요 8:44).

요즘 시대를 불신의 시대라고 합니다. 그 이유는 거짓말을 밥 먹듯 하기 때문입니다. 혀는 우리의 지체 중 가장 부드러우면서도 가장 강한 무기가 되고, 가장 작으면서도 인생을 성공하게 하거나 실패하게 하는 데 큰 역할을 하는 기관입니다(약 3:5-6 참조). 그래서 베드로는 "그러므로 생명을 사랑하고 좋은 날 보기를 원하는 자는 혀를 금하여 악한 말을 그치며 그 입술로 거짓을 말하지 말고"(벧전 3:10)라고 말했습니다.

셋째는, '피를 흘리는 손'입니다. 사람은 손 놀리는 것을 조심해야 합니다. 사람은 손으로 집을 짓기도 하지만 허물기도 합니다. 칼을 잡은 같은 손으로 생명을 살리는 의사가 되기도 하지만 사람의 생명을 해치는 강도가 되기도 합니다. 우리의 손은 사랑과 봉사 그리고 생명을 살리는 손이 되어야지, 죄 없는 사람의 피를 흘리는 악한 손이 되어서는 안 됩니다.

넷째는, '악한 마음'입니다. 우리는 마음을 잘 다스려야 합니다. 마음에서 생명이 나오기도 하고 죽음이 나오기도 합니다. 그래서 성경은 "모든 지킬 만한 것 중에 더욱 네 마음을 지키라 생명의 근원이 이에서 남이니라"(잠 4:23)고 말씀합니다. 그러므로 마음을 잘 다스려야 합니다. 악한 계교(計巧)를 꾸미면 안 됩니다. 계교란 '이리저리 여러 모로 생각해 낸 꾀'를 말합니다.

우리의 마음을 사탄에게 빼앗기면 안 됩니다. 성을 공격해서 빼앗고 성주가 되는 것보다 마음을 지키는 것이 더 귀한 일입니다. 그래서 지혜자는 "노하기를 더디 하는 자는 용사보다 낫고 자기의 마음을 다스리는 자는 성을 빼앗는 자보다 나으니라"(잠 16:32)고 말했습니다.

다섯째는, '악으로 달려가는 발'입니다. 사람은 발걸음을 조심해야 합니다. 한 유행가의 가사처럼 우리의 발걸음이 정처 없는 발길이 되어서는 안 됩니다. 우리는 분명한 목적지를 향해 가는 순례자가 되어야 합니다. 우리의 발걸음은 악을 행하기 위해 빠르게 달려가는 발이 아닌 복음을 전하기 위해 빠르게 달려가는 발이 되어야 합니다. 악을 향해 가는 발의 최종 도착지는 지옥불이기 때문입니다.

여섯째는, '망령된 증언'입니다. 증인이란 공정한 판단에 도움을 주는 사람입니다. 그런데 증인이 망령되어 엉터리 증언을 하면 억울한 사람이 생기게 됩니다. 하나님은 거짓된 증언을 엄하게 다스리신다고 율법에 여러 차례 말씀하고 있습니다.

일곱째는, '형제 사이를 갈라놓는 이간'으로, 이는 악한 행위입니다. 우리나라 속담에 "흥정은 붙이고 싸움은 말리랬다"는 말이 있습니다. 물건 거래를 위해서는 도와주고, 싸움은 그치도록 말을 잘하라는 것입니다. 불붙는 데 기름 끼얹는 것처럼 남의 말을 좋지 않게 전달해서 사람들을 다투고 갈라지게 만드는 사람은 악한 사람입니다.

악은 어떤 모양이라도 버리라고 했습니다(살전 5:22 참조). 우리는 불량한 자의 일곱 가지 죄악이 발붙이지 못하도록 거룩하게 하시는 하나님의 은총 속에 살기를 소망해야 합니다.

불량한 자의 결국

본문은 불량한 자를 악한 자라고 말씀합니다. 악한 사람의 특징은 '빨리빨리'를 좋아한다는 것입니다. 농사를 짓는 농부는 한 해의 소득을 위해 채소와 벼를 심습니다. 몇 년 후의 소득을 위해서는 과실수를 심습니다. 그리고 다음 세대의 소득을 위해서는 나무를 심습니다. 그런데 악한 사람은 나무를 심는 법이 없습니다. 남이 심어 놓은 나무를 잘라 팔아먹습니다. 악한 사람은 빨리 잘되는 것을 택합니다. 악한 사람을 부러워했다면 회개해야 합니다. 마음속에 그렇게 되고 싶은 마음이 조금이라도 있기 때문에 부러워하는 것입니다.

성경은 "악을 행하는 자들 때문에 불평하지 말며 불의를 행하는 자들을 시기하지 말지어다 그들은 풀과 같이 속히 베임을 당할 것이며 푸른 채소같이 쇠잔할 것임이로다 여호와를 의뢰하고 선을 행하라 땅에 머무는 동안 그의 성실을 먹을거리로 삼을지어다"(시 37:1-3)라고 말씀합니다. 악인이 잘된다고 불평하는 것도 죄니 불평하지 말라는 것입니다. 그들이 잘되는 것 같아도 여름의 푸른 풀이 가을 서리 한 번에 쇠잔해지는 것같이 멸망하게 된다는 것을 깨달으라는 말씀입니다. 그러면서 믿음의 사람들에게 하나님을 의뢰하고 성실하게 살아가는 것이 선을 행하는 것이라고 가르쳐 주고 있습니다.

본문 15절은 하나님이 미워하시는 일만 골라 하는 악인, 곧 불량한 자의 최후에 대해 "그의 재앙이 갑자기 내려 당장에 멸망하여 살릴 길이 없으리라"고 말씀합니다. 재앙이 닥칠 때 갑자기 닥친다는 것입니다. 불량하고 악한 자가 마음껏 악한 일을 행하는 그 당시에는 모든 것이 자기 뜻대로 되고 남을 지배하는 것 같으나 결국은 자신의 패역하고 불의한 행위의 결과로 인해 하나님의 진노의 심판을 받아 갑자기 재앙을 당해 패망하게 된다는 말씀입니다. '패망하다'란 히브리어로 '솨바르'라 하는데, 이는 '토기가 산산조각 나듯이 완전히 부서져 도저히 회복될 수 없는 상태에 이른 것'을 뜻하는 말입니다. 이와 같이 불량한 자는 회복이 불가능하게 완전히 멸망한다는 것을 알아야 합니다. 악인에게 닥치는 멸망은 결코 우연히 발생하는 것이 아니라 하나님의 심판에 의한 것임을 기억해야 합니다.

서부 영화를 보면 한 마을을 악당이 장악하고 사람들을 자기 마음대로 부리는 장면이 자주 나옵니다. 사람들은 그들을 이길 수 없어 눈치를 보며 그들이 하자는 대로 따릅니다. 악당들의 악행은 날로 더해 갑니다. 심지어 보안관까지도 꼼짝 못합니다. 그 마을에는 자유도 없고 정의도 사라졌습니다. 그러던 어느 날 주인공이 나타나 악당들을 물리칩니다. 그렇게 기세등등하던 악당들이 주인공이 쏘는 총 앞에 허무하게 쓰러져 버립니다. 그 후 그 마을에는 자유와 평화가 찾아오고 주인공은 유유히 사라집니다.

하나님이 이와 같으십니다. 하나님은 악인을 반드시 심판하십니다. 그래서 시편 기자는 "너희 모든 성도들아 여호와를 사랑하라 여호와께서 진실한 자를 보호하시고 교만하게 행하는 자에게 엄중히 갚으시느니라"(시 31:23)라고 기록했습니다.

불량한 자와 사귀지 마십시오. 불량한 자가 심판 받을 때 함께 심판 받을 수 있기 때문입니다. 불량한 자를 엄중히 심판하시는 하나님은 오늘도 살아 계십니다. 그렇기에 우리는 악인의 길에 서지도, 앉지도, 따르지도 말아야 합니다.

좋은 친구를 만나지 못했다 해도 슬퍼하지 마십시오. 예수님이 우리의 좋은 친구, 영원한 친구가 되어 주십니다. 좋은 친구 되시는 예수님을 만나 영원한 길로 향하는 지혜자가 되십시오.

3부

인생의 가을,
지혜를 맺으라

16

모든 것을 팔아
예수님을 아는 지혜를 사라

여호와께서 그 조화의 시작
곧 태초에 일하시기 전에
나를 가지셨으며
만세 전부터, 태초부터,
땅이 생기기 전부터
내가 세움을 받았나니

잠 8:22-23

이 지혜는 예수 그리스도를 뜻합니다.
따라서 예수 그리스도는
태초 전부터 존재한 분이십니다.

잠언 8장은 지혜에 대해 말씀하면서 서두에서 지혜가 모든 사람을 초청하고 있다고 말합니다. "지혜가 부르지 아니하느냐 명철이 소리를 높이지 아니하느냐"(잠 8:1). 이 말씀을 읽으면서 "수고하고 무거운 짐 진 자들아 다 내게로 오라 내가 너희를 쉬게 하리라"(마 11:28)는 예수님의 말씀이 생각났습니다.

"그가 길가의 높은 곳과 네거리에 서며 성문 곁과 문어귀와 여러 출입하는 문에서 불러 이르되"(잠 8:2-3). 지혜가 사람들을 부르는데 공개적으로 초청합니다. 지혜가 길가 높은 곳에서, 네거리에서, 성문 곁과 문어귀와 여러 출입문에서 부른다고 말씀합니다. 이 말씀을 한마디로 정리하면 '지혜의 개방성'이라 할 수 있습니다. 지혜는 모든 사람이 볼 수 있고 들을 수 있는 네거리, 출입문, 높은 곳에서 내게로 오라고, 나를 소유하라고 외치고 있습니다.

귀는 듣기 위해, 눈은 보기 위해 존재합니다. 그런데 귀가 있지만 듣지 못하는 청각장애인들이 있습니다. 그리고 귀가 정상인데도 알아듣지 못하는 지적장애인들이 있습니다. 그런데 그것보다 심각한 것은 마음의 문이 닫혀 있는 영적장애인들입니다. 이들은 하나님의 음성을 듣지 못합니다.

하나님은 여러 가지 방법을 통해 자신을 계시하십니다. 역사를 통해, 자연을 통해, 어린아이를 통해 말씀하십니다. 아무리 세상 지식이 탁월해도 하나님의 음성을 듣지 못한다면 이는 영적으로 무지한 사람입니다.

영국의 유명한 철학자 러셀의 스승인 화이트헤드라는 사람이 있습니다. 그는 영국의 수학자이자 철학자로서 러셀과 공동으로《수학

원리》를 집필했고, 1920년대 중반부터 하버드 대학교에서 가르치며 광범위한 형이상학 이론을 발전시켰습니다.

화이트헤드가 폭설이 내린 어느 날 눈 속에 빠져 허우적거리는 한 노파를 건져 주었습니다. 그러자 노파가 고맙다고 인사하며 "신사 양반, 예수 믿는가 보지요?"라고 물었습니다. 화이트헤드가 "아닙니다. 저는 예수를 잘 모릅니다"라고 하자 노파는 다짜고짜 "아니 여보시오. 어쩌자고 나이도 먹을 만큼 먹은 양반이 예수를 믿지 않는단 말이오! 나같이 갑작스럽게 이런 지경에 처하면 어쩌려고. 나는 눈구덩이에서 죽을 줄 알고 찬송을 부르고 있었는데" 하며 말했습니다. 별난 할머니도 다 있다 생각하고 돌아서서 집에 왔는데 할머니의 말이 머리에서 떠나지 않았습니다.

'무엇이 저 노파로 하여금 저토록 확신 속에 살아가게 하는 것일까? 나의 지식뿐 아니라 영국 전체의 학문 속에도 저 노파가 갖는 진리의 확신이 있을까?'라는 생각에 이르자 가까운 교회로 발걸음을 옮기게 되었습니다. 노파의 소리를 듣고 대학자의 영의 귀가 열린 것입니다.

참지혜 되시는 예수 그리스도를 믿어 마음에 모시고 살아가는 성도들은 더욱 확신을 가지고 외쳐야 합니다. 그때 성령이 함께하시면 사람들의 영의 귀가 열려 지혜의 말씀을 듣고 구원받는 역사가 일어납니다.

도처에서 지혜가 부를 때 우리는 영의 귀를 열고 그 음성을 들어 지혜를 품고 영생을 얻는 삶을 살아야 합니다.

지혜의 특징

몇 해 전 한 인터넷 경매 사이트에서 '버핏과의 오찬'이라는 경매가

진행됐습니다. 그런데 경매가가 자그마치 40억 3천만 원에 낙찰되었습니다. 낙찰 받은 사람의 이름은 공개되지 않았습니다. 낙찰자는 친구를 일곱 명까지 초대할 수 있으며, 버핏 회장과 미국 뉴욕 맨해튼의 한 스테이크 집에서 3-4시간 동안 식사를 하면서 버핏 회장의 다음번 투자 계획을 제외한 모든 질문을 던질 수 있습니다.

워런 버핏이 누구기에 그와 함께 식사를 하는 데 40억까지 낼 수 있는 것일까요? 그는 투자의 귀재로 알려진 인물로서 2017년 기준 세계 부자 2위에 해당하는 756억 달러(약 82조 원)의 재산을 가지고 있습니다. 사람들이 그에게 열광하는 이유는 그가 투자하는 곳에 투자할 경우 돈을 벌 수 있기 때문입니다. 다시 말해, 그에게는 주식에 투자하는 지혜가 있었던 것입니다.

그러면 성경에서 지혜를 구하라고 하는 까닭은 무엇일까요?

"너희는 들을지어다 내가 가장 선한 것을 말하리라 내 입술을 열어 정직을 내리라 내 입은 진리를 말하며 내 입술은 악을 미워하느니라 내 입의 말은 다 의로운즉 그 가운데에 굽은 것과 패역한 것이 없나니 이는 다 총명 있는 자가 밝히 아는 바요 지식 얻은 자가 정직하게 여기는 바니라 너희가 은을 받지 말고 나의 훈계를 받으며 정금보다 지식을 얻으라 대저 지혜는 진주보다 나으므로 원하는 모든 것을 이에 비교할 수 없음이니라"(잠 8:6-11).

본문은 지혜의 가치에 대해 말씀합니다. 그중 6절은 지혜를 얻으면 선하고 정직하게 된다고 말씀합니다. 아담의 범죄 이후에 인간은 사탄의 노예가 되어 악하고 거짓된 존재가 되었습니다. 그런 인간일지라도 지혜를 얻으면 선하고 정직한 사람이 된다는 말씀입니다. 7절은 또한 지혜를 얻으면 진리를 말하고 악을 미워하게 된다고 말씀합니다. 사람은 입으로 범죄합니다. 더러운 말을 뱉습니다. 그런데 지혜를 얻으면 선한 말을 하고 듣는 자들에게 은혜를 끼치는 진리를 말하게 됩니다. 8절은 지혜를 얻을 경우 의로운 말을 하고, 굽은 것도 패역한 것도 없다고 말씀합니다. 다시 말해, 인간관계도 자연과의 관계도 조화롭게 살아간다는 말씀입니다. 그리고 10-11절은 지혜가 은보다, 정금보다, 진주보다 낫기 때문에 세상에서 가장 빛나는 보석이 지혜라고 말씀합니다.

"나 지혜는 명철로 주소를 삼으며 지식과 근신을 찾아 얻나니 여호와를 경외하는 것은 악을 미워하는 것이라 나는 교만과 거만과 악한 행실과 패역한 입을 미워하느니라 내게는 계략과 참지식이 있으며 나는 명철이라 내게 능력이 있으므로"(잠 8:12-14).

참지혜자는 하나님을 경외합니다. 하나님을 경외하는 지혜자는 악을 미워하며, 교만과 거만, 악한 행실과 패역한 입을 미워합니다. 본문 12절에서 지혜는 명철로 주소를 삼는다고 말함으로 지혜자는 명철과 더불어 사는 것을 묘사합니다. 그래서 지혜를 얻은 자는 많은 유익을 얻습니다.

"나로 말미암아 왕들이 치리하며 방백들이 공의를 세우며 나로 말미암아 재상과 존귀한 자 곧 모든 의로운 재판관들이 다스리느니라 나를 사랑하는 자들이 나의 사랑을 입으며 나를 간절히 찾는 자가 나를 만날 것이니라 부귀가 내게 있고 장구한 재물과 공의도 그러하니라 내 열매는 금이나 정금보다 나으며 내 소득은 순은보다 나으니라 나는 정의로운 길로 행하며 공의로운 길 가운데로 다니나니 이는 나를 사랑하는 자가 재물을 얻어서 그 곳간에 채우게 하려 함이니라"(잠 8:15-21).

왕이나 대통령은 물론이고 작은 부문을 담당하는 지도자라 할지라도 지혜를 얻어야 그 나라, 그 단체가 형통하고 평안합니다. 뿐만 아니라 지혜의 유익으로 부귀와 재물이 따라옵니다.

전남 구례에 '쌍산재'라는 오 씨 가문의 큰 집이 있습니다. 이 집안 사람들은 세상에 나가 출세하는 대신 집에서 글공부하고 800석의 농사를 지으며 대대로 살아왔습니다. 매일 가족과 머슴을 위한 수십 명 분의 밥을 했습니다. 그때마다 머슴들에게는 쌀밥을 마음껏 먹게 하고 주인은 오히려 보리가 많이 섞인 밥을 먹었습니다. 새경을 줄 때도 다른 집보다 10퍼센트를 더 주었습니다. 보릿고개에는 이자를 받지 않고 곡식을 빌려 주었습니다. 그 결과 1948년 여순반란사건과 한국 전쟁에 이어서 빨치산이 활동할 때도 쌍산재 사람들은 무사했습니다. 평소에 적선한 것이 인근일대에 소문이 나서 아무도 함부로 대하지 못했기 때문입니다.

지혜는 이처럼 다방면에 가치 있고 유익한 것입니다. 보석보다 가치 있고 다방면에 유익한 지혜 얻기를 간절히 사모하십시오.

지혜의 영적 의미

잠언에서 지혜는 모든 생활 원리를 가리킵니다. 단순히 인간적인 경험이나 심사숙고의 결과에서 비롯된 처세의 방법이 아니라 우주와 역사의 주관자이신 하나님을 경외하고 하나님의 뜻을 깨달으며 실제로 그의 뜻에 따라 살아가는 전반적인 삶을 포괄하는 개념입니다.

세상을 살아가면서 사람들이 가장 얻기 원하는 것이 무엇일까요? 재물, 명예, 권세 등 각자의 소망에 따라 차이가 나겠지만, 대부분의 사람들은 지혜를 얻기 위해 어려서부터 가장 많은 시간과 노력을 투자합니다. 정규 교육 과정을 통해서는 물론이요, 언제부턴가 평생교육이라는 말이 자연스러워진 것을 보면 지혜를 얻기 원하는 마음은 모든 사람의 공통된 마음인 것 같습니다. 그러나 세상 사람들이 추구하는 지혜와 성도인 우리가 추구하는 지혜는 근본적으로 그 질이 다름을 알아야 합니다. 아무리 많은 지식과 인류를 진보시킬 지혜가 있다 할지라도 그것들은 안개와 같이 곧 없어질 것임을 알아야 합니다. 성경은 하나님의 지혜인 예수 그리스도를 아는 자를 '지혜로운 자'라 하고, 그를 모르는 자를 '어리석은 자'라고 규정합니다(고전 1:20-24 참조).

"여호와께서 그 조화의 시작 곧 태초에 일하시기 전에 나를 가지셨으며 만세 전부터, 태초부터, 땅이 생기기 전부터 내가 세움을 받았나니 아직 바다가 생기지 아니하였고 큰 샘들이 있기 전에 내가 이미 났으며 산이 세워지기 전에, 언덕이 생기기 전에 내가 이미 났으니 하나님이 아직 땅도, 들도, 세상 진토의 근원도 짓지 아니하셨을 때에라"(잠 8:22-26).

본문은 지혜를 의인화해서 말씀합니다. 뿐만 아니라 지혜가 태초 전부터 존재했다고 말씀합니다. 이 지혜는 예수 그리스도를 뜻합니다. 따라서 예수 그리스도는 태초 전부터 존재한 분이십니다. 그런데 우리는 예수님이 2천 년 전 유대 땅 동정녀 마리아에게서 탄생하신 것을 알고 있습니다. 그렇기에 태초 이전에 예수 그리스도가 존재했다는 이야기는 우리를 당혹케 합니다.

예수님이 태초에 하나님과 함께하셨다는 이 잠언의 말씀을 이해시키는 말씀이 요한복음 1장에 나옵니다. "태초에 말씀이 계시니라 이 말씀이 하나님과 함께 계셨으니 이 말씀은 곧 하나님이시니라"(요 1:1). 여기서 말씀은 예수 그리스도를 가리킵니다. 예수님도 직접 말씀하셨습니다. "예수께서 이르시되 진실로 진실로 너희에게 이르노니 아브라함이 나기 전부터 내가 있느니라 하시니"(요 8:58). 따라서 성자 예수 그리스도는 영원 전부터 계셨으며 성부 하나님과 함께 영화를 누리셨습니다(요 17:5 참조).

구약에서는 예수 그리스도를 '여호와의 사자'로 여러 차례 표현하고 있습니다.

"여호와의 사자가 하늘에서부터 그를 불러 이르시되 아브라함아 아브라함아 하시는지라 아브라함이 이르되 내가 여기 있나이다 하매 사자가 이르시되 그 아이에게 네 손을 대지 말라 그에게 아무 일도 하지 말라 네가 네 아들 네 독자까지도 내게 아끼지 아니하였으니 내가 이제야 네가 하나님을 경외하는 줄을 아노라"(창 22:11-12).

여기에 나오는 여호와의 사자는 곧 예수 그리스도를 뜻합니다. 이렇게 그리스도는 태초부터 선재하신 분이십니다. 본문은 지혜의 선재성을 나타내는 말씀으로 가득 차 있습니다. 23절의 '세움을 받았다'는 말씀은 그리스도가 만물의 창조주와 통치자로 임명되었음을 뜻하는 말입니다. 성령의 감동을 받아 이것을 깨달은 사도 바울은 "그는 보이지 아니하는 하나님의 형상이시요 모든 피조물보다 먼저 나신 이시니 만물이 그에게서 창조되되 하늘과 땅에서 보이는 것들과 보이지 않는 것들과 혹은 왕권들이나 주권들이나 통치자들이나 권세들이나 만물이 다 그로 말미암고 그를 위하여 창조되었고"(골 1:15-16)라고 말했습니다.

지혜는 예수 그리스도를 뜻합니다. 우리는 예수 그리스도가 태초부터 계신 성자 하나님이심을 깨닫고 믿어야 합니다.

지혜를 품고 영생을 얻으라

많은 학생들이 학원을 다니지만 그로 인해 이득을 보는 학생은 많지 않습니다. 대부분은 학원이 유익하도록 도움을 주고 옵니다. 그래서 시루스 박사는 "많은 사람이 충고를 받지만 그로 인해서 이득을 보는 것은 현명한 자뿐이다"라는 말을 남겼습니다.

"아들들아 이제 내게 들으라 내 도를 지키는 자가 복이 있느니라 훈계를 들어서 지혜를 얻으라 그것을 버리지 말라 누구든지 내게 들으며 날마다 내 문 곁에서 기다리며 문설주 옆에서 기다리는 자는 복이 있나니 대저 나를 얻는 자는 생명을 얻고 여호와께 은총을 얻을 것임이니라 그러나 나를 잃는 자는 자기의 영혼을 해하는 자라 나를 미워하는 자는 사망을 사랑하느니라"(잠 8:32-36).

지혜 되시는 그리스도가 우리를 항상 초청하고 계십니다. 본문은 하나님의 자비로운 지혜의 초청에 응해서 지혜를 얻는 자에게는 생명이 있고, 초청을 거부하고 지혜를 미워하는 자에게는 사망이 있음을 강조한 말씀입니다. 지혜란 단순히 알고 느끼는 데 머무는 것이 아니라, 이것을 삶 속에 받아들여 생활 가운데 구체적으로 실천하는 것이 가치 있는 일임을 가르쳐 주고 있습니다.

먼저 본문 35절은 지혜를 얻는 자의 여러 가지 유익에 대해 말씀합니다. 그중 가장 큰 유익은 생명을 얻는 것입니다. 아래 내용은 잠언에 기록된 지혜를 얻는 자가 누릴 수 있는 열 가지 유익입니다.

1. 악에서 건짐 받음(2:16)
2. 평강을 얻음(잠 3:2)
3. 장수하게 됨(잠 9:11)

4. 부귀를 얻음(잠 3:16)

5. 생명을 얻음(잠 3:18)

6. 은총을 받음(잠 8:35)

7. 사람을 얻음(잠 11:30)

8. 지식이 더함(잠 21:11)

9. 장래가 보장됨(잠 24:14)

10. 소망이 끊어지지 않음(잠 24:14)

반면, 본문 36절은 지혜를 잃는 자는 곧 자기의 영혼을 해하는 자라고 말씀합니다. '자기의 영혼을 해하는 자'라는 말씀에는 '간음하는 자'(잠 6:32), '지혜를 미워하는 자'(잠 8:36), '훈계를 받지 아니하는 자'(잠 15:32), '미련한 자'(잠 18:7), '악한 사람과 교제하는 자'(잠 22:24-25)와 같은 뜻이 들어 있습니다. 그러므로 우리는 지혜를 잃지 않기 위해 늘 애써야 합니다.

지혜를 얻으면 많은 유익이 있음에도 불구하고 지혜를 추구하지 않는다면 진정 어리석은 사람이 아닐 수 없습니다. 지혜는 공개적으로 사람들을 초청합니다. 예수님도 공개적으로 만민을 초청하셨습니다. "수고하고 무거운 짐 진 자들아 다 내게로 오라 내가 너희를 쉬게 하리라"(마 11:28).

이 초청에 응답하면 쉼과 영생을 얻게 됩니다. 인생의 무거운 짐이 벗겨지고 자유를 누리게 됩니다. 지혜 되시는 예수 그리스도의 초청에 응답하십시오. 영원한 생명을 얻는 지혜자가 되십시오. 그리고 예수 그리스도를 모르는 자들에게 지혜의 근원 되시는 예수 그리스도를 전해서 생명을 살리는 전도자가 되십시오.

17

지혜는 받아들일 줄
아는 자에게 쌓인다

지혜 있는 자를 책망하라
그가 너를 사랑하리라
지혜 있는 자에게 교훈을 더하라
그가 더욱 지혜로워질 것이요
의로운 사람을 가르치라
그의 학식이 더하리라

잠 9:8-9

지혜로운 자는
타인의 훈계와 충고를
겸손하게 받아들여
자신을 성찰할 뿐만 아니라
자신에게 충고와 훈계를 한 사람에게
감사를 표합니다.

이 장의 주제는 책망입니다. 그런데 책망을 하라는 건지 말라는 건지 헷갈립니다. 상대방이 책망을 받아들일 사람인지 아닌지를 구별해야 한다고 말씀하는데 이 또한 쉽지 않습니다. 차라리 "침묵은 금이고 웅변은 은이다"라는 격언을 생각하며 입 다물고 있으면 중간은 갈 것 같습니다. 사실 세상 사람들의 처세술은 곤란하면 입 다문 채 중간 정도만 가고 말지언정 손해 볼 일은 하지 말자는 것입니다. 그러나 신앙인들, 진리를 따라 살고자 하는 사람이라면 그럴 수만은 없습니다. 특별히 정의를 신념으로 삼고 있다면 더욱 피할 수 없는 일입니다. 그러므로 책망하는 일은 지혜를 필요로 합니다.

"양약이 비록 입에는 쓰지만 병을 다스리고, 충언이 비록 귀에는 거슬리지만 몸에는 이로운 것이다"라는 말이 있습니다. 자신의 잘못을 일깨워 주는 충고가 자기 발전을 도모하는 양약임에도 불구하고 사람들은 그것을 받아들이는 것을 꺼립니다. 그래서 섣불리 남을 책망하거나 훈계하려다가 화를 당하는 경우도 허다합니다. 그렇다고 세상을 밝히고 정의로운 사회를 만들어야 할 성도들이 후환이 두려워 가만히 있는 것도 의무를 어기는 것입니다. 그래서 주의가 필요하고 지혜가 요구되는 것입니다.

우리나라 속담에 "누울 자리 봐 가며 발을 뻗어라"라는 말이 있습니다. 무슨 일을 하려면 상황과 형편을 잘 생각하면서 할 것인지 말 것인지를 판단해야 한다는 것입니다. 큰일일수록 전후좌우를 신중히 살피고 많은 사람들의 이야기를 귀담아 들을 필요가 있습니다.

거만한 자를 책망하지 말라

본문에 나오는 거만한 자는 모든 귀를 막고 남의 말을 듣지 않습니다. 자기가 제일 잘났다고 생각하기 때문입니다. 거만은 '거만할 거'(倨)에 '게으를 만'(慢)을 쓰는데, 이는 '잘난 체하며 남을 업신여기다'라는 뜻입니다. 그런데 '거'자를 가만히 살펴보면 사람 인(人)에 있을 거(居)가 합해진 모양입니다. 그렇다면 거만을 '사람이 자기 안에 갇혀 남의 말을 듣지 않는 것'이라고 정의해도 좋을 것입니다.

악인은 남을 해치는 사람을 뜻합니다. 악인이 득세해서 권력을 잡으면 바른말하는 사람과 충언하는 사람, 즉 충신들은 전부 죽임을 당하고 아첨하는 간신배만 남게 되어 결국은 나라가 망하게 됩니다. 그래서 성경은 악인이 일어나면 의인이 숨게 된다고 말씀합니다 (잠 28:12 참조). 그런데 어떤 사람이 악인이 되는 것일까요? 남의 말을 듣지 않는 거만한 사람이 악인이 됩니다.

백제의 마지막 왕인 의자왕은 처음에는 성충과 흥수와 같은 충성스러운 신하들을 등용해서 신라와 고구려의 50개 성을 빼앗는 등 위세를 떨쳤습니다. 아버지 무왕의 업적을 이어받아 신라를 위협하고 백제의 부흥을 이끌어 '동방의 해동성자'라는 말을 들었습니다. 그러나 임자라는 간신의 말을 듣고 성충을 감옥에 가두고 말았습니다. 성충은 감옥에 갇혀서도 전쟁이 틀림없이 일어날 것이니 미리 준비해야 한다며 충언을 했습니다. 그러나 의자왕은 충언을 듣지 않았고, 성충은 애통해하며 감옥에서 죽었습니다. 의자왕은 결국 나당 연합군에 의해 패배해 낙화암에서 3천 궁녀와 함께 백마강에 빠져 죽었습니다. 나라를 멸망시킨 부끄러운 왕이 되고 만 것입니다.

"거만한 자를 징계하는 자는 도리어 능욕을 받고 악인을 책망하는 자는 도리어 흠이 잡히느니라 거만한 자를 책망하지 말라 그가 너를 미워할까 두려우니라"(잠 9:7-8a).

본문은 거만한 자를 징계하려다가 '도리어 능욕을 받고', '도리어 흠이 잡히고', '미움을 당한다'고 말씀합니다. 왜 이런 반응을 보이는 것일까요? 거만한 자들은 자신을 스스로 의롭고 완전하다고 생각하기 때문입니다. 성경은 "네가 스스로 지혜롭게 여기는 자를 보느냐 그보다 미련한 자에게 오히려 희망이 있느니라"(잠 26:12)고 말씀합니다. 자신을 스스로 지혜롭다고 생각하는 사람은 희망이 없다는 말씀입니다. 자신이 표준이고 기준인데 누구의 말을 듣겠습니까? 말을 잘하는 것도 좋지만 잘 듣는 것이 훨씬 더 중요합니다.

어떤 사람과 친구가 되고 싶을 땐 그의 말을 귀담아 들어 주면 됩니다. 잘 들어 주면 사람을 얻습니다. 그런데 어리석은 자는 남의 말을 잘 듣지 않습니다. 더구나 충고나 책망을 들으면 원한을 품습니다. 부모의 책망을 듣고 부모를 살해하는 악인도 있고, 선생님께 책망 들은 것을 가슴에 품고 있다가 10년 후에 찾아가 복수한 어리석은 자도 있습니다.

거만한 자는 누군가가 자신을 지적할 때 화를 냅니다. 책망을 들을 때 그 말이 옳은가 그른가, 이치에 닿는가를 생각하지 않고 그 말이 자신을 공격한다고만 여깁니다. 또 자신을 모욕한다고, 자신이 수치를 당했다고 생각합니다. 그러면서 충고한 사람을 미워하므로 관계가 깨어집니다.

거만한 자를 함부로 책망했다가는 도리어 화를 당하기 쉽습니다. 그래서 이런 자들을 즉각 책망하는 것은 금물입니다. 상황을 지켜본 후 그를 위해 기도하고 밥을 사 주면서 분위기를 최대한 살핀 후에 충고해야 합니다. 가장 적절한 시기, 마음이 열렸을 때를 기다렸다가 조심스럽게 충고해야 합니다. 사람은 누구나 실수할 수 있습니다. 완벽한 사람은 하나도 없기 때문입니다. 사도 바울도 "의인은 없나니 하나도 없으며"(롬 3:10)라고 기록하고 있습니다.

그러나 행동 이전에 마음이 더 중요합니다. 그의 마음이 일시적으로 선을 행했을지라도 지속성이 없는 경우는 마음이 확고하지 못한 것입니다. 그럴 때 충고를 받아들이면 지혜자가 되지만 그렇지 못하면 어리석은 자가 되는 것입니다.

한두 번 충고한 후에도 듣지 않고 고치지 않으면 책망할 필요가 없습니다. 다만 그를 포기하지 않고 기도할 뿐입니다. 예수님도 어리석은 자에 대해 책망하지 말라며 다음과 같이 말씀하셨습니다. "거룩한 것을 개에게 주지 말며 너희 진주를 돼지 앞에 던지지 말라 그들이 그것을 발로 밟고 돌이켜 너희를 찢어 상하게 할까 염려하라"(마 7:6).

이 사람이 진주를 진주로 볼 줄 아는 사람인가를 판단하기까지의 노력은 필요합니다. 그러나 판단이 되었으면 책망을 멈추는 것이 좋습니다. 오히려 화를 당하고 원수가 되기 때문입니다. 악인에게 충고하는 것은 섶을 지고 불에 뛰어 들어가는 것과 같고, 불에 휘발유를 끼얹는 것과 같습니다.

영 분별의 은사를 구하십시오. 미움이나 자기 의를 가지고 책망하지 않고 사랑을 담아 책망하게 해 달라고 기도하십시오. 우리는 어리석은 자를 지혜롭게 대하는 지혜자가 되기 위해 하나님에게 간구해야 합니다.

지혜 있는 자를 책망하라

'빈익빈 부익부'(貧益貧 富益富)라는 경제 법칙이 있습니다. '가난한 사람은 더욱 가난하게 되고 부자는 더욱 부자가 된다'는 뜻입니다. 믿음의 세계에서도 '빈익빈 부익부'의 법칙이 통용됩니다. 예수님은 달란트 비유를 통해서 말씀하셨습니다. "그에게서 그 한 달란트를 빼앗아 열 달란트 가진 자에게 주라 무릇 있는 자는 받아 풍족하게 되고 없는 자는 그 있는 것까지 빼앗기리라"(마 25:28-29).

신앙의 세계에도 이렇게 무서운 법칙이 존재합니다. 그래서 본문은 어리석은 자를 아예 책망하지 말라고 말씀하는 것입니다. 해 봤자 '쇠귀에 경 읽기'요, 시간 낭비, 정력 낭비니 하지 말라는 것입니다. 그 대신 지혜 있는 자를 책망하라는 것입니다.

그러면 지혜 있는 자는 누구일까요? 요한계시록에서는 '들을 귀 있는 자'라고 말씀합니다(계 2:7 참조). "아니, 귀 없는 사람이 어디 있습니까?"라고 반문할지 모르겠습니다. 귀는 누구나 있지만 들을 귀는 있는 사람만 있습니다. 귀를 가지고도 듣지 않는 어리석은 사람이 얼마든지 있습니다.

예수님은 듣는 사람의 마음을 옥토라고 말씀하셨습니다(마 13:23 참조). 말씀을 듣고 깨닫는 자의 마음이 옥토요, 그런 사람이 지혜자가 됩니다. 지혜자에게 책망해야 효과가 있는 것입니다.

"지혜 있는 자를 책망하라 그가 너를 사랑하리라 지혜 있는 자에게 교훈을 더하라 그가 더욱 지혜로워질 것이요 의로운 사람을 가르치라 그의 학식이 더하리라"(잠 9:8b-9).

지혜로운 자는 타인의 훈계와 충고를 겸손하게 받아들여 자신을 성찰할 뿐만 아니라 자신에게 충고와 훈계를 한 사람에게 감사를 표합니다. 그래서 지혜로운 시편 기자는 "의인이 나를 칠지라도 은혜로 여기며 책망할지라도 머리의 기름같이 여겨서 내 머리가 이를 거절하지 아니할지라 그들의 재난 중에도 내가 항상 기도하리로다"(시 141:5)라고 기록했습니다. 이런 겸손한 마음을 가졌는데 하나님이 어찌 복을 주시지 않겠습니까? 이를 통해 지혜는 온유하고 겸손한 성품으로 무장한 사람이 얻을 수 있다는 사실을 깨닫게 됩니다. 그래서 지혜 있는 자에게 교훈을 더하라고 말씀하신 것입니다.

'주마가편'(走馬加鞭)이라는 사자성어가 있습니다. 이는 달리는 말에 채찍을 가한다는 뜻으로 열심히 하는 사람을 더욱 잘하도록 권장한다는 말입니다. 지혜로운 사람은 선을 행함으로 사랑받고 하나님을 경외함으로 복을 받아 장수하게 됩니다. 그것을 '네 생명의 해가 더할 것'이라고 말씀하고 있습니다. 이에 반해 거만한 사람은 해를 당한다고 말씀합니다. '거만하다'는 히브리어로 '루츠'라 하는데, 이는 '입을 삐죽이다, 비웃다'라는 뜻을 갖고 있습니다. 다시 말해, 남을 업신여기고 훈계하는 사람을 비웃는 것을 뜻하는 말입니다.

사람이 칭찬만 듣고 자랄 수는 없습니다. 나무가 비바람을 견디며 자라는 것처럼 책망을 듣고 훈계를 들을 때 잘 받아들여야 강한 사람이 될 수 있습니다. 자신의 행위가 다 옳다고 생각할 수 있지만, 자신이 미처 깨닫지 못하는 단점도 있게 마련입니다. 그러므로 마음이 아프고 속이 쓰려도 남이 하는 충고나 훈계를 잘 받아들이면 지혜를 얻게 됩니다.

책망할 때 유의해야 할 또 한 가지는 남을 책망하기에 앞서 과연 자신에게 남을 책망할 만한 자격이 있는가를 꼭 생각해 보아야 합니다. 자신의 들보는 보지 못한 채 남의 티를 지적하면 안 됩니다. 그리고 반드시 사랑의 마음을 담아 책망하고 훈계해야 합니다. 비난을 위한 비난이 되면 관계가 깨어지고 상처가 남게 마련입니다.

성경은 "미련한 자는 자기 행위를 바른 줄로 여기나 지혜로운 자는 권고를 듣느니라"(잠 12:15)고 말씀합니다. 당신은 미련한 사람입니까, 아니면 지혜로운 사람입니까? 우리는 책망 받을 때 달게 받고 그것을 자신의 단점을 바꾸어 나가는 기회로 삼는 지혜자가 되어야 합니다. 또한 책망할 땐 사랑의 채찍으로 깨우쳐 함께 지혜자가 되어야 합니다.

지혜를 품어 형통하라

세상을 살다 보면 가끔 정규 교육을 받지 않고도 형통한 사람을 볼 수 있습니다. 그런 경우는 삶을 통해 지혜를 터득했기 때문이라고 생각합니다.

지혜라는 말의 본뜻은 이렇습니다. 지혜는 히브리어로 '호크라'라 하는데, 이는 '공교함, 굳셈'이라는 뜻을 갖고 있습니다. 지혜를 품으면 모든 분야에 공교함을 나타내게 됩니다. 큰일뿐만 아니라 작은 일까지도 공교한 것을 볼 수 있습니다. 리더십만 봐도 그렇습니다. 큰일을 하는 사람은 첫째, 대범해야 합니다. 둘째, 세밀해야 합니다. 이 두 가지를 갖추지 못하면 큰일을 할 수 없습니다. 그래서 호크마를 품으면 공교해지고 굳세게 되는 것입니다.

"여호와를 경외하는 것이 지혜의 근본이요 거룩하신 자를 아는 것이 명철이니라 나 지혜로 말미암아 네 날이 많아질 것이요 네 생명의 해가 네게 더하리라 네가 만일 지혜로우면 그 지혜가 네게 유익할 것이나 네가 만일 거만하면 너 홀로 해를 당하리라"(잠 9:10-12).

본문은 우리에게 '지혜를 얻으라', '지혜를 품으라', 그리하면 '형통하게 된다'고 강조합니다. 지혜와 지식은 비슷하지만 큰 차이가 있습니다. 먼저 지혜(wisdom)란 우주와 역사와 인생에 대해 통시적이고 직관적으로 갖는 인식으로, 이는 곧 '깨달음'을 뜻합니다. 반면 지식(knowledge)은 정치, 경제, 지리, 역사, 자연 등에 대해 분석적이고 이론적으로 갖는 인식으로, 이는 곧 '아는 것'을 뜻합니다. 지식은 아는 것으로 그치지만, 지혜는 필연적으로 깨달은 대로 인생을 살아가고자 하는 마음이기 때문에 삶에 대한 경건한 자세를 동반하게 됩니다.

지혜자는 본문을 통해 지혜를 품은 자의 유익에 대해 말씀하고 있습니다. 지혜를 품으면 먼저 '하나님을 경외하게 된다'(잠 9:10 참조)고 말씀합니다. '경외'란 히브리어로 '이르아'라 하는데, 이는 '인간이 하나님을 향해 갖는 거룩한 두려움'을 뜻합니다. 이는 노예가 주인을 향해 갖는 수동적 두려움이 아니라 자식이 아버지를 향해 갖는 능동적 두려움을 의미합니다. 사람이 하나님을 경외한다는 것은 하나님을 창조자로, 자신의 아버지로, 또한 구원자로 인정하며 그분만을 절대로 섬기는 자세를 말하는 것입니다(욥 28:28 참조).

그 다음 유익으로 '네 날이 많아질 것'(잠 9:11 참조), 곧 장수하게 될 것이라고 말씀합니다. 하나님의 지혜를 품으면 순리를 따라 몸을 쓰며 욕심 부리지 않고 살아갑니다. 술, 담배, 마약 같은 것을 하지 않고 거룩하게 살아가려고 노력하니 당연히 장수하게 되는 것입니다(잠 10:27 참조).

또 '네 생명의 해가 길리라'(잠 9:11 참조)고 말씀합니다. 저는 이것을

'영생을 얻게 된다'로 해석합니다. 잠언의 지혜는 영적으로 예수 그리스도를 뜻합니다. 그러므로 예수 그리스도를 품은 자에게 영원한 생명이 있는 것은 당연한 일입니다(요 3:16 참조).

마지막으로 '지혜를 품으면 유익할 것'(잠 9:12 참조)이라고 말씀하는데, 이것은 내적인 평안을 얻을 것이라는 뜻입니다(시 119:165 참조). 이렇게 지혜를 품으면 많은 유익이 있습니다.

가끔 뉴스를 보면 한참 출세 가도를 달리던 사람들이 말실수로 갑작스럽게 추락하는 경우를 봅니다. 또 뇌물을 받았다가 발각되거나 성추행으로 추락하는 경우를 봅니다. 그들은 모두 고등 교육을 받은 사람들입니다. 이렇게 되는 이유가 무엇일까요? 지혜를 품지 않았기 때문입니다. 지혜를 품지 않아 거만해지고, 남의 말을 듣지 않고, 하나님 두려운 줄 모르니 경건하지 못한 언행으로 무너지는 것입니다.

지혜를 품으십시오. 지혜 되시는 예수님을 품으십시오. 성경은 이 지혜에 대해 "첫째 성결하고 다음에 화평하고 관용하고 양순하며 긍휼과 선한 열매가 가득하고 편견과 거짓이 없나니"(약 3:17)라고 말씀합니다. 지혜를 품는 자에게 하나님은 형통한 삶으로 보답해 주실 것입니다.

거만한 자를 책망하는 것을 조심하십시오. 지혜 있는 자를 책망해서 더 잘 달릴 수 있도록 돕는 지혜자가 되십시오. 무엇보다 지혜 되시는 예수님을 품고 영육이 아울러 형통하기를 간구하십시오.

18

길을 알면 험한 산중에도
두려워하지 않는다

오직 그 어리석은 자는
죽은 자들이 거기 있는 것과
그의 객들이 스올 깊은 곳에 있는 것을
알지 못하느니라

잠 9:18

빛과 소리가 각자의 속도로
정해진 거리를 이동해
목적지에 도달하는 것처럼
우리의 영혼 또한 이 세상에서
어딘가를 향합니다.
그곳이 바로 천국과 지옥입니다.

미국의 한 복음주의 저널의 조사에 따르면 현대 그리스도인들 중에 천국과 지옥이 실재하는 것을 믿는 사람들이 점점 줄어들고 있다고 합니다. 당신의 생각은 어떻습니까? 천국과 지옥이 실재한다고 믿습니까, 아니면 그냥 만들어 낸 이야기라고 생각합니까? 천국과 지옥을 실제로 가 보진 않았지만 저는 성경에 기록된 대로 천국과 지옥이 있다고 믿습니다.

프랑스의 유명한 철학자 파스칼에게 한 기자가 물었습니다. "당신은 지옥이 있다고 믿습니까?" 그러자 파스칼이 대답했습니다. "나는 천국과 지옥이 있다고 믿습니다. 내가 죽었는데 천국과 지옥이 있다면 그것은 너무 잘한 일이 될 것이고, 만약 천국과 지옥이 없다 해도 손해 볼 것은 없습니다. 이 세상에서 천국에 가기 위해 깨끗하게 살았기 때문입니다." 이처럼 그리스도인에게는 말씀 그대로 믿는 신앙이 중요합니다.

성경에는 지옥에 관한 여러 가지 명칭이 나옵니다. 먼저 스올(Sheol)은 히브리어로 '게헨나'라고 하는데, 이는 죽은 영혼들이 가는 곳을 뜻합니다. 하데스(Hades)는 스올을 헬라어로 번역한 말로서 '모든 죽은 자들의 영혼이 심판받기 전에 대기하는 곳, 악인들이 세상 끝날 최후 심판으로 지옥에 가기 전에 머무는 곳'을 뜻합니다.

게헨나는 유대교와 기독교의 종말론에서 사후에 저주받아 가는 곳으로서, 솔로몬 시대로부터 암몬족의 신 몰록에게 어린아이들을 희생 제물로 불태워 바치던 예루살렘 남서쪽에 있는 '힌놈의 골짜기'라는 곳의 이름을 히브리어로 '게헨나'라고 부르게 되었습니다. 이후에는 인신 제사를 드리지 못하도록 쓰레기장으로 만들었는데, 힌놈의 골짜기에서는 항상 쓰레기를 태우는 불과 연기가 피어나서 그 뒤로 지옥은 항상 불타고 있는 곳이라는 개념이 생기게 되었습니다.

음부(陰府, 스올 및 하데스의 우리말 번역)는 지하의 세계, 죽은 자의 거처로서 사후 모든 인간의 영혼이 예외 없이 가는 곳을 뜻합니다. 그리고 우리에게 가장 익숙한 지옥(Hell)은 구원받지 못한 사람이 가게되는 천벌의 장소로서, 하나님과의 교통이 단절되고 불에 의한 고통이 심한 곳입니다. 성경에는 '영원한 불, 꺼지지 않는 불, 불 못, 구덩이, 바깥 어두운 데' 등으로 묘사되어 있습니다.

그런가 하면 천국에 대한 명칭도 두 가지로 살펴볼 수 있습니다. 하나는 낙원(Paradise)으로서, 이는 '죽은 자 중에 의로운 자들이 부활이전에 거하는 장소, 의인이 영원히 거할 천국'을 뜻합니다. 그리고 다른 하나는 천국(하나님 나라)으로서, 이는 '하나님의 통치가 미치는 영역, 예수 믿고 구원받은 자들이 영원히 사는 곳'을 뜻합니다. 바꿔 말하면, 하나님의 통치가 미치는 가정, 교회, 직장이 곧 천국이라는 것입니다.

그러나 천국과 지옥에 관한 명칭을 아는 것은 중요하지 않습니다. 중요한 것은 천국과 지옥이 실재한다는 것이고, 예수 믿으면 천국에, 믿지 않으면 지옥에 간다는 사실입니다. 음부를 거쳐 가든지 직접 가든지 천국과 지옥이 갈라지는 것은 분명합니다.

본문은 자기 발걸음이 지옥으로 가는지도 모른 채 끌려 들어가는 어리석은 사람들과 그 길이 사망에 이르는 길인지 알면서도 멈추지 못하고 가는 불쌍한 사람들에 대해 말씀합니다. 잠언은 이들에 대해 여러 차례 말씀하고 있습니다.

성경은 음녀의 유혹을 받고 끌려가는 젊은이의 모습을 죽을 줄 모르고 도살장으로 끌려가는 소와 그물이 있는지 모르고 빨리 날아가는 새에 비유합니다(잠 7:22-23 참조). 그리고 결국엔 화살이 간을 뚫는 것과 같이 생명을 잃게 될것이라고 말씀합니다. 이런 무서운 결과를 알지 못하고 가는 자들과 알고도 돌이키지 못하는 자들 모두 어리석은 자들입니다. 그들의 결국은 멸망이고 지옥입니다.

이 말씀이 우리에게 경계가 되어야 합니다. 우리는 두렵고 떨리는 마음으로 지혜가 부르는 소리를 듣고 생명의 길을 걸어가야 합니다.

부끄러움을 모름

맹자는 교육을 통해 좋은 세상을 만들 수 있다고 생각했습니다. 그래서 그는 사단(四端: 인간의 본성에서 우러나오는 네 가지 마음씨)이라는 것을 주장했습니다.

> 인(仁): 측은지심(惻隱之心) – 어려움에 처한 사람을 불쌍히 여기는 마음
> 의(義): 수오지심(羞惡之心) – 의롭지 못함을 부끄러워하고 착하지 못함을
> 　　　　　　　　　　　　　　미워하는 마음
> 예(禮): 사양지심(辭讓之心) – 겸손해서 남에게 사양할 줄 아는 마음
> 지(智): 시비지심(是非之心) – 옳고 그름을 판단할 줄 아는 마음

인간은 이런 선한 마음을 가지고 있기에 잘 교육하면 선한 사람이 되고 좋은 세상이 된다고 생각한 것입니다. 그래서 맹자의 주장을 성선설(性善說)이라고 합니다.

그런데 세상을 살다 보면 성선설을 인정하기가 어렵습니다. 전 프

랑스 대통령은 세계가 다 아는 바람둥이입니다. 이탈리아 대통령은 공직에 있으면서 바람을 피우는 것이 신문과 방송에 늘 오르내렸습니다. 골프를 얼마나 잘 쳤는지 골프 황제라고 불렸던 타이거 우즈가 바람을 피운 것 또한 세계의 뉴스거리가 되었습니다. 이런 부끄러운 일이 비단 외국에만 있는 것은 아닙니다. 우리나라 유명 연예인들의 성추행 사건이 연속적으로 일어났습니다. 메이저리그에 진출한 한 야구선수는 성추행 혐의로 경찰의 조사를 받았습니다. 그런데 놀라운 것은 이런 입에 담기도 부끄러운 일을 3천 년 전에 기록한 잠언에서도 발견할 수 있다는 것입니다.

"미련한 여인이 떠들며 어리석어서 아무것도 알지 못하고 자기 집 문에 앉으며 성읍 높은 곳에 있는 자리에 앉아서 자기 길을 바로 가는 행인들을 불러 이르되"(잠 9:13-15).

음녀들이 길 가는 사람들을 대상으로 호객하는 것을 묘사한 내용입니다. 죄악 된 짓을 부끄러워하지 않고 오히려 뻔뻔하고 당당하게 행합니다. 이는 스스로 영적 불감증에 걸렸음을 보여 주는 것입니다. 이런 사람을 옛글에 '후안무치'(厚顔無恥, 낯이 두껍고 뻔뻔스러워 부끄러움을 모름)라 했습니다.

본문에서 '미련한 여인이 떠든다'는 표현은 음녀의 소란스럽고 천박한 모습을 나타냅니다. '자기 집 문에 앉으며 성읍 높은 곳에 있는 자리에 앉아서 길 가는 행인을 부른다'는 것은 부끄러운 줄 모르고 대낮에 음행을 하며 공개적으로 악행을 도모하는 것을 뜻합니다.

본래 음녀의 특징은 골목길 어두운 곳에서 활동한다는 것입니다. 그런데 본문에서는 공개적으로 활동하고 있습니다. 우리는 이 점을 주목해야 합니다. 요즘 방송을 보십시오. 시청률을 높이기 위해 옷을 입은 것인지 몸에 붙인 것인지 모를 정도로 몸매를 다 드러내 놓고 방송을 합니다. 이것이 바로 요즘 세상을 연상케 하는 수오지심을 잃어버린 악인들의 모습입니다.

요즘 들어 윤동주 시인이 각광을 받는 것은 그가 독립운동을 해서 혁혁한 공을 세웠기 때문이 아닙니다. 29세의 젊은 나이에 일본 감옥에서 생체실험을 당하며 불운하게 죽었지만 '하늘을 우러러 한 점 부끄러움이 없기를 바라는' 순수한 시인의 삶을 살았기 때문입니다.

하나님은 우리가 유명해지고 큰일을 행하고 역사에 남을 인물이 되기를 원하시지만, 그보다 앞서 부끄러움을 알고, 깨끗하고, 순결하고, 거룩한 삶을 살기를 더 원하십니다. 하나님은 부끄러운 일을 행하면서도 부끄러운 줄 모르는 유다 백성을 책망하시면서 그 죄 때문에 바벨론에 거꾸러지고 포로 될 것을 경고하셨습니다(렘 6:15 참조). 우리는 부끄러움을 모르는 백성을 심판하시겠다는 하나님의 경고의 말씀을 마음 깊이 새겨야 합니다.

쾌락을 방조함

악인은 절대 혼자 지옥에 가지 않습니다. 반드시 누구라도 끌고 함께 갑니다. 이런 것을 소위 물귀신 작전이라고 합니다.

"어리석은 자는 이리로 돌이키라 또 지혜 없는 자에게 이르기를 도둑질한 물이 달고 몰래 먹는 떡이 맛이 있다 하는도다"(잠 9:16-17).

의인들만 사람을 초청하는 것이 아니라 악인들도 초청합니다. 그 대상은 어리석은 자들입니다. 그래서 결국 어리석은 사람은 악인이 됩니다. 지혜는 사람을 의와 생명의 길로 인도하나 어리석은 자들은 죄악의 길로 인도합니다. 그리고 그 결과는 지옥에 떨어지게 되는 것입니다.

본문은 악인들이 초청해서 유혹하는 말이 얼마나 사람들의 마음에 와 닿는 이야기인지를 너무나도 잘 표현하고 있습니다. 여기에서 '도둑질한 물'과 '몰래 먹는 떡'은 불륜의 성생활을 뜻합니다.

음녀는 계속 쾌락을 방조합니다. 쾌락(快樂)이란 '감성의 만족이나 욕망의 충족에서 오는 유쾌한 감정'을 뜻합니다. 쾌락이 다 나쁜 것은 아닙니다. 양심 없는 쾌락이 나쁜 것입니다. 간디는 나라가 망할 징조로 일곱 가지(원칙 없는 정부, 노동 없는 부, 양심 없는 쾌락, 인격 없는 교육, 도덕 없는 경제, 희생 없는 종교, 인간성 없는 과학)를 말했는데, 그중 세 번째가 '양심 없는 쾌락'입니다.

본문에서 음녀가 유혹하며 하는 말이 바로 양심 없는 쾌락, 곧 죄를 지으면서도 자기 자신의 쾌락만을 추구하는 것을 의미합니다. '도둑질한 물이 달다', '몰래 먹는 떡이 맛있다'는 것은 쾌락을 방조한 것입니다. 방조(幫助)란 '거들어서 도와 줌, 타인의 범죄 행위를 도와 줌'을 뜻하는 말입니다. 형법에 방조죄(남의 범죄 행위를 도움으로써 성립되는 죄)라는 것이 있는데 자살방조죄, 음주운전방조죄, 살인방조죄, 폭행방조죄 등 그 종류가 끝도 없습니다. 좋은 일에는 절대 나서지 않던 사람인데 악한 일에는 앞장서서 도와줍니다. 그 뜻은 함께 지옥에 가자는 것입니다.

창세기에 보면 보디발의 아내가 요셉을 유혹하는 장면이 나옵니다. 그녀는 '이 집에는 당신과 나 둘뿐이니 우리 한번 젊음을 불태워 봅시다. 당신의 출세는 내가 보장해 주겠습니다' 하는 달콤한 말로 요셉을 유혹했습니다. 함께 멸망하자는 것입니다. 그러나 요셉은

"이 집에는 나보다 큰 이가 없으며 주인이 아무것도 내게 금하지 아니하였어도 금한 것은 당신뿐이니 당신은 그의 아내임이라 그런즉 내가 어찌 이 큰 악을 행하여 하나님께 죄를 지으리이까"(창 39:9) 하며 단호하게 물리쳤습니다.

세상 사람들이 쾌락을 방조하고, 육체의 정욕을 따라 사는 것이 인간적이라고 정당화하고 합리화하지만, 우리는 그것이 멸망으로 가는 길임을 깨달아야 합니다.

쾌락을 방조하는 자는 악인입니다. 악인에게 미혹 받는 자는 지옥에 떨어집니다. 육체의 정욕을 물리치십시오. 쾌락을 따라 살다가 지옥에 가는 것이 아닌, 성결하게 살아 천국에 가는 하나님의 자녀가 되십시오.

무지함

멸망에 이르는 사람들의 행동을 자세히 지켜보면 공통점을 발견할 수 있습니다. 그들은 목이 뻣뻣합니다. 양심이 마비되었습니다. 판단이 흐리고, 무감각하며, 우둔합니다. 또한 다른 사람의 충고를 듣지 않으며, 그러다 보니 무지합니다. 당신에게 이런 특징이 하나라도 있다면 빨리 버리십시오. 본문은 어리석은 자의 특징을 다음과 같이 말씀합니다.

"오직 그 어리석은 자는 죽은 자들이 거기 있는 것과 그의 객들이 스올 깊은 곳에 있는 것을 알지 못하느니라"(잠 9:18).

사람이 죽으면 그것으로 끝이 아닙니다. 성경은 그 후에 심판이 있다고 말씀합니다(히 9:27 참조). 본문은 사람이 죽으면 스올에 가는

데 그것을 알지 못한다고 말씀합니다. 알지 못한다는 것을 한자어로 무지하다고 말하는데, 무지(無知)란 '아는 것이 없음, 미련하고 어리석음, 하는 짓이 우악함, 놀라울 정도로 대담함'이라는 뜻으로 다양하게 사용됩니다. 아는 것이 없으니 미련하고 어리석은 것이 당연합니다. 그런데 아는 것이 없는 사람이 하는 짓도 우악스러운 경우가 많습니다. 그래서 생긴 말이 있습니다. "무식이 사람 잡는다." 또 무지한 사람은 종종 놀라울 정도로 용감하게 행동합니다.

다른 것은 다 몰라도 천국과 지옥이 있다는 것은 알아야 합니다. 이것을 모르는 것처럼 불행한 일은 없습니다. 빛과 소리가 각자의 속도로 정해진 거리를 이동해 목적지에 도달하는 것처럼 우리의 영혼 또한 이 세상에서 어딘가를 향합니다. 그곳이 바로 천국과 지옥입니다. 영적으로 무지해 이 세상이 끝이라 생각하며 쾌락을 추구하는 자가 갈 곳은 결국 지옥입니다. 우리는 영적으로 깨어서 저 멀리 보이는 시온 성을 바라봐야 합니다.

시편 기자는 "그들은 알지도 못하고 깨닫지도 못하여 흑암 중에 왕래하니 땅의 모든 터가 흔들리도다"(시 82:5)라고 기록했습니다. 무지한 자의 땅이 흔들린다는 말씀은 결국 멸망할 것임을 의미합니다. 무지하면 지옥에 떨어집니다. 우리는 지옥으로 향하는 발걸음을 돌이켜 참지혜 되시는 예수 그리스도를 믿어야 합니다. 죄악에서 돌이켜 회개하고 예수 믿고 구원받아 천국에 들어가는 지혜자가 되어야 합니다.

．

세상 사람들이 쾌락을 방조하고,

육체의 정욕을 따라 사는 것이

인간적이라고 정당화하고 합리화하지만,

우리는 그것이 멸망으로 가는 길임을 깨달아야 합니다.

19

성도는 하나님에게
정중동한다

교만이 오면 욕도 오거니와
겸손한 자에게는 지혜가 있느니라

잠 11:2

하나님이 가장 싫어하시는 사람은
교만한 사람입니다.
반대로 가장 기뻐하시는 사람은
겸손한 사람입니다.

북한에는 '기쁨조'라는 것이 있습니다. 김정일이 아버지 김일성을 기쁘게 하려고 전국의 미녀들을 모아 신체검사 및 출신 성분을 조사한 후에 재능을 테스트해서 50명을 뽑아 만든 것이 기쁨조의 시작입니다. 이들은 만족조, 행복조, 가무조, 행사조로 나뉘어 옛날 궁녀들이 임금을 섬기듯 김일성을 섬겼다고 합니다.

당신은 누구의 기쁨이 되기를 원합니까? 하나님의 기쁨이 되기를 원합니까? 정말 하나님을 기쁘시게 하기 원한다면 새 부대에 담긴 새 술이 되어야 합니다. 또 주의 뜻이 무엇인가 구별해서 그 뜻을 행해야 합니다. 그리고 어두운 세상을 환하게 비추는 빛이 되고, 썩어서 냄새나는 세상을 정화시키는 소금 같은 신자들이 되어야 합니다. 이것이 하나님을 기쁘시게 하는 삶입니다.

그런데 하나님을 기쁘시게 한다고 하면서 하나님의 뜻과 정반대로 살아가는 사람들이 너무 많습니다. 거짓과 탐욕으로 얼룩진 교인들로 말미암아 하나님이 멸시와 모욕을 당하십니다. 분쟁과 자리다툼으로 교회가 사분오열(四分五裂)되어 진리의 전당이라고 말하기조차 부끄러운 상처뿐인 교회가 되어 가고 있습니다. 이런 환경 속에서도 하나님은 의인 7천 명을 남겨 두셔서 이 땅을 새롭게 하길 원하십니다.

엘리야 선지자가 활동하던 당시는 참으로 악한 왕의 통치로 의인들은 숨어 버리고 세상에는 온통 악인들이 득세한 시대였습니다. 그런 세상 속에서도 하나님은 의인들을 남겨 놓으셨습니다. "그러나 내가 이스라엘 가운데에 칠천 명을 남기리니 다 바알에게 무릎을 꿇지 아니하고 다 바알에게 입 맞추지 아니한 자니라"(왕상 19:18). 우리 또한 세상과 타협하지 않고 우상에게 무릎을 꿇지 않는 7천 명의 의인처럼 되어야 합니다.

하나님을 시험하는 자는 천벌을 받아 죽습니다. 예수님도 "주 너의 하나님을 시험하지 말라"(마 4:7)고 말씀하셨습니다. 그런데 사도 바울은 "주를 기쁘시게 할 것이 무엇인가 시험하여 보라"(엡 5:10)고 이야기합니다. 이는 하나님을 기쁘시게 할 것이 무엇인가를 찾아서 시도해 보라는 말씀입니다. 에베소서 5장 10절 앞에 보면 음행, 더러운 것, 탐욕, 누추함, 어리석은 말, 희롱의 말, 더러운 자, 탐하는 자, 우상 숭배자, 헛된 말과 같은 어둠의 일을 벗어 버리고 빛의 자녀답게 착하고 의롭고 진실한 열매를 맺는 삶이 하나님을 기쁘시게 하는 삶이라고 말씀합니다. 마음속에 거리끼는 모든 죄악을 내어 버리고 하나님과 교제할 수 있도록 빛으로 나오는 것, 이것이 하나님을 기쁘시게 하는 삶이라는 것입니다.

사도 바울은 다음과 같이 권면합니다. "밤이 깊고 낮이 가까웠으니 그러므로 우리가 어둠의 일을 벗고 빛의 갑옷을 입자 낮에와 같이 단정히 행하고 방탕하거나 술 취하지 말며 음란하거나 호색하지 말며 다투거나 시기하지 말고 오직 주 예수 그리스도로 옷 입고 정욕을 위하여 육신의 일을 도모하지 말라"(롬 13:12-14). 방탕한 생활을 하던 어거스틴이 이 말씀을 듣고 회개해서 기독교 역사상 가장 유명한 신학자요, 성자가 되었습니다. 우리 또한 말씀을 통해 무엇이 하나님을 기쁘시게 할 일인가를 깨닫고 실천해서 하나님의 기쁨이 되어야 할 것입니다.

정직하라

정직(正直)이라는 말은 너무 많이 들어서 식상합니다. 그래서 감동도 없고 약발도 먹히지 않습니다. 그런데 정직은 결코 가벼운 말이 아닙니다. 이는 하나님의 성품이기 때문입니다(신 32:4 참조).

정직하신 하나님은 정직한 사람을 기뻐하십니다. 다윗은 이것을 알고 하나님 앞에 정직하기를 소원했습니다. "나의 하나님이여 주께서 마음을 감찰하시고 정직을 기뻐하시는 줄을 내가 아나이다 내가 정직한 마음으로 이 모든 것을 즐거이 드렸사오며 이제 내가 또 여기 있는 주의 백성이 주께 자원하여 드리는 것을 보오니 심히 기쁘도소이다"(대상 29:17).

하나님은 말과 행위의 정직뿐 아니라 중심의 진실함을 원하십니다. 정직한 자의 특징은 악을 떠나고 여호와를 경외하는 것입니다. 그리스도인에게 있어 정직은 삶의 기본입니다.

"속이는 저울은 여호와께서 미워하시나 공평한 추는 그가 기뻐하시느니라"(잠 11:1).

하나님이 가증하게 여기시는 것은 '속이는 저울'입니다. 정직한 성도가 해서는 안 될 일입니다. 그것은 자신의 영혼을 팔아먹는 행위고, 형제를 궁핍함으로 밀어 넣는 죄악입니다. 사람을 속이기 이전에 하나님을 속이는 것입니다.

하나님을 섬기는 사람은 이웃과 형제에게 거짓말을 하면 안 됩니다. 세상 사람들 모두가 다른 사람을 속인다 해도 하나님의 사람은 정직해야 합니다. 하나님이 정직한 사람을 기뻐하시기 때문입니다. 하나님이 미워하시는 짓을 골라 하면서 복 받고 잘되기를 바라는 것은 하나님을 섬기는 것이 아니라 황금의 신 맘몬을 섬기는 것입니다.

"정직한 자의 성실은 자기를 인도하거니와 사악한 자의 패역은 자기를 망하게 하느니라"(잠 11:3).

정직한 자의 특징은 성실함입니다. 성실(誠實)은 '정성스럽고 참되어 거짓이 없음'을 뜻합니다. 저는 이것을 말 그대로 '정성으로 열매를 가꾸는 것'이라 정의하고 싶습니다. 성실은 하루아침에 열매를 따는 것이 아니라, 여름의 천둥과 번개, 가을의 서리를 거치며 정성을 들여야 열매를 딸 수 있기 때문입니다.

인생을 한 방에 해결하려는 사람은 한 방에 혹하고 날아갑니다. 하나님은 인생 대박, 인생 로또를 꿈꾸는 사람을 미워하십니다. 하나님이 기뻐하시는 사람은 성실한 사람입니다. 꾸준히 노력하고 묵묵히 땀 흘려 일하는 사람을 하나님이 눈여겨보고 계십니다. 하나님은 성실로 음식을 삼는 정직한 사람을 기뻐하시며, 그런 사람에게 복 주신다는 사실을 기억해야 합니다(시 37:3 참조).

하나님을 기쁘시게 하기를 원한다면 정직하십시오. 형제와 이웃을 속이지 마십시오. 하루하루를 성실하게 살아야 정직하다 인정받는 하나님의 기쁨이 될 수 있습니다.

겸손하라

하나님이 가장 싫어하시는 사람은 교만한 사람입니다. 반대로 가장 기뻐하시는 사람은 겸손한 사람입니다. 아담과 하와가 범죄한 이유는 그들이 교만해졌기 때문입니다(창 3:5 참조). 피조물인 인간이 창조주인 하나님과 같이 되고자 하는 마음이 바로 교만입니다. 천사가 사탄이 된 것도(사 14:12-15 참조), 고라의 일당이 반역을 시도한 것

(민 16:1-3 참조)도 교만 때문이었습니다. 결국 교만이 오면 패망이 따라오게 되어 있습니다. 잠언의 지혜자는 "교만은 패망의 선봉이요 거만한 마음은 넘어짐의 앞잡이니라"(잠 16:18)고 말씀합니다.

"교만이 오면 욕도 오거니와 겸손한 자에게는 지혜가 있느니라"(잠 11:2).

겸손한 자는 지혜롭기 때문에 형통하게 됩니다. 겸손은 하나님이 주시는 마음이요, 예수님의 마음이기 때문입니다. 예수님은 자신의 성품에 대해 "나는 마음이 온유하고 겸손하니 나의 멍에를 메고 내게 배우라 그리하면 너희 마음이 쉼을 얻으리니"(마 11:29)라고 말씀하셨습니다. 예수님의 겸손에 대해 사도 바울은 다음과 같이 기록했습니다.

"너희 안에 이 마음을 품으라 곧 그리스도 예수의 마음이니 그는 근본 하나님의 본체시나 하나님과 동등됨을 취할 것으로 여기지 아니하시고 오히려 자기를 비워 종의 형체를 가지사 사람들과 같이 되셨고 사람의 모양으로 나타나사 자기를 낮추시고 죽기까지 복종하셨으니 곧 십자가에 죽으심이라"(빌 2:5-8).

예수님은 하나님과 동등됨을 취할 것으로 여기지 아니하시고 종의 형체를 가지셨습니다. 이것을 '자가비하'(自家卑下)라 하는데, 이는 헬라어로 '케노시스'라 하며 '자기 자신을 낮춤'이라는 뜻을 갖습니다. 겸손은 자신을 무능한 자로 여깁니다. 이는 자신이 피조물임을 인정하는 것입니다. 그래서 전적으로 하나님을 의뢰하는 마음을 갖습니다. 하나님은 이런 겸손한 자를 높이십니다.

자신을 낮추는 것이 하나님의 은총을 입는 비결입니다. 헬라인들에게 겸손은 나약하고 비굴한 것이었으나 예수님은 겸손을 인격의 초석으로 삼으셨습니다(마 18:4 참조). 예수님의 겸손을 깨달은 제자들도 겸손을 강조했습니다. 바울 또한 피차 겸손할 것을 가르쳤습니다. 그래서 그는 "젊은 자들아 이와 같이 장로들에게 순종하고 다 서로 겸손으로 허리를 동이라 하나님은 교만한 자를 대적하시되 겸손한 자들에게는 은혜를 주시느니라 그러므로 하나님의 능하신 손아래에서 겸손하라 때가 되면 너희를 높이시리라"(벧전 5:5-6)고 권면했습니다. 때로는 겸손이 심히 미약하고 어리석은 것같이 보여도 실상은 가장 고귀하고 존귀하게 되는 첩경입니다. 하나님의 기쁨이 되기를 원한다면 겸손으로 허리를 동이십시오. 하나님이 친히 높이시고 복을 주실 것입니다.

공의를 행하라

하나님의 속성은 비공유적 속성과 공유적 속성으로 나눌 수 있습니다. 비공유적 속성은 피조물 속에서는 그 유사성을 찾을 수 없는 속성으로서, 독립성, 자존성, 불변성, 절대적인 완전성, 영원성, 편재성이 이에 해당됩니다. 반면 공유적 속성은 인간들의 속성과 유사성이 있는 속성으로서, 지식, 지혜, 선, 사랑, 은혜, 긍휼, 오래 참으심, 거룩함, 의, 진실 등이 이에 해당됩니다.

공의는 하나님의 속성 중 공유적 속성에 속합니다. 공의(公議)란 사전적으로는 '공평하고 의로운 것', 신학적으로는 '선악의 제재를 공평하게 하는 하나님의 품성 중 하나'로 정의할 수 있습니다.

하나님의 속성 중 대표적인 것이 공의와 사랑입니다. 율법은 공의를 강조하고 예수님은 사랑을 강조하셨습니다. 그래서 구약은 공의의 하나님을 나타내는 말씀이 주류를 이루고, 신약은 하나님의 사랑을 나타내는 말씀이 주류를 이룹니다.

모든 그리스도인들은 공의와 사랑에 균형 잡힌 삶을 살아야 합니다. 공의만 강조하면 딱딱한 도덕군자같이 비춰지게 되고, 사랑만 강조하면 법도가 무너지게 됩니다. 그러므로 양자의 균형이 매우 중요합니다. 밥을 할 때 물의 양에 따라 밥이 질거나 되게 되는 것처럼, 공의와 사랑의 조화에 따라 화목한 가운데 질서가 있으며, 질서 정연한 가운데서도 딱딱하지 않은 교회와 가정 및 직장이 될 수 있습니다.

인간은 아담의 범죄로 인해 의를 상실했습니다. 그러나 하나님의 자녀들은 예수님의 대속으로 말미암아 의를 회복했습니다. 그러므로 완전할 수는 없으나 공의를 행하기에 힘써야 합니다. 본문은 우리에게 공의를 행할 것을 주문합니다.

"재물은 진노하시는 날에 무익하나 공의는 죽음에서 건지느니라 완전한 자의 공의는 자기의 길을 곧게 하려니와 악한 자는 자기의 악으로 말미암아 넘어지리라 정직한 자의 공의는 자기를 건지려니와 사악한 자는 자기의 악에 잡히리라"(잠 11:4-6).

지혜자는 공의의 역할에 대해 자기를 죽음에서 건지고 자기의 길을 곧게 한다고 말씀합니다. 다시 말해, 공의는 주로 남에게 요구하는 것이 아니라 자신에게 적용하는 것임을 알 수 있습니다. 어떤 사람들은 자신에게는 신축성이 있는 잣대를 적용하고 타인에게는 엄격한 잣대를 적용해서 남을 실족하게 합니다. 그러나 공의를 행한다는 것은 자신이나 타인에게 적용하는 잣대가 똑같은 것을 의미합니다.

하나님은 모든 그리스도인들이 선악을 구별할 때 누구에게나 공평하게 적용하기를 원하십니다(레 19:15 참조). 그러므로 그리스도인들은 자신을 대할 때나 타인을 대할 때나 '공평무사'(公平無私, 공평해서 사사로움이 없음)해야 합니다.

자칫 잘못하면 공의를 앞세우다가 딱딱한 사람이 될 수 있습니다. 그래서 공의 이전에 사랑이 그 이면에 자리하고 있어야 합니다. 그래야 올바른 공의가 될 수 있습니다. 사랑은 모든 법과 정의의 완성이기 때문입니다. 그러므로 사랑은 정의의 어머니라 해도 좋을 것입니다.

그리스도인들은 누가 뭐라 해도 공의로워야 합니다. 하나님이 공의로우시기 때문입니다(시 103:6 참조). 자신의 물건을 아끼듯 공공의 물건을 아껴야 합니다. 자신의 몸이 소중한 것처럼 타인의 몸도 소중히 여겨야 합니다. 자신의 인격이 존중받아야 하는 것처럼 타인의 인격도 존중해야 합니다. 그리고 자기 자식이 귀한 것처럼 타인의 자식도 귀하게 여겨야 합니다. 하나님의 법을 잘 지켜야 하는 것은 물론이요, 세상의 법도 잘 지켜야 합니다.

가정에서도 법도가 있어야 하고, 직장에서도 법도가 있어야 합니다. 그러나 사랑을 바탕에 깔지 않고는 남을 비판하거나 정죄하지 마십시오. 이것이 진정한 공의입니다.

우리는 자신에 대해서는 엄격하게 공의를 적용하면서도 타인에 대해서는 사랑의 잣대로 이해하고 용서하며 품을 수 있는 인격을 갖춰야 합니다. 정직하고 겸손하며 사랑을 바탕으로 한 공의를 행해야 하나님의 기쁨이 된다는 것을 기억하십시오.

하나님의 기쁨이 되기를 원한다면

겸손으로 허리를 동이십시오.

하나님이 친히 높이시고 복을 주실 것입니다.

20

곡간이 비어야
새것을 채울 수 있다

구제를 좋아하는 자는
풍족하여질 것이요
남을 윤택하게 하는 자는
자기도 윤택하여지리라

잠 11:25

다 퍼 주면 나는 어떻게 사냐고
반문할 수 있습니다. 그런데
하나님의 법칙은 역설적입니다.
선을 행할 때
하나님의 은총이 임합니다.

저는 목사는 조금 가난하게 살아야 한다는 '청빈론'(淸貧論)을 그리고 성도는 부자로 살아야 한다는 '청부론'(淸富論)을 주장합니다. 더러운 방법이 아니라 깨끗하고 정의로운 방법으로 돈을 벌어 부자가 되는 것을 청부론이라 합니다.

사람은 누구나 부자가 되기를 원합니다. 그러나 누구나 부자가 되지는 못합니다. 왜 그럴까요? 부자 되는 법을 모르기 때문입니다. 부자들의 생활 습관을 살펴보면 공통된 특징이 있는데, 그들은 인적 네트워크를 잘 관리합니다. TV를 보지 않습니다. 그리고 신용카드를 사용하기 전에 세 번 참습니다.

부자들이 더 절약한다는 말이 맞는 것 같습니다. 고 정주영 회장이 쓰던 유품들이 세간에 화제가 된 적이 있습니다. 대기업 회장이었음에도 구멍 난 구두를 신으며 근검절약했었던 것입니다. 얼마 전에는 영안모자 백성학 회장의 기사를 보았습니다. 1년에 판매되는 모자만 1억 개로 연 수익이 3천억 정도라는데, 그런 부자가 30년 된 자가용에 49년 된 지갑, 시계는 41년째 사용하고 있었습니다. 이처럼 부지런함, 근검절약, 한 우물, 좋은 인간관계, 건강 관리는 부자들이 공통적으로 갖는 키워드인데, 이를 통해 알 수 있는 것은 부자들이 자기 관리를 철저히 한다는 것입니다.

이와는 반대로 잠언은 가난의 원인을 몇 가지로 꼽고 있습니다.

1. 게으름: "손을 게으르게 놀리는 자는 가난하게 되고 손이 부지런한 자는 부하게 되느니라"(잠 10:4).
2. 불의를 행함: "가난한 자는 밭을 경작함으로 양식이 많아지거니와

불의로 말미암아 가산을 탕진하는 자가 있느니라"(잠 13:23).

3. 미련함: "지혜 있는 자의 집에는 귀한 보배와 기름이 있으나 미련한 자는 이것을 다 삼켜 버리느니라"(잠 21:20).

4. 쾌락을 좋아함: "연락을 좋아하는 자는 가난하게 되고 술과 기름을 좋아하는 자는 부하게 되지 못하느니라"(잠 21:17).

5. 교만함: "교만은 패망의 선봉이요 거만한 마음은 넘어짐의 앞잡이니라"(잠 16:18).

6. 잠자기를 좋아함: "네가 좀 더 자자, 좀 더 졸자, 손을 모으고 좀 더 누워 있자 하니 네 빈궁이 강도같이 오며 네 곤핍이 군사같이 이르리라"(잠 24:33-34).

우리는 선한 일을 많이 하는 선교하는 부자, 존경받는 부자 되기를 소망해야 합니다.

선을 행하라

유럽에서는 부(富)가 4대째 이어지는 가문이어야 진짜 부자로 인정한다고 합니다. 이 말은 재산의 많고 적음이 아닌 대대로 음덕을 쌓아야 부자로 인정받는다는 뜻입니다. 여기에서 신분에 따른 도덕적 의무를 지칭하는 '노블레스 오블리주'(Noblesse Oblige)라는 말이 나왔습니다.

우리나라를 대표하는 노블레스 오블리주로는 경주 최 부잣집을 꼽을 수 있습니다. 재산을 300년간 12대에 걸쳐 유지하고 그 재산으로 현재 영남대학교를 세웠습니다. "부자가 삼 대를 못 간다"는 세간의 이야기를 뒤엎고 오래 지속할 수 있었던 이유를 그 집의 가훈에서 찾아볼 수 있습니다.

〈경주 최 부잣집 가훈〉

1. 과거를 보되 진사 이상은 하지 마라(권력욕 자제)

2. 재산은 만 석 이상 지니지 마라(적정 이윤 추구)

3. 과객을 후하게 대접하라(소통과 화합)

4. 흉년에는 땅을 사지 마라(정당한 부의 추구)

5. 며느리들은 시집와서 3년간 무명옷을 입어라(근검절약)

6. 사방 백리에 굶어 죽는 사람이 없게 하라(상부상조)

너무 귀한 내용입니다. 이런 정신이 본문 말씀과 맥락을 같이하고 있음을 발견하게 됩니다.

"흩어 구제하여도 더욱 부하게 되는 일이 있나니 과도히 아껴도 가난하게 될 뿐이니라 구제를 좋아하는 자는 풍족하여질 것이요 남을 윤택하게 하는 자는 자기도 윤택하여지리라 곡식을 내놓지 아니하는 자는 백성에게 저주를 받을 것이나 파는 자는 그의 머리에 복이 임하리라 선을 간절히 구하는 자는 은총을 얻으려니와 악을 더듬어 찾는 자에게는 악이 임하리라"(잠 11:24-27).

아낀다고 부자가 되는 것은 아닙니다. '자린고비'의 이야기는 절약을 통해 부자가 된 이야기고, '스크루지'의 이야기는 인색한 사람은 남의 원망을 사고 신뢰를 잃게 되어 부를 오래 유지할 수 없음을 가르쳐 주는 이야기입니다. 본문은 적극적으로 구제하라고 말씀합니다. 재산이 다 흩어질 정도로 구제하라는 것입니다. 남의 필요를 채워 주는 사람에게 하나님이 친히 그의 필요를 채워 주실 것을 말씀하고 있습니다.

'윤택하다'란 히브리어로 '라웨'라 하는데, 이는 '갈증을 풀어 주다, 충족시키다, 넉넉하다'라는 뜻을 갖습니다. 하나님의 마음이 약자와 가난한 자를 향하고 있음을 알아 그들을 돕고 구제할 때 하나님이 복을 주십니다. 예수님도 팔복 중 하나로 "긍휼히 여기는 자는 복이 있나니 그들이 긍휼히 여김을 받을 것임이요"(마 5:7)라고 말씀하셨습니다.

본문은 흉년이 들어 세상 모든 사람이 굶주리는데 혼자 곡식을 쌓아 두고 있으면 도둑맞든지 총에 맞든지 할 것이므로 가진 것을 베풀고 덕을 쌓으라고 말씀합니다. "적선지가 필유여경"(積善之家 必有餘慶)이라는 말처럼, 선을 베푸는 집에는 반드시 경사가 있다는 뜻입니다. 그런 사람이 진정한 부자가 됩니다. 전도서 역시도 세상에 어떤 난리와 재앙이 닥칠지 모르니 평소에 덕을 쌓는 것이 복이 된다고 말씀합니다(전 11:1-2 참조).

본문 27절은 '선을 간절히 구하라'고 말씀합니다. 이는 '선을 찾아서 행하라'는 것입니다. 선한 일도 찾아야 보입니다. 앉아만 있으면 보이지 않습니다. 자신의 문제에만 집중하며 사는 사람에겐 남의 문제가 보이지 않습니다. 세상의 문제가 보이지 않습니다. 그러나 눈을 들어 주변을 돌아보십시오. 곳곳마다 상한 영혼들의 탄식소리가 들려오고, 갈 바를 몰라 헤매는 사람들이 지천에 깔려 있습니다.

당장 끼니를 걱정하는 사람, 등록금을 걱정하는 사람, 집세를 걱정하는 사람, 장사가 안 되어 문 닫을 사람, 실연당해 울고 있는 사람, 실직당해 막막한 사람 등 이들을 위해 적극적으로 선을 찾아서 행하라는 것입니다. 그렇게 다 퍼 주고 나면 나는 어떻게 사냐고 반문할 수 있습니다. 그런데 하나님의 법칙은 역설적입니다. 흩어 구제해도 부자가 되는 사람이 있다는 것입니다. 남을 윤택하게 했는데 내가 윤택해지는 일이 있다는 것입니다. 선을 행할 때 하나님의 은총이 임합니다(잠 19:17 참조).

하나님은 선을 행하는 자를 주목하시고, 하늘의 것만 아니라 땅의 기름진 것으로도 갚아 주셔서 부자 되게 하신다는 사실을 믿으십시오. 적극적으로 선을 행해서 하나님이 밀어 주시는 부자의 반열에 오르기를 소망하십시오.

재물이 아닌 하나님을 의지하라

부자가 되려면 돈을 따라가서는 안 되고 돈이 사람을 따라오게 해야 합니다. 돈은 날개 달린 새와 같아서 언제 날아갈지 아무도 모릅니다. 세상에서 얼마나 많은 부자들이 사라졌습니까? 영원히 승승장구할 것 같았던 은행과 대기업들이 우리가 보는 앞에서 사라졌습니다.

"자기의 재물을 의지하는 자는 패망하려니와 의인은 푸른 잎사귀 같아서 번성하리라"(잠 11:28).

재물이 자신을 지켜 주리라 생각하면 오산입니다. 돈은 항상 돌고 도는 속성을 가지고 있습니다. 그래서 재물을 의지하면 패망한다고 지혜자는 말하고 있는 것입니다. 번성하고 부자가 되는 사람은 하나님을 의지하기 때문에 시절을 좇아 번성하는 종려나무같이 번성하고 형통하게 됩니다.

"부자가 삼 대를 못 간다"는 말이 있습니다. 그러니 재물을 의지하지 말고 하나님을 의지해야 합니다. 재물에 대해서 소유의식을 가지면 인생이 피폐해집니다. 잡으려고 하면 날개를 달고 달아나기 때문입니다. 그리스도인들은 소유의식을 버리고 임대의식을 가져야 합니다. 이 세상에서 살다가 떠나는 날, 우리는 모든 것을 그대로 놔두고 가야 합니다.

재물을 붙잡고 천국으로 갈 수는 없습니다. 하나님이 부르시면 가진 것 모두 내려놓고 갈 수밖에 없습니다. 재물은 잠시 빌려 쓰는 것이라는 마음을 가지고 하나님을 의지해야 합니다.

사도 바울은 우리를 향해 다음과 같은 재물관을 가져야 할 것을 가르쳐 주고 있습니다. "네가 이 세대에서 부한 자들을 명하여 마음을 높이지 말고 정함이 없는 재물에 소망을 두지 말고 오직 우리에게 모든 것을 후히 주사 누리게 하시는 하나님께 두며 선을 행하고 선한 사업을 많이 하고 나누어 주기를 좋아하며 너그러운 자가 되게 하라 이것이 장래에 자기를 위하여 좋은 터를 쌓아 참된 생명을 취하는 것이니라"(딤전 6:17-19).

'정함이 없는 재물'이란 '고정되어 있지 않다'는 뜻입니다. 재물에 소망을 두는 사람은 달아나는 재물과 함께 소망도 잃게 될 것입니다. 우리는 재물에 소망을 두지 말고 오직 하나님에게 소망을 두어야 합니다. 하나님에게 소망을 두는 사람은 재물을 가지고 선을 행하고, 선한 사업을 많이 하고, 나눠 주기를 좋아하고, 너그러운 마음을 가지고 살아가는 사람입니다. 이런 사람이 되고자 한다면 천국에서 영원히 살게 된다는 말씀을 마음 깊이 새겨야 합니다.

성경은 돈과 사람을 의지하는 자는 바람결에 흔들리는 갈대와 같이 될 것이나, 변함없는 하나님을 의지하는 자는 반석 위에 서고 풍족하게 될 것을 약속합니다(잠 28:25 참조). 날개 달린 재물을 의지하지 마십시오. 실패한 인생이 되고 맙니다. 영원하신 하나님을 의지하십시오. 그러면 하나님이 주시는 풍성함을 누리게 될 것입니다.

지혜자가 되라

부자가 된 사람들을 유심히 살펴보면 학력과는 상관없이 지혜를 얻은 사람임을 알 수 있습니다. 사람을 쓸 줄 아는 용인술이 탁월하고, 정세의 흐름을 알고 앞을 내다보는 '선견지명'(先見之明)이 있습니다.

"자기 집을 해롭게 하는 자의 소득은 바람이라 미련한 자는 마음이 지혜로운 자의 종이 되리라"(잠 11:29).

'자기 집을 해롭게 하는 자'란 나쁜 습성으로 인해 집안에 해를 끼치는 사람을 뜻합니다. 그런 사람이 집안에 있으면 그 재산은 바람과 같이 다 날아가게 된다는 말씀입니다. 이 말씀은 자녀 교육에 관한 교훈으로도 해석할 수 있습니다. 자녀 교육을 바로 하지 못해 망나니 또는 미련한 자가 되면 그 재산은 결국 다른 사람의 손에 넘어가며, 자식은 결국 지혜로운 사람의 종이 된다는 것입니다. 많은 유산이나 세상 교육보다 더 중요한 것은 자녀가 지혜자가 되도록 교육하는 것입니다. 진정한 지혜자는 자녀 교육을 잘해서 모은 재산이 잘 흘러가게 하는 사람입니다.

"의인의 열매는 생명나무라 지혜로운 자는 사람을 얻느니라"(잠 11:30).

세상에서 출세하고 형통한 사람들을 주목해 보십시오. 하나같이 인맥을 소중히 여기고 관계가 두루 원만한 사람들임을 알 수 있습니다. 연예계만 봐도 그렇습니다. 연말 시상식을 보면 이름이 많이 거명되는 사람이 있습니다. 강호동이 상을 타면서 이경규 선배에게 감사합니다. 박명수가 상을 타면서 유재석에게 고마움을 표합니다. 이런 것을 보면 서로 끌어 주고 밀어 주는 사이임을 알 수 있습니다. "소도 언덕이 있어야 비빈다"는 속담처럼 서로 밀어 주고 끌어 주는 사람이 있어야 성공할 수 있습니다.

이처럼 지혜로운 자는 사람을 얻는 사람입니다. 가는 곳마다 사람을 얻는 사람이 있는가 하면, 칼잡이처럼 지나가기만 해도 사람들이 추풍낙엽(秋風落葉)처럼 쓰러지는 사람이 있습니다. 지혜자는 돈과 사람 중에 어느 것을 택할 것인가 물으면 사람을 택합니다. 당장은 돈이 귀한 것 같으나 나중에는 사람이 돈을 몰아오게 마련입니다. 그러므로 사람을 얻어야 합니다. 의인은 열매가 주렁주렁 맺힌 나무와 같이 많은 사람들이 연결되어 함께 생명과 평안과 부요를 얻게 되기 때문에 의인의 열매는 생명나무라고 말씀합니다.

다윗은 사울 왕에게 쫓겨 자그마치 10년간 광야에서 도망자 신세를 면치 못했지만 세월이 갈수록 따르는 사람이 많아졌습니다. 요셉 또한 노예 생활을 하면서 보디발을 얻었고, 감옥에서 간수장과 두 관원을 얻었으며, 그 후에는 바로를, 형들을 용서한 후에는 민족을 얻었습니다. 이들처럼 사람을 끌어당기는 사람이 있습니다. 그런가 하면 사람이 자꾸 떨어져 나가는 사람도 있습니다. 어떤 사람도 잃지 마십시오. 사람을 내치지 말고 끌어안으십시오. 이 사람은 이래서 안 되고, 저 사람은 저래서 안 된다면서 양파 껍질 벗기듯이 다 벗겨 버리면 나중엔 남는 사람이 없습니다.

제나라 맹상군에게는 수많은 식객이 있었습니다. 맹상군이 진나라 소왕의 부름을 받아 여우 겨드랑이의 흰털로 만든 진귀하고 값진 '호백구'를 바쳤습니다. 소왕이 기쁘게 여겨 그를 높은 벼슬에 앉히려 했지만 신하들의 반대로 좌절되었습니다. 뿐만 아니라 그를 모함하는 사람들에 의해 목숨이 위태롭게 되자 소왕의 애첩 총희에게 나갈 길을 열어 달라고 부탁했습니다. 그러자 총희가 호백구를 주면 갈 길을 열어 주겠다고 했습니다.

호백구는 이미 소왕에게 진상했기에 난감해졌습니다. 그때 수행원 중 한 사람이 개 짖는 소리를 내며 왕의 창고에 들어가 호백구를 훔쳐다가 총희에게 주었습니다. 그래서 무사히 성을 탈출하게 되었습니다. 그런데 국경을 넘는 함곡관에 이르니 성문이 닫혀 있었습니다. 성문은 새벽닭이 울어야 열리는데 뒤에는 소왕의 군사들이 추격해 오고 있었습니다. 그때 수행원 중에 닭소리를 잘 내는 사람이 '꼬끼오'하고 소리를 내자 동네의 닭들이 새벽이 온 줄 알고 일제히 울어 댔습니다. 결국 성문이 열리고 맹상군은 그 길로 줄행랑을 쳐 목숨을 건질 수 있었습니다. 여기에서 '계명구도'(鷄鳴狗盜)라는 고사성어가 나오게 된 것입니다.

우리는 신분이 낮고 천한 사람들까지도 늘 따뜻하게 대접한 덕에 목숨을 건졌던 맹상군처럼 사람을 잘 대하고 얻는 지혜자가 되어야 합니다. 사람은 누구나 자기가 한 일에 보응을 받게 되어 있습니다. 시편 기자는 이에 대해 "내가 어려서부터 늙기까지 의인이 버림을 당하거나 그의 자손이 걸식함을 보지 못하였도다 그는 종일토록 은혜를 베풀고 꾸어 주니 그의 자손이 복을 받는도다"(시 37:25-26)라고 기록하고 있습니다. 사람은 누구나 부자가 되기를 원합니다. 그러나 부자가 되는 사람은 적습니다. 선을 행하고 하나님을 의지하는 지혜자가 되어 우리 모두 하나님이 허락하시는 풍성한 재물을 얻는 부자가 되기를 바랍니다.

21

의인과 악인을
구별하라

악을 꾀하는 자의 마음에는
속임이 있고
화평을 의논하는 자에게는
희락이 있느니라

잠 12:20

우리 마음의 생각은 늘 정직하고
진리 편에 서야 합니다.
늘 평화를 도모하고
공동체 속에서 사랑으로 녹아져서
섬김으로 화목한 가정과
교회와 일터를 만들어야 합니다.
그러기 위해서는
늘 마음을 다스려야 합니다.

잠언 12장은 인간 생활에 있어 부딪치는 여러 문제에 대해 실제적인 교훈을 주는 짧은 경구로 되어 있습니다. 내용이 서로 혼합, 산재, 반복되는 경향이 있지만 이를 정리하면 몇 가지 주제로 나눌 수 있습니다.

본문에서 가장 많이 나오는 말은 '의인'과 '악인'입니다. 의인과 악인은 말하고 생각하고 행동하는 것이 서로 정반대입니다.

〈의인의 특징〉
훈계를 좋아한다. 지식을 좋아한다. 정직하다. 입으로 사람을 구원한다. 가축을 잘 돌본다. 토지를 잘 경작한다. 결실한다. 환난에서 벗어난다. 입의 열매로 복을 받는다. 참는다. 진리를 말한다. 화목하게 한다. 진실하게 행한다. 하나님이 기뻐하신다. 자랑하지 않는다. 부지런하다. 선한 말을 한다. 이웃을 인도한다. 공의로운 길을 간다.

〈악인의 특징〉
징계를 싫어한다. 악을 꾀한다. 속인다. 피를 흘린다. 마음이 굽어 있다. 게으르다. 교만하다. 잔인하다. 방탕하다. 불의의 이익을 탐한다. 자기가 옳다 여긴다. 분노를 드러낸다. 함부로 말한다. 미련하다. 근심으로 번뇌한다. 자신을 미혹한다.

예부터 사람됨을 알기 위해 많은 노력을 기울였습니다. 그중에 하나가 관상을 통해 보는 것입니다. 관상은 얼굴 모양으로 운명재수를 판단해서 미래에 닥쳐올 흉사(凶事)를 예방하고 복을 부르려는 점

법의 하나입니다. 그래서 사람들은 운명을 바꾸려고 수술하고, 점을 빼며, 이런저런 모양을 만들기도 합니다. 그러나 가장 중요한 것은 마음입니다.

본문은 의인과 악인을 계속해서 비교하며 말씀합니다. 우리는 의인과 악인이 어떻게 다른지를 확실히 깨달아 악인의 길에서 떠나 의인의 길을 걷고, 악인의 모습을 버리고 의인의 모습을 자신의 모습으로 삼는 지혜자가 되어야 합니다.

의인의 말 vs. 악인의 말

사람이 의인인지 악인인지를 어떻게 알 수 있을까요? 그 사람이 쓰는 말을 보면 알 수 있습니다. 요즘 학생들의 말은 욕으로 시작해서 욕으로 끝납니다. 주어, 목적어, 형용사 모두 욕으로 버무려서 욕을 하고 욕을 먹으며 삽니다. 왜 이렇게 되었을까요? 시대가 악하기 때문입니다. 아직 올바른 가치관이 형성되지 않은 어린 시절, 악한 세상에서 강하게 보이려고 욕을 하는 것입니다. 이런 것을 '허장성세'(虛張聲勢, 실속이 없으면서 허세만 떠벌림)라고 말합니다.

깡패들이 쓰는 말과 일반인들이 쓰는 말이 다릅니다. 악인들이 쓰는 말일수록 강하고 자극적이며 은어를 많이 사용합니다. 자신들만의 세계를 만들어 결집력을 갖고 상대방의 기를 꺾기 위해 기형적으로 발전하는 것입니다.

그렇다면 의인의 말과 악인의 말이 어떻게 다를까요? 본문(잠언 12장)은 각각을 대조하며 설명합니다.

〈의인의 말〉

"훈계를 좋아하는 자는 지식을 좋아하거니와"(1절a).

"정직한 자의 입은 사람을 구원하느니라"(6절b).

"의인은 환난에서 벗어나느니라"(13절b).

"사람은 입의 열매로 말미암아 복록에 족하며"(14절a).

"지혜로운 자는 권고를 듣느니라"(15절b).

"슬기로운 자는 수욕을 참느니라"(16절b).

"진리를 말하는 자는 의를 나타내어도"(17절a).

"지혜로운 자의 혀는 양약과 같으니라"(18절b).

"진실한 입술은 영원히 보존되거니와"(19절a).

"진실하게 행하는 자는 그의 기뻐하심을 받느니라"(22절b).

"선한 말은 그것을 즐겁게 하느니라"(25절b).

의인은 훈계를 겸손하게 듣고, 사람을 구원하는 말을 하며, 환난을 벗어나고, 입술의 열매로 풍족한 복을 받게 됩니다. 의인은 또한 남의 말을 좋게 합니다. '가는 말이 고우니 오는 말도 고와'서 화평을 도모하게 됩니다. 그러니 삶에 다툼이 일어나지 않고 기쁨이 넘치게 됩니다. 또한 자기의 지식을 자랑하지 않습니다. 그러나 그 뛰어남은 드러나게 마련입니다.

이에 반해 악인의 말은 어떨까요?

〈악인의 말〉

"악인의 말은 사람을 엿보아 피를 흘리자 하는 것이거니와"(6절a).

"악인은 입술의 허물로 말미암아 그물에 걸려도"(13절a).

"미련한 자는 당장 분노를 나타내거니와"(16절a).

"거짓 증인은 속이는 말을 하느니라"(17절b).

"칼로 찌름같이 함부로 말하는 자가 있거니와"(18절a).

"거짓 혀는 잠시 동안만 있을 뿐이니라"(19절b).

"거짓 입술은 여호와께 미움을 받아도"(22절a).

악인은 입만 열면 거짓말을 늘어놓으면서 사람들을 속이고 넘어 뜨리려 합니다. 그러다 보니 사람들이 피하게 됩니다. 결국은 사람 들에게도 버림받고 하나님에게도 징계를 당하게 됩니다. 중요한 것 은 자신의 문제입니다. 어떻게 말하며 살 것인가를 결단해야 합니 다. 자신이 악인의 말을 하는지 의인의 말을 하는지를 살펴봐야 합 니다.

말하는 것을 들으면 그 사람이 어떠한 사람인지를 알게 됩니다. 우리의 입은 사랑이 묻어나오고, 진리를 전파하며, 넘어진 형제를 위로하고, 소망을 잃은 자들에게 천국의 소망을 전하는 의인의 입술 이어야 합니다. 야고보는 말의 중요성에 대해 다음과 같이 이야기했 습니다. "우리가 다 실수가 많으니 만일 말에 실수가 없는 자라면 곧 온전한 사람이라 능히 온몸도 굴레 씌우리라"(약 3:2).

어떤 경우에라도 악인의 말을 버리고 의인의 말을 하는 하나님의 자녀가 되기를 결단하십시오.

의인의 생각 vs. 악인의 생각

사람마다 재주가 다르고, 생각하는 것도 매우 다릅니다. 그것을 이해하기 위해서는 인간의 뇌 구조를 이해해야 합니다. 우리의 뇌는 좌뇌와 우뇌로 나뉘어 있는데 각각이 담당하는 영역이 매우 상이합니다. 그래서 좌뇌가 발달했느냐 우뇌가 발달했느냐에 따라 다른 사람이 되는 것입니다. 좌뇌는 언어, 문자, 기호, 계산, 이해, 추리, 판단, 구성, 입체, 인식 등 논리적 사고를 담당하는 논리와 언어의 뇌입니다. 반면 우뇌는 음악, 회화, 도형, 색채, 이미지, 감정, 비언어적 관념, 공간 인식, 상상, 창의력 등 감성적 사고를 담당하는 감성과 음악 및 이미지의 뇌입니다.

사람의 생각은 정말 제각각입니다. 특히 악인과 의인의 생각은 크게 다릅니다.

〈의인의 생각〉
"의인의 생각은 정직하여도"(5절a).
"사람은 그 지혜(생각)대로 칭찬을 받으려니와"(8절a).
"의인은 그 뿌리(심지)로 말미암아 결실하느니라"(12절b).
"화평을 의논하는 자에게는 희락이 있느니라"(20절b).
"슬기로운 자는 지식을 감추어도"(23절a).
"선한 말은 그것을 즐겁게 하느니라"(25절b).

의인은 생각이 정직하기 때문에 말을 바르게 합니다. 깊이 생각하고 말을 하니 지혜롭게 여김 받고 칭찬을 받습니다. 심지가 견고해서 세파에 흔들리지 않으며, '평지풍파'(平地風波)를 일으키지 않으니 기쁨이 있습니다. 자기를 드러내지 않고 남으로 하여금 칭찬하게 합니다. 그리고 늘 선한 말을 해서 자기 마음뿐 아니라 남도 기쁘고 즐겁게 만듭니다.

이에 반해 악인은 마음의 생각이 악하기 때문에 문제를 일으킵니다.

〈악인의 생각〉

"악인의 도모는 속임이니라"(5절b).

"마음이 굽은 자는 멸시를 받으리라"(8절b).

"악인은 불의의 이익을 탐하나"(12절a).

"악을 꾀하는 자의 마음에는 속임이 있고"(20절a).

"미련한 자의 마음은 미련한 것을 전파하느니라"(23절b).

"근심이 사람의 마음에 있으면 그것으로 번뇌하게 되나"(25절a).

악인의 마음은 늘 악을 꾸밉니다. 불의한 이익을 생각하기 때문에 정상적인 사람들과 생각 자체가 다르고, 늘 남을 속일 것만 생각하기 때문에 머릿속이 복잡합니다. 말은 그럴듯하지만 가만히 들어 보면 함정이 있음을 발견할 수 있습니다. 그리고 함정을 너무 많이 파다가 결국 자기가 빠집니다.

우리는 말을 함부로 하는 사람을 보면서 "저 입이 문제야!"라고 말합니다. 그런데 가만히 생각해 보십시오. 말을 함부로 하는 것이 입술의 문제입니까, 아니면 마음의 생각의 문제입니까? 성경은 "대저 그 마음의 생각이 어떠하면 그 위인도 그러한즉 그가 네게 먹고 마시라 할지라도 그의 마음은 너와 함께 하지 아니함이라"(잠 23:7)고 말씀합니다.

우리 마음의 생각은 늘 정직하고 진리 편에 서야 합니다. 늘 평화를 도모하고 공동체 속에서 사랑으로 녹아져서 섬김으로 화목한 가정과 교회와 일터를 만들어야 합니다. 그러기 위해서는 늘 마음을 다스려야 합니다. 어떤 일을 결정할 때 '예수님이시라면 어떻게 하실까?'를 늘 생각해야 합니다. 그렇지 않으면 정욕과 탐심이 앞서게 되고, 조그만 이익을 탐하다가 실족하며, 사람을 잃게 됩니다. 마음의 생각을 늘 성경에 대입하고 예수님에게 맞춰 보는 훈련을 해야 영적 전쟁에 승리할 수 있습니다.

지혜자는 "모든 지킬 만한 것 중에 더욱 네 마음을 지키라 생명의 근원이 이에서 남이니라"(잠 4:23)고 말합니다. 마음을 지키고 생각을 다스려 의인의 길을 걸어가십시오.

의인의 행동 vs. 악인의 행동

말만 가지고는 사람을 알기가 쉽지 않습니다. 악인도 여러 등급이 있기 때문입니다. 고단수 악인은 말을 돌립니다. 그러면 듣는 사람이 그 말을 해석하기 위해 머리를 굴려야 합니다. 그러므로 어떤 사람이 의인인지 악인인지를 알기 위해서는 그 사람의 말보다 행동을 봐야 합니다.

〈의인의 행동〉

"의인은 자기의 가축의 생명을 돌보나"(10절a).

"자기의 토지를 경작하는 자는 먹을 것이 많거니와"(11절a).

"부지런한 자의 손은 사람을 다스리게 되어도"(24절a).

"의인은 그 이웃의 인도자가 되나"(26절a).

"사람(의인)의 부귀는 부지런한 것이니라"(27절b).

의인의 행동은 부지런한 특징을 갖습니다. 말보다는 실천이 앞서는 것이 의인의 특징입니다. 자기의 밭을 잘 경작할 뿐 아니라 짐승까지도 아끼고 사랑합니다. 그래서 시작은 미약하나 나중은 창대해지고, 리더십을 인정받아 인도자가 되어 다른 사람을 다스리게 마련입니다. 요셉의 경우가 그랬습니다. 가는 곳마다 부지런하고 성실해서 하나님의 은총을 받고 사람들에게 높임을 받더니 나중에는 애굽의 국무총리 자리까지 오르게 되었습니다.

그렇다면 악인의 행동은 어떨까요?

〈악인의 행동〉

"악인의 긍휼은 잔인이니라"(10절b).

"방탕한 것을 따르는 자는 지혜가 없느니라"(11절b).

"게으른 자는 부림을 받느니라"(24절b).

"악인의 소행은 자신을 미혹하느니라"(26절b).

"게으른 자(악인)는 그 잡을 것도 사냥하지 아니하나니"(27절a).

악인의 행동은 잔인하고, 방탕하며, 남의 말을 듣지 않고, 게을러서 자기 꾀에 자기가 빠집니다. 그래서 결국은 망하고 종이 되어 남의 부림을 받게 된다고 말씀합니다.

우리는 여기서 잠언이 게으른 자와 악인을 동일시하는 것에 주목해야 합니다. 잠언 30장의 지혜로운 여인에 대한 말씀을 한마디로 요약하면 부지런하다는 것입니다. 부지런한 사람은 가정을 화목과 평안으로 이끄는 지혜로운 사람이지만, 게으른 사람은 주변 사람들과 가족에게 욕을 먹고 하나님에게도 버림을 받게 되는 악한 사람입니다. 왜냐하면 그 결과가 악하기 때문입니다.

거듭난 그리스도인들은 몸이 낡고 고장 날 때까지 다 쓰고 천국에 가야 합니다. 못 쓰고 가면 책망 받게 됩니다. 톨스토이의《바보이반》이라는 소설을 보면 천국의 식탁에 둘러앉은 이들은 하나같이 손에 굳은살이 박인 사람이었습니다. 이처럼 우리는 맡은 일에 최선을 다해야 합니다.

다윗을 생각해 보십시오. 목동 시절 어린 양을 물고 가는 사자의 수염을 붙잡고 늘어져 어린 양을 구했습니다. 늑대가 어린 양을 물려고 달려들 때 막대기를 가지고 물리쳤습니다. 하나님은 그 성실함과 부지런하고 용맹스런 모습에 반하셔서 다윗을 택하셨던 것입니다 (시 78:70-72 참조).

하나님이 원하시는 사람은 맡은 일에 최선을 다하는 사람, 행동할 때마다 성경 거울에 자신을 비춰 보는 사람, 예수님을 생각하는 사람 그리고 교회 공동체의 유익과 타인의 유익을 먼저 생각하는 사람입니다.

악인의 게으름을 버리고 의인의 부지런함을 덧입으십시오. 진실하게 행하고 부지런하게 일해서 인생을 값지게 살아가는 의인이 되십시오. 하나님은 오늘도 이런 사람들을 찾으십니다.

22

말이 씨가 되고
인격이 된다

칼로 찌름같이
함부로 말하는 자가 있거니와
지혜로운 자의 혀는 양약과 같으니라

잠 12:18

제일 잘하는 말은
'때에 맞는 말'입니다. 성경은
"사람은 그 입의 대답으로 말미암아
기쁨을 얻나니 때에 맞는 말이
얼마나 아름다운고"(잠 15:23)라고
말씀합니다.

잠언에 가장 많이 나오는 내용이 지혜이고, 그 다음 많이 나오는 내용이 말에 관한 것입니다. 말을 어떻게 하느냐에 따라 지혜자와 어리석은 자가 구별됩니다. 지혜로운 사람은 어떤 사람일까요? 한마디로 말을 잘하는 사람입니다. 그러면 잘하는 말이란 어떤 말일까요?

말에도 여러 가지가 있습니다. 먼저는 화려한 말이 있습니다. 흔히 '미사여구'(美辭麗句, 아름다운 말로 듣기 좋게 꾸민 글귀)라고 합니다. 그러나 말을 아무리 아름답게 꾸미고 화려하게 해도 진심이 담겨 있지 않으면 잘하는 말이라 할 수 없습니다.

남을 현혹하는 말이 있습니다. 흔히 '감언이설'(甘言利說, 귀가 솔깃하도록 남의 비위를 맞추거나 이로운 조건을 내세워 꾀는 말)이라고 합니다. 처음엔 혹할 만큼 달콤하고 그럴싸한데 뒤에 가면 속이는 함정과 올무가 놓여 있는 위험한 말입니다.

논리적인 말이 있습니다. 앞뒤가 딱 들어맞는 말입니다. 그런데 마음에 와 닿지는 않습니다. 정이 담겨 있지 않기 때문입니다. 그런가 하면 옳은 말을 버릇없이 하는 사람이 있습니다. 그런 경우 정나미가 떨어지게 마련입니다. 반면 거칠고 투박하지만 마음에 와 닿는 감동적인 말이 있습니다. 진심이 담겨 있기 때문에 그렇습니다.

공자는 《논어》(論語) '학이편'과 '양화편'에서 상대방을 현혹시키기 위해 교묘하게 말을 꾸미고, 얼굴을 꾸미고, 속마음을 숨기면서 말하는 사람들을 조심하라고 거듭 강조했습니다. 이것을 '교언영색'(巧言令色, 교묘한 말과 알랑거리는 얼굴)이라고 합니다.

말을 덕스럽게 하면 사람을 얻을 수 있습니다. 성경은 "의인의 열매는 생명나무라 지혜로운 자는 사람을 얻느니라"(잠 11:30)고 말씀합니다. 말 한마디로 천 냥 빚을 갚기도 합니다. 혹시 말재주가 없다고 생각되면 말하지 말고 웃어 주십시오. 중국의 유명한 시인인 이백의 〈산중문답〉이라는 시에 보면 '소이부답'(笑而不答)이라는 표현이 나옵니다. 이는 웃기만 하고 대답하지 않는다는 뜻입니다. 꼭 대답하기 어려울 땐 빙긋이 웃으십시오. 웃는 낯에 침 뱉을 수는 없는 법입니다.

잠언의 지혜자도 "미련한 자라도 잠잠하면 지혜로운 자로 여겨지고 그의 입술을 닫으면 슬기로운 자로 여겨지느니라"(잠 17:28)고 이야기합니다. "가만히 있으면 중간이라도 간다"는 말이 여기에서 나온 것 같습니다.

제일 잘하는 말은 '때에 맞는 말'입니다. 성경은 "사람은 그 입의 대답으로 말미암아 기쁨을 얻나니 때에 맞는 말이 얼마나 아름다운고"(잠 15:23)라고 말씀합니다. 슬픈 자를 위로하고, 기쁜 일이 있는 사람을 축하하고, 갈피를 잡지 못하는 자에게 조언하고, 문제를 풀지 못하는 자에게 해결책을 제시하는 사람이 말을 잘하는 사람입니다. 이렇게 경우에 합당한 말에 대해 잠언은 최고의 찬사를 보냅니다. "경우에 합당한 말은 아로새긴 은쟁반에 금 사과니라"(잠 25:11).

우리는 경우에 합당한 말로 넘어진 형제를 일으키고 낙심한 사람에게 소망을 줄 수 있는 입술을 가져야 합니다.

말하기 전에 잘 들으라

언어장애는 청각장애로부터 옵니다. 말 못 하는 사람을 예전엔 벙어리라고 했는데, 벙어리라고 입이나 혀가 없는 것은 아닙니다. 가끔

혀 밑 부분이 많이 붙어 있어 말이 잘 안 되는 경우가 있는데 이런 경우는 수술을 통해 고칠 수 있습니다. 후두에 이상이 생겨 말을 못 하는 경우도 있습니다. 그러나 언어장애의 99퍼센트는 입과 혀의 문제가 아닌 청각의 문제 때문에 듣지 못해서 말을 하지 못하는 경우가 대부분입니다.

마찬가지입니다. 말을 잘하지 못하거나 과격한 말, 뜬금없는 말을 하는 사람들은 남의 말을 귀담아 듣는 훈련이 되지 않았거나 좋은 말을 듣고 자라지 못했기 때문에 그렇습니다.

"미련한 자는 자기 행위를 바른 줄로 여기나 지혜로운 자는 권고를 듣느니라"(잠 12:15).

본문은 미련한 자와 지혜로운 자의 차이에 대해 남의 말을 잘 듣느냐, 아니냐의 차이라고 말씀합니다. 미련한 자는 자기가 늘 옳다고 생각합니다. 그래서 남의 말을 들으려 하지 않습니다. 그러나 지혜로운 자는 자신의 생각이 늘 옳다고 생각하지 않습니다. 때로는 틀릴 수도 있다고 생각합니다. 그렇기에 남의 말을 귀담아 듣습니다.

미련한 자는 남의 말을 듣지 않으니 상대를 이해하지 못합니다. 진리의 말씀도 들으려고 하지 않습니다. 그러나 지혜로운 자는 남의 말을 귀담아 들으니 상대방을 잘 이해합니다. 그리고 진리의 말씀을 듣게 됩니다.

어리석은 사람은 남의 말을 귀담아 듣지 않습니다. 이에 대해 야고보는 "사람마다 듣기는 속히 하고 말하기는 더디 하며 성내기도 더디 하라"(약 1:19)고 말씀합니다. 귀가 두 개, 입이 하나인 까닭은 많이 듣고 적게 말하라는 뜻이 아닐까 생각합니다. 이처럼 잠언에 지혜와 짝을 이루어 가장 많이 등장하는 단어가 '듣다'입니다. 20회 이상 이런 형태로 나옵니다. "지혜 있는 자는 듣고 학식이 더할 것이요 명철한 자는 지략을 얻을 것이라"(잠 1:5).

부모의 말씀, 스승의 훈계 및 하나님의 말씀을 듣는 자가 복이 있습니다. 형통하게 됩니다. 성경은 "오직 내 말을 듣는 자는 평안히 살며 재앙의 두려움이 없이 안전하리라"(잠 1:33)고 말씀합니다.

영어를 잘하려면 듣기를 잘해야 합니다. 이처럼 믿음도 들음에서 납니다. 그래서 중요한 훈련 중에 하나가 경청 훈련입니다. 여기서 '경청'(傾聽)이란 상대의 말을 듣기만 하는 것이 아니라, 상대방이 전달하고자 하는 말의 내용은 물론이며 그 내면에 깔려 있는 동기나 정서에 귀를 기울여 듣고 이해된 바를 상대방에게 피드백해 주는 것을 말합니다.

경청은 한 방향이 아닌 양방향이 되어야 합니다. 시어머니와 며느리, 부모와 자녀 간에 경청이 이루어져야 합니다. 그러기 위해서는 자신뿐만 아니라 자녀들에게도 경청을 가르쳐야 합니다. 자녀들에게 귀 기울여 듣는 훈련을 시켜야 합니다. 귀를 닫고 살면 안 됩니다. 귀를 항상 열어 놓아야 합니다. 그런데 듣기만 하고 행하지 않는 사람은 듣지 않는 사람보다 더 나쁜 사람이 됩니다. 들으면 행동으로 옮겨야 합니다(약 1:22-25 참조).

지혜의 말씀을 귀 기울여 듣고 행하는 지혜자가 되기를 소망하십시오.

말하기 전에 마음을 다스리라

"미련한 자는 당장 분노를 나타내거니와 슬기로운 자는 수욕을 참느니라 … 칼로 찌름같이 함부로 말하는 자가 있거니와 지혜로운 자의 혀는 양약과 같으니라"(잠 12:16, 18).

본문은 당장 분노를 나타내는 사람은 결과적으로 손해를 보기 때문에 미련하다고 말합니다. 과격하게 함부로 말하는 자는 남에게 엄청난 상처를 줍니다. 대부분 혈기 있는 사람들, 다혈질인 사람들이 남에게 과격한 말을 해서 씻을 수 없는 상처를 남깁니다. 상대방은 상처를 부여안고 어쩔 줄 몰라 헤매고 있는데 그건 본심이 아니었다고, 자기는 뒤끝이 없다고 말합니다. 남은 마음에 상처를 받아 심령이 죽어 가는데 자기는 뒤끝이 없다니요. 이런 사람의 가족들은 마음에 깊은 상처를 안고 살아갑니다.

기질을 바꿔야 합니다. 세상 사람들은 바꿀 수 없다고 말하지만 그렇지 않습니다. 믿는 자에게는 불가능이란 없습니다. 예수님도 "할 수 있거든이 무슨 말이냐 믿는 자에게는 능히 하지 못할 일이 없느니라"(막 9:23)고 말씀하셨습니다. 사람으로서는 못 합니다. 그러나 하나님의 영인 성령은 바꿀 수 있습니다.

성경은 "의인의 마음은 대답할 말을 깊이 생각하여도 악인의 입은 악을 쏟느니라"(잠 15:28)고 말씀합니다. 이제부터는 깊이 생각한 다음에 말하겠노라 다짐하십시오. 사실 말을 절제하는 것은 너무 어렵습니다. 저는 고등학교 때 '삼사일언 삼려일언'(三思一言 三慮一言)이라는 글귀를 벽에 붙여 놓고 살았습니다. 이는 '세 번 생각하고 한 번 말한다'는 뜻입니다. 그러나 지금까지도 세 번은커녕 한 번 생각하고 말하는 것도 실천하지 못하고 있습니다.

마음의 분노를 다 드러내는 사람은 어리석은 사람입니다(잠 29:11 참조). 분을 쉽게 내면 다툼이 일어납니다(잠 15:18 참조). 제일 많이 다

투는 사이가 누구입니까? 부부나 형제 또는 곁에 있는 사람인 경우가 대부분입니다. 그래서 삶이 피곤해지는 것입니다. 이럴 경우 어떻게 하면 될까요? 혀에 재갈을 물려야 합니다. 이에 대해 성경은 "누구든지 스스로 경건하다 생각하며 자기 혀를 재갈 물리지 아니하고 자기 마음을 속이면 이 사람의 경건은 헛것이라"(약 1:26)고 말씀합니다. 다시 말해, 마음을 다스리라는 것입니다.

어린이 찬송 중에 〈예수님의 마음은〉이라는 노래가 있습니다. 가사를 보면 예수님의 마음은 '고요한 연못, 높은 하늘, 깊은 바다'라고 되어 있습니다. 예수님의 마음은 과연 어떤 마음일까요?

"큰 광풍이 일어나며 물결이 배에 부딪쳐 들어와 배에 가득하게 되었더라 예수께서는 고물에서 베개를 베고 주무시더니 제자들이 깨우며 이르되 선생님이여 우리가 죽게 된 것을 돌보지 아니하시나이까 하니 예수께서 깨어 바람을 꾸짖으시며 바다더러 이르시되 잠잠하라 고요하라 하시니 바람이 그치고 아주 잔잔하여지더라"(막 4:37-39).

예수님의 마음은 광풍 속에서도 평안하게 주무실 수 있는, 어떤 경우에라도 요동치 않는 깊은 바다와 같은 마음입니다. 우리는 어떻습니까? 파도가 조금만 쳐도 두려워하며 바다 물결같이 요동치는 마음이 우리의 마음 아닙니까? 우리는 예수님처럼 깊고 크고 넓은 마음을 갖기 위해 간구해야 합니다.

마음을 다스리는 사람이 승리하는 인생을 삽니다(잠 16:32 참조). 우리는 모두 마음을 다스려야 합니다. 그래서 성경은 "모든 지킬 만한 것 중에 더욱 네 마음을 지키라 생명의 근원이 이에서 남이니라"(잠 4:23)고 말씀합니다. 마음을 다스리고 유순한 말, 인격적인 말로 생명을 살리는 지혜자가 되십시오.

말하기 전에 진실하라

진실한 사람이란 하나님과 사람 앞에 거짓이 없는 사람입니다. 그리고 약속한 것은 해로울지라도 지키는 사람입니다. 예전에는 성실, 진실이라는 이름을 가진 사람이 많았습니다. 그런데 요즘은 그런 이름을 찾아보기가 힘들어졌습니다. 성실한 사람, 진실한 사람이 각광받지 못하는 시대상을 반영하는 것은 아닌가 싶습니다.

"진리를 말하는 자는 의를 나타내어도 거짓 증인은 속이는 말을 하느니라 … 진실한 입술은 영원히 보존되거니와 거짓 혀는 잠시 동안만 있을 뿐이니라"(잠 12:17, 19).

우리는 진리를 말하고 진실을 말해야 합니다. 거짓은 잠깐 위기를 모면하고 잠시 동안은 승리할 수 있어도 결코 오래갈 수는 없습니다. 거짓은 반드시 탄로 나게 되어 있습니다. 예수님은 헛된 맹세에 대해서도 경고하셨습니다.

"또 옛 사람에게 말한바 헛맹세를 하지 말고 네 맹세한 것을 주께 지키라 하였다는 것을 너희가 들었으나 나는 너희에게 이르노니 도무지 맹세하지 말지니 하늘로도 하지 말라 이는 하나님의 보좌임이요 땅으로도 하지 말라 이는 하나님의 발등상임이요 예루살렘으로도 하지 말라 이는 큰 임금의 성임이요 네 머리로도 하지 말라 이는 네가 한 터럭도 희고 검게 할 수 없음이라 오직 너희 말은 옳다 옳다, 아니라 아니라 하라 이에서 지나는 것은 악으로부터 나느니라"(마 5:33-37).

예수님은 인간의 한계를 아셨기에 너무 큰소리치지 말라며 말씀하신 것입니다. 함부로 맹세했다가 지키지 않으면 실없는 사람이 되고 남에게 인정받지 못하게 되니 분명하고도 진실하게 말하라는 뜻입니다.

잠언 6장에 보면 하나님이 미워하시는 것의 목록이 나옵니다. "여호와께서 미워하시는 것 곧 그의 마음에 싫어하시는 것이 예닐곱 가지이니 곧 교만한 눈과 거짓된 혀와 무죄한 자의 피를 흘리는 손과 악한 계교를 꾀하는 마음과 빨리 악으로 달려가는 발과 거짓을 말하는 망령된 증인과 및 형제 사이를 이간하는 자이니라"(잠 6:16-19). 이 일곱 가지 악 중에 말과 관계된 것이 거짓된 혀, 악한 계교, 거짓말하는 증인, 이간하는 자 등 네 가지나 됩니다. 놀라운 사실입니다. 이는 우리가 짓는 죄 중에 말로 짓는 죄가 가장 많다는 것을 깨닫게 해 주는 말씀입니다. 그래서 야고보는 말에 실수가 없으면 온전한 사람이라고 했습니다(약 3:2 참조).

진실하지 않은 말은 무엇일까요? 성경은 "구부러진 말을 네 입에서 버리며 비뚤어진 말을 네 입술에서 멀리하라"(잠 4:24)고 말씀합니다. 구부러지고 비뚤어진 말이란 교묘하고 간사한 말을 뜻합니다. 이런 말하는 습관이 배어 있다면 버리십시오. 이런 말을 하면 스스로 얽히게 됩니다(잠 6:2 참조). 이는 '자승자박'(自繩自縛, 자기가 만든 줄로 제 몸을 옭아 묶는다는 뜻)이라는 말과 같은 맥락입니다. 하나님은 진실한 마음으로 정직하게 말하는 사람을 좋아하십니다(잠 16:13 참조). 이런 사람은 하나님으로부터 인정받고 높임 받게 될 것입니다.

말쟁이는 벗을 이간하고, 속이는 말로 재물을 얻는 사람은 그 재물로 인해 죽임을 당해 안개같이 사라집니다(잠 16:18, 21:6 참조). 그러나 진실한 사람의 말은 사람의 마음을 움직이고 변화시키는 놀라운 힘이 있습니다(잠 14:25 참조).

진실한 말로 생명을 구원하고, 하나님에게 칭찬받고 사람들에게도 인정받는 지혜자가 되기를 바랍니다.

．

지혜로운 자는 자신의 생각이
늘 옳다고 생각하지 않습니다.
때로는 틀릴 수도 있다고 생각합니다.
그렇기에 남의 말을 귀담아 듣습니다.

23

바른 생각이
바른 인생을 수확한다

의인의 빛은 환하게 빛나고
악인의 등불은 꺼지느니라

잠 13:9

누구나 인생 여정에는
사망의 음침한 골짜기가 나타납니다.
그런데 그때의 태도가
그의 인생을 바꿉니다.
하나님에게 납작 엎드려
그의 손을 붙잡으십시오.

2016년 여름은 올림픽 열기로 참 뜨거웠습니다. 올림픽에서 메달을 목에 건다는 것은 개인적으로 큰 영광인 동시에 국가의 명예를 높이는 참으로 감격적인 일입니다.

지난 올림픽에서는 유독 큰 위기를 극복하고 금메달을 목에 건 선수들이 여럿 있었습니다. 그중 다른 어떤 선수보다도 큰 감동을 준 펜싱의 박상영 선수 이야기를 빼놓을 수 없습니다. 박 선수는 펜싱 에페 결승전에서 14대 10으로 뒤지던 상황을 14대 15로 뒤집고 우승을 차지했습니다. 모두가 졌다고 생각하고 있을 때 '할 수 있다. 할 수 있다. 해 보자'고 주문을 외우듯 중얼거리고는 14대 10을 14대 15로 역전시켰습니다. 이처럼 태도는 중요합니다. 긍정적 태도, 믿음의 태도가 우리의 인생을 바꾼다는 사실을 기억해야 합니다.

성경의 인물 중 역경을 극복하고 위대한 인물이 된 사람을 꼽으라면 가장 먼저 다윗을 꼽을 수 있습니다. 다윗하면 어떤 이미지가 떠오릅니까? 아마도 목동, 왕, 시인 등의 이미지를 떠올릴 것입니다. 그는 위대한 시인입니다. 그의 시 중 백미로 꼽히는 시가 시편 23편입니다.

"여호와는 나의 목자시니 내게 부족함이 없으리로다 그가 나를 푸른 풀밭에 누이시며 쉴 만한 물 가로 인도하시는도다 내 영혼을 소생시키시고 자기 이름을 위하여 의의 길로 인도하시는도다 내가 사망의 음침한 골짜기로 다닐지라도 해를 두려워하지 않을 것은 주께서 나와 함께하심이라 주의 지팡이와 막대기가 나를 안위하시나이다 주께서 내 원수의 목전에서 내게 상을 차려 주시고 기름을 내 머리에 부으셨으니 내 잔이 넘치나이다 내 평생에 선하심과 인자하심이 반드시 나를 따르리니 내가 여호와의 집에 영원히 살리로다"(시 23편).

시편 23편은 큰 시련을 겪어 본 사람만이 쓸 수 있는 시요, 큰 시련 속에서 하나님을 절대 의지한 태도가 인생을 승리로 이끌 수 있었음을 깨우쳐 주는 명시입니다.

다윗의 일생을 살펴보면 위기의 때가 많았습니다. 다윗은 골리앗을 물리치고 사울 왕의 사위가 되면서 국민적 영웅이 되었습니다. 그런데 그때 시련이 닥쳤습니다. 사울 왕이 다윗을 시기해서 죽이려 한 것입니다. 더 이상 왕궁에 살 수 없음을 알고 다윗은 광야로 피신해서 자그마치 10년 동안 도망자 생활을 했습니다. 끊임없이 다윗을 추격하던 사울 왕을 죽일 기회가 두 번이나 있었지만 하나님이 기름 부으신 왕을 죽일 수 없다는 확고한 태도 때문에 도망자의 생활은 지루하게 이어졌습니다. 하지만 그의 태도를 하나님이 귀하게 받아 주셨습니다.

다윗은 그 후 왕이 되었습니다. 아직도 전방에서는 적군과 대치가 계속되는 상황이었지만 왕이 전쟁을 진두지휘하지 않아도 될 만큼 나라가 안정되었습니다. 그런데 그때 영적인 위기가 찾아왔습니다. 무더운 여름, 낮잠을 자다가 깨어 발코니에 나와 성 아래를 내려다보다가 목욕하는 여인을 보고 음욕이 동해서 그를 불러다가 동침했습니다. 몇 달 후 그 여인에게서 임신했다는 전갈이 왔습니다. 다윗은 이 일을 은폐하기 위해 음모를 꾸며 그의 남편인 충성스러운 우리아 장군을 전사하게 만들었습니다. 그런데 사람은 속였으나 하나님의 눈을 피할 수는 없었습니다. 나단 선지자가 책망했을 때 그는 변명하지 않고 즉시 무릎 꿇어 회개했습니다. 그의 절절한 회개가 시편 51편에 기록되어 있습니다.

"우슬초로 나를 정결하게 하소서 내가 정하리이다 나의 죄를 씻어 주소서 내가 눈보다 희리이다 내게 즐겁고 기쁜 소리를 들려 주시사 주께서 꺾으신 뼈들도 즐거워하게 하소서 주의 얼굴을 내 죄에서 돌이키시고 내 모든 죄악을 지워 주소서 하나님이여 내 속에 정한 마음을 창조하시고 내 안에 정직한 영을 새롭게 하소서 나를 주 앞에서 쫓아내지 마시며 주의 성령을 내게서 거두지 마소서"(시 51:7-11).

누구나 인생 여정에는 사망의 음침한 골짜기가 나타납니다. 그런데 그때의 태도가 그의 인생을 바꿉니다. 하나님에게 납작 엎드려 그의 손을 붙잡으십시오.

잘 듣고 바르게 말하라

말 잘하는 사람을 일컬어 '청산유수'(靑山流水, 푸른 산에 흐르는 물)와 같이 말을 한다고 합니다. 청산유수라는 말의 이미지는 시원합니다. 이처럼 말을 잘한다는 것은 막힌 곳을 뚫어 주는 것과 같습니다. 그러기 위해서는 막힌 사람들의 사정을 잘 들어 주어야 합니다. 그래서 대화법의 시작과 끝이 바로 '경청'입니다. 그런데 경청은 귀로만 듣는 것이 아닙니다. 귀로 듣는 것은 물론 눈으로 상대의 눈, 안색, 몸짓을 보고 살펴 마음까지 읽는 것을 경청이라고 합니다.

한 사람의 성장 과정에서 빼놓을 수 없는 것이 있다면 부모입니다. 그러므로 어려서 부모님의 말씀을 귀담아 듣는 것이 중요합니다 (잠 13:1 참조). 부모의 훈계를 듣는 태도가 지혜자와 미련한 자를 결정하기 때문입니다.

아비의 훈계를 멸시함으로 스스로 파멸을 자초한 엘리 제사장의 두 아들의 이야기가 사무엘상 2장 이하에 기록되어 있습니다.

"엘리가 매우 늙었더니 그의 아들들이 온 이스라엘에게 행한 모든 일과 회막 문에서 수종 드는 여인들과 동침하였음을 듣고 그들에게 이르되 너희가 어찌하여 이런 일을 하느냐 내가 너희의 악행을 이 모든 백성에게서 듣노라 내 아들들아 그리하지 말라 내게 들리는 소문이 좋지 아니하니라 너희가 여호와의 백성으로 범죄하게 하는도다 사람이 사람에게 범죄하면 하나님이 심판하시려니와 만일 사람이 여호와께 범죄하면 누가 그를 위하여 간구하겠느냐 하되 그들이 자기 아버지의 말을 듣지 아니하였으니 이는 여호와께서 그들을 죽이기로 뜻하셨음이더라"(삼상 2:22-25).

하나님이 그들을 죽이기로 작정하셨다는 말씀을 기억하십시오. 어려서는 부모님의 훈계를, 자라면서는 선생님의 말씀을 잘 들어야 합니다. 특별히 하나님의 말씀을 귀 기울여 듣는 태도가 인생을 결정한다는 사실을 기억하기를 바랍니다.

듣기를 잘한 다음에는 말을 잘해야 합니다. 말을 잘한다는 것은 무엇을 뜻할까요? 간사한 말, 꾸미는 말, 과장하는 말이 아닌 바른 말을 한다는 것입니다.

"사람은 입의 열매로 인하여 복록을 누리거니와 마음이 궤사한 자는 강포를 당하느니라 입을 지키는 자는 자기의 생명을 보전하나 입술을 크게 벌리는 자에게는 멸망이 오느니라 … 의인은 거짓말을 미워하나 악인은 행위가 흉악하여 부끄러운 데에 이르느니라"(잠 13:2-3, 5).

본문은 '입을 지키는 자'와 '입술을 크게 벌리는 자'를 대비시키고 있습니다. 입을 지킨다는 것은 사려 깊게 꼭 해야 할 말만 하는 것을 뜻합니다. 이런 지혜로운 사람은 상한 자를 위로하고 다른 사람을 선한 길로 인도하기 때문에 신뢰를 얻고 평탄한 길을 걷게 마련입니다. 이에 반해 입술을 크게 벌리는 자는 아무 생각 없이 함부로 지껄이므로 남에게 상처를 주고 다툼을 일으키며 이간하게 됩니다. 그래서 결국엔 비난을 받고 저주받아 멸망에 이르게 되는 것입니다.

본문은 또한 '악인은 행위가 흉악하다'고 말씀합니다. 그런데 이 흉악하다는 말의 의미가 재미있습니다. '흉악하다'란 히브리어로 '바아쉬'라 하는데, 이는 '악취가 나다, 냄새를 숨길 수 없다'라는 뜻을 갖습니다. 이와 같이 악인의 말은 악취가 나서 숨길 수 없다는 것입니다. 그래서 악인은 수치를 당하게 된다고 말씀한 것입니다.

"교만에서는 다툼만 일어날 뿐이라 권면을 듣는 자는 지혜가 있느니라"(잠 13:10).

본문은 또한 교만한 자는 남의 말을 귀담아 듣지 않기 때문에 다툼만 일으키고, 지혜로운 자는 권면을 귀담아 듣기 때문에 대인관계가 좋아지며 형통하게 된다고 말씀합니다. 다윗 또한 "나의 행위를 조심하여 내 혀로 범죄하지 아니하리니 악인이 내 앞에 있을 때에 내가 내 입에 재갈을 먹이리라"(시 39:1)고 고백했습니다. 말조심을 다짐하고 또 다짐한 것입니다.

말을 하고 싶다고 다 해서는 안 됩니다. 특별히 악인들 앞에서는 침묵하는 것이 좋습니다. 또한 남의 말을 경청하는 습관을 들여야 합니다. 어린아이의 말이라도 귀담아 듣다 보면 귀에 들리는 말뿐 아니라 마음속에 있는 말까지도 읽을 수 있게 됩니다. 그때쯤 입을 열어 위로하고 진심을 담아 말하면 사람을 얻을 수 있게 되는 것입니다.

부지런하라

부지런하거나 게으른 사람을 네 가지 유형으로 나눌 수 있습니다. 첫째는 '멍게형', 곧 멍청하고 게으른 사람입니다. 둘째는 '멍부형', 곧 멍청하고 부지런한 사람입니다. 셋째는 '똑게형', 곧 똑똑하고 게으른 사람입니다. 넷째는 '똑부형', 곧 똑똑하고 부지런한 사람입니다. 이 중 제일 골치 아픈 사람은 누구일까요? 멍부형입니다. 멍청한데 부지런하면 사고를 치게 마련입니다.

사람은 똑똑하고 부지런한 사람이 되기를 원합니다. 그런데 이런 사람이 지도자가 되면 아랫사람이 힘듭니다. 좋은 지도자는 아랫사람들에게 일을 위임할 줄 아는 넓은 아량을 가진 사람입니다.

지혜자는 부지런합니다. 본문은 "게으른 자는 마음으로 원하여도 얻지 못하나 부지런한 자의 마음은 풍족함을 얻느니라"(잠 13:4)고 말씀합니다. 게으른 사람이라고 마음에 소원이 없는 것은 아닙니다. 그러나 게으르기 때문에 얻을 수 없습니다. 반면 부지런한 사람은 마음의 소원을 이루고 풍족한 삶을 누릴 수 있습니다.

잠언은 부지런한 사람이 되라고 강조합니다. 심지어 그것을 개미의 부지런함에 빗대어 권면합니다. "게으른 자여 개미에게 가서 그가 하는 것을 보고 지혜를 얻으라 개미는 두령도 없고 감독자도 없고 통치자도 없으되 먹을 것을 여름 동안에 예비하며 추수 때에 양식을 모으느니라 게으른 자여 네가 어느 때까지 누워 있겠느냐 네가 어느 때에 잠이 깨어 일어나겠느냐 좀 더 자자, 좀 더 졸자, 손을 모으고 좀 더 누워 있자 하면 네 빈궁이 강도같이 오며 네 곤핍이 군사같이 이르리라"(잠 6:6-11).

문제는 게으른 자가 자신을 제일 지혜롭다고 여기는 것입니다. 그러면 멸망이 따라오게 마련입니다. 이에 대해 성경은 "게으른 자의 욕망이 자기를 죽이나니"(잠 21:25)라고 말씀합니다.

게으른 사람은 핑계가 많습니다. "게으른 자는 말하기를 사자가 밖에 있은즉 내가 나가면 거리에서 찢기겠다 하느니라"(잠 22:13). 그러다 보니 때를 놓치게 됩니다. 그렇게 젊을 때, 일할 때, 돈 벌 때를 놓치기 때문에 비참한 지경에 이르게 되는 것입니다.

그리스도인들은 부지런해야 합니다. 기독교의 노동관이 21세기 과학 문명을 이룬 것입니다. 이를 청교도 정신이라고 말합니다. '모든 직업은 성직'이라는 정신이 여기에서 나왔습니다. 죄짓는 직업 이외에는 모두가 거룩한 일입니다. 이런 정신이 잠들어 있던 중세 암흑시대를 깨뜨리고 사람들을 일깨웠습니다. 그 결과 세상이 놀랍게 변화되었습니다.

기독교 노동관을 대변하는 말씀이 바로 이 말씀입니다. "우리가 너희와 함께 있을 때에도 너희에게 명하기를 누구든지 일하기 싫어하거든 먹지도 말게 하라 하였더니"(살후 3:10). 몸은 쓸수록 단련되고 기술은 반복할수록 익숙해지는 법입니다. 장수의 비결 중 '다동'(多動)이라는 것이 있는데, 이는 몸을 많이 움직이라는 것입니다.

우리는 몸을 부지런하게 움직여 단련해야 합니다. 그래야 건강과 물질을 얻고 하나님의 은총을 덧입게 됩니다.

정직하게 벌고 베풀라

살면서 제일 어려운 일이 재물을 정직하게 벌고, 정직하게 증식시키고, 정직하게 사용하는 것이라고 생각합니다. 옛말에 "재(財)는 재(災)

다"라는 말이 있습니다. 까닭 없이 얻은 재물, 땀 흘리지 않고 모은 재물은 재앙이 된다는 말입니다. 이 말에서 우리 조상들의 재물관을 엿볼 수 있습니다.

투기하지 마십시오. 그러면 누군가는 '주식을 하는 것은 어떻습니까?' 하고 물을 것입니다. 투기와 투자는 다른 개념입니다. 투기(投機)는 확신도 없이 요행만 바라고 큰 이익을 얻으려는 것이고, 투자(投資)는 이익을 얻을 목적으로 자본이나 자금을 대는 것입니다. 주식에 투자하는 것은 자본주의 시장 원리에 따라 정당하게 하는 행위입니다. 그러나 주식을 샀다 팔았다 하는 것은 투기입니다.

돈은 땀 흘려 어렵게 모아야 합니다. 그래야 귀한 줄 알고 낭비하지 않습니다. 그렇게 낭비하지 않기에 재물을 모으는 것입니다. 땀 흘리지 않고 번 돈을 '불로소득'(不勞所得)이라고 말합니다. 이는 노동에 참여하지 않고 얻는 소득으로 '일확천금'이라고도 합니다.

지혜자는 우리에게 다음과 같이 권면합니다.

"스스로 부한 체하여도 아무것도 없는 자가 있고 스스로 가난한 체하여도 재물이 많은 자가 있느니라 사람의 재물이 자기 생명의 속전일 수 있으나 가난한 자는 협박을 받을 일이 없느니라 의인의 빛은 환하게 빛나고 악인의 등불은 꺼지느니라 … 망령되이 얻은 재물은 줄어 가고 손으로 모은 것은 늘어 가느니라"(잠 13:7-9, 11).

본문에 '체'라는 단어가 두 번 나옵니다. '체'는 허세, 거짓을 뜻합니다. 이는 물질에 대해 진실해야 한다는 뜻입니다. 복어는 약한 물고기입니다. 그래서 독과 가시를 가지고 있습니다. 복어는 적이 잡아먹으려 할 때 몸을 부풀리는데, 이처럼 자신을 헛되이 과장하는 것을 '허장성세'(虛張聲勢, 헛되이 목소리의 기세만 높임, 실력이 없으면서도 허세로

만 떠벌림)라고 합니다.

본문은 또한 재물을 사용하는 문제를 교훈합니다. '재물이 자기 생명의 속전일 수 있으나'라는 말은 강도나 납치를 당했을 때 몸값을 낼 수 있는 사람은 생명을 보존할 수 있다는 뜻입니다. 그러나 여기에서 중요한 말은 '있으나'입니다. '~나'는 '그러나'라는 뜻입니다. 다시 말해, 재물이 많은 것이 생명을 보존하는 데 도움이 될 수는 있지만 화가 될 수도 있다는 것입니다. 도둑의 표적이 되기 때문입니다. 재물을 의지하면 화를 자초하게 되므로 재물을 잘 사용해야 한다는 의미를 가지고 있습니다.

본문은 계속해서 정직하게 재물을 모을 것을 교훈합니다. '망령되이 얻은 재물'이란 불의한 방법으로 속여 취한 재물을 뜻합니다. 그것은 불의한 재물이요, 가치를 담지 않은 재물이므로 낭비하게 되기 때문에 줄어들게 마련입니다(잠 21:6 참조). 반면 '손으로 모은 재물'이란 정당한 방법으로 땀 흘려 모은 재물을 뜻합니다. 그렇기에 아끼고 절약하기 때문에 점점 늘어난다는 뜻입니다.

재물을 버는 일도, 쓰는 일도 다 정직해야 합니다. 그리고 반드시 베풀어야 합니다. 성경은 이에 대해 "너는 네 떡을 물 위에 던져라 여러 날 후에 도로 찾으리라 일곱에게나 여덟에게 나눠 줄지어다 무슨 재앙이 땅에 임할는지 네가 알지 못함이니라"(전 11:1-2)고 말씀합니다.

돈을 버는 일에도, 쓰는 일에도 정직하십시오. 그리고 베푸는 일에 더욱 힘쓰십시오. 하나님은 재물에 대해 정직한 자를 복되게 하십니다.

4부

인생의 겨울,
지혜를 거두라

24

삶을 보면
그 마음을 알 수 있다

마음의 즐거움은 얼굴을 빛나게 하여도
마음의 근심은 심령을 상하게 하느니라

잠 15:13

사람은 아무리 자신을 숨기려 해도
마음에 가득한 것을
쏟아 낼 수밖에 없습니다.
그러므로 우리는 보배 되시는
예수님을 마음에 담아야 합니다.

일제시대에 최권능이라는 목사님이 계셨습니다. 하루는 평양 거리에서 '예수 천당'을 외치며 전도하는데 말을 탄 일본군 순사가 순시하다가 최 목사님을 술 취해 고성방가하는 불순한 사람으로 알고 조용히 하라고 명령했습니다. 그러자 최권능 목사님이 "너도 예수 믿고 천당 가라"고 외쳤는데 그 소리가 얼마나 컸던지 그만 말이 놀라서 뛰는 바람에 순사가 말에서 떨어졌습니다.

공무집행방해죄로 경찰서에 잡혀간 최권능 목사님은 취조당하면서 몽둥이로 맞을 때마다 '예수 천당', '예수 천당'을 외쳐 댔습니다. 취조하던 사람이 "당신은 도대체 '예수 천당'밖에 모르냐"고 다그치자 최권능 목사님은 "내 안에 예수님이 가득 차서 그렇다"고 대답했습니다.

사람의 마음에 무엇이 담겨 있든 간에 그것은 시간이 지날수록 점점 자라납니다. 그래서 어떤 것은 향기로운 꽃과 열매로 나타나고, 어떤 것은 마음을 황폐하게 하는 악한 열매로 나타납니다. "생선 싼 종이에서는 비린내 나고 향을 싼 종이에서는 향내 난다"라는 말이 있습니다. 지금 당신의 모습은 마음에 담고 있는 것이 밖으로 드러난 것임을 알아야 합니다.

예수님은 바리새인들을 야단치시면서 "독사의 자식들아 너희는 악하니 어떻게 선한 말을 할 수 있느냐 이는 마음에 가득한 것을 입으로 말함이라 선한 사람은 그 쌓은 선에서 선한 것을 내고 악한 사람은 그 쌓은 악에서 악한 것을 내느니라"(마 12:34-35)고 말씀하셨습니다. 이는 예수님이 바리새인들을 책망하신 내용입니다. 바리새인들은 걸음걸이도 양반걸음을 걷고 말을 할 때도 거룩하게 했지만 그들의 마음은 교만하고 영안은 어두워 하나님의 아들 예수 그리스도를 알아보지 못했습니다. 예수님이 귀신 들려 눈멀고 말 못 하는 사람을 고쳐 주신 것을 보고 '예수가 귀신의 왕 바알세불을 힘입어 귀신을 쫓아냈다'고 말했습니다. 그러자 '너희 마음에 악이 가득하기 때문에 보고 말하는 것이 악한 것만 나온다'고 책망하신 것입니다.

'일체유심조'(一切唯心造)라는 말이 있습니다. 마음이 모든 것을 지어 낸다, 곧 '모든 것이 마음에 달려 있다'는 것을 의미합니다. 유리잔에 술을 담으면 술잔이 되고, 물을 담으면 물 잔이 되듯이, 마음의 그릇에 선한 마음을 담으면 선한 사람이 되고, 악한 마음을 담으면 악한 사람이 되는 것입니다.

사람은 아무리 자신을 숨기려 해도 마음에 가득한 것을 쏟아 낼 수밖에 없습니다. 그러므로 우리는 보배 되시는 예수님을 마음에 담아야 합니다. 그러면 향기 나는 인생이 될 것입니다. 당신의 출신, 외모, 소유, 학력, 건강, 지위와 상관없이 보배로운 사람이 될 것입니다. 왜냐하면 예수님이 보배로운 분이시기 때문입니다.

마음을 가꾸십시오. 외모를 가꾸는 데 사용하는 시간의 10분의 1이라도 마음을 가꾸는 데 사용한다면 당신은 지혜자가 되고 예수님의 제자가 될 것입니다.

마음에 즐거움을 담으라

느헤미야는 바벨론에 포로 된 유다 소년에서 바벨론이 페르시아에게 정복된 후 페르시아 왕국에서 술 맡은 장관으로 출세한 사람입니다. 하루는 유다에서 동생 하나니와 몇 사람이 찾아와 그들에게 고국의 소식을 물었습니다. 그들은 유다 땅에 남아 있는 동족들은 그 지방을 점령한 족속들에게 능욕을 당하고, 예루살렘 성은 허물어지고 성문들은 불타 버렸다는 슬픈 소식을 전했습니다.

느헤미야는 수일 동안 슬피 울다가 왕궁 잔치에 불려가 아닥사스다 왕에게 포도주를 따라 올렸습니다. 아닥사스다 왕이 느헤미야의 얼굴에 근심이 가득한 것을 보고 "네가 병이 없거늘 어찌하여 얼굴에 수심이 있느냐 이는 필연 네 마음에 근심이 있음이로다"(느 2:2)라고 말했습니다. 그러자 느헤미야는 "왕은 만세수를 하옵소서 내 조상들의 묘실이 있는 성읍이 이제까지 황폐하고 성문이 불탔사오니 내가 어찌 얼굴에 수심이 없사오리이까"(느 2:3) 하고 말했습니다.

이 말을 들은 왕이 소원이 무엇인지를 묻자 느헤미야는 유다 땅에 가서 무너진 성을 건축하게 해 달라고 말했습니다. 그러자 왕이 이를 좋게 여겨 '가서 성을 건축하고 오라'고 허락해 주었습니다. 그 허락을 받고 유다 땅에 가서 온갖 방해를 물리치고 성을 건축한 이야기가 느헤미야서의 내용입니다.

옷을 잘 입고 좋은 차를 타고 큰 집에 살아도 행복과 불행은 그 사람의 얼굴에 쓰여 있습니다. 아무리 좋은 음식을 먹으며 주치의를 모시고 살아도 건강한가, 병들었는가는 얼굴을 보면 알 수 있습니다. 얼굴이 까맣게 타면 간이 병든 것이고, 얼굴이 하얗게 질렸으면 심장이 병든 것입니다. 마음에 근심이 있으면 피부가 꺼칠해집니다. 집이 작아도, 먹는 것이 변변치 않아도 마음이 편하고 잠을 잘 자면 얼굴에 윤기가 흐르고 웃음이 피어나게 마련입니다.

"마음의 즐거움은 얼굴을 빛나게 하여도 마음의 근심은 심령을 상하게 하느니라"(잠 15:13).

마음이 즐거우면 얼굴에 광채가 납니다. '빛나게 하다'는 히브리어로 '야타브'라 하는데, 이는 '좋게 만들다, 유익을 끼치다, 선을 행하다, 기쁘게 하다'라는 뜻을 갖고 있습니다. 마음이 즐거우면 표정으로 나타나게 되어 있습니다. 그리고 그 기쁨이 다른 사람에게 전염됩니다. 그에 반해 마음에 근심이 있으면 삶의 의욕을 잃고, 입맛이 없어지며, 심령까지 상하게 되는 것입니다.

사람들이 근심하는 이유가 무엇입니까? 믿음이 없기 때문입니다. 그렇다면 어떻게 해야 믿음이 생길까요? 마음을 하나님에게 맡겨야 합니다. 그러나 많은 사람들이 믿는다고 하면서도 하나님에게 맡기지 못합니다.

사람들이 맡기지 못하는 1순위는 자녀의 문제입니다. 그리고 2순위와 3순위는 각각 건강과 노후의 문제입니다. 그런데 가만히 생각해 보십시오. 자식 문제가 근심 걱정한다고 해결될까요? 해결되지 않습니다. 그러므로 하나님에게 맡기고 기도하십시오. 그러면 평안이 임하고 자녀에게도 그 평안이 전달될 것입니다(빌 4:6 참조).

근심하는 것은 자기 마음을 고문하는 것과 똑같습니다. 그러나 하나님에게 맡기면 날마다 잔칫날입니다(잠 15:15 참조). 행복은 환경이 아니라 태도의 문제입니다. 소유가 많다고 행복한 것이 아니라 즐거운 마음을 가지면 행복한 것입니다. 즐거움은 감사하는 마음에서 옵니다. 어떤 경우에라도 감사하십시오. 마음에 기쁨이 찾아옵니다. 그러면 행복한 사람이 될 수 있습니다.

"가산이 적어도 여호와를 경외하는 것이 크게 부하고 번뇌하는 것보다 나으니라"(잠 15:16).

부자라고 행복한 것은 아닙니다. 만석꾼에게는 만 가지 걱정이 있게 마련입니다. 그러나 하나님을 경외하고 신뢰하는 자는 즐겁게 살 수 있습니다.

뼈가 마를 정도로 근심하는 것은 죄입니다(잠 17:22 참조). 믿음이 없다는 증거이기 때문입니다. 감사가 메말랐기 때문입니다. 메마른 심령은 마귀에게 빼앗깁니다. 마음을 즐거움으로 채우십시오. 보약을 안 먹어도 즐거워하면 건강합니다.

마음에 지식을 담으라

지금 이 시대를 정보화 시대라고 합니다. 정보화 시대에 사는 대부분의 사람들은 마음에 지식을 담기보다 정보를 담기에 급급합니다. 그러나 정보가 지식이 되기도 하지만 대부분은 정보에 머물고 맙니다.

마태복음 11장에 보면 세례 요한이 헤롯 안비다에 의해 감옥에 갇혀 있을 때 면회 오는 사람들을 통해 예수님에 대한 이야기를 전해 들었습니다. 그런데 주로 부정적인 정보가 전달되었습니다. 세례 요한은 예수님이 진정 구약에 예언된 메시아인지 의구심을 품게 되었습니다. 그래서 자신의 마음속에 떠오르는 의구심을 풀기 위해 제자들을 예수님에게 보냈습니다. 이에 예수님은 세례 요한에게 예수님 자신이 '메시아로서의 왕적 권능을 가지고 소경과 앉은뱅이와 귀머거리와 문둥병자를 고치고, 심지어 죽은 자를 다시 살리며, 가난한 자들에게 하나님 나라의 복음을 전파하고 있다'고 전해 주라고 말씀하셨습니다. 그리고 뒤이어 멋있는 말씀을 하셨습니다.

"그들이 떠나매 예수께서 무리에게 요한에 대하여 말씀하시되 너희가 무엇을 보려고 광야에 나갔더냐 바람에 흔들리는 갈대냐 그러면 너희가 무엇을 보려고 나갔더냐 부드러운 옷 입은 사람이냐 부드러운 옷을 입은 사람들은 왕궁에 있느니라 그러면 너희가 어찌하여 나갔더냐 선지자를 보기 위함이었더냐 옳다 내가 너희에게 이르노니 선지자보다 더 나은 자니라"(마 11:7-9).

이 말씀은 두 가지로 해석할 수 있습니다. 하나는 '세례 요한은 갈대와 같이 흔들리는 사람이 아니라 선지자 중에 훌륭한 선지자'라는 뜻으로 세례 요한을 추켜세우는 말씀이라 해석할 수 있고, 다른 하나는 '세례 요한 같은 위대한 선지자도 거짓 정보를 들으면 의문을 가질 수 있는 것처럼, 너희는 세상 소문과 정보를 가지고 판단하는 흔들리는 갈대와 같은 인생을 살지 말고 정보가 아닌 진리에 목매는 인생을 살아라'라는 말씀으로 해석할 수 있습니다.

"명철한 자의 마음은 지식을 요구하고 미련한 자의 입은 미련한 것을 즐기느니라"(잠 15:14).

여기에서 말하는 지식은 진리에 이를 수 있는 지식을 뜻합니다. '명철한 자'란 늘 자신의 부족함을 느끼는 사람을 말합니다. 그래서 늘 지식을 갈구하고 마음에 양식을 채우고자 합니다. 그에 반해 '미련한 자'는 정보만을 찾아 헤매는 사람을 말합니다. 그래서 대화의 내용이 적정 수준을 넘지 못합니다. 그리고 판단 능력이 없기 때문에 자기의 취향에 맞는 정보를 듣고 자신의 생각인 양 말을 토해 내기에 무지와 무식과 편견을 드러내 보입니다. 이런 모습을 '미련한 것을 즐긴다'고 표현한 것입니다.

가끔 우스갯소리를 메모하면서 외우는 사람들을 봅니다. 그것이 모임에서 필요하기 때문입니다. 그것보다 한 걸음 더 나아가 책이나 시 또는 신문을 읽으면서 메모하고 기록해서 외우면 그것을 마음의 양식으로 삼을 수 있습니다. 특히 말씀을 읽고, 듣고, 암송해서 생활에 대입시키면 지혜자가 될 뿐 아니라 거룩하고 신령하고 영적인 사람이 됩니다. 이에 대해 요한계시록은 "이 예언의 말씀을 읽는 자와 듣는 자와 그 가운데에 기록한 것을 지키는 자는 복이 있나니 때가 가까움이라"(계 1:3)고 말씀합니다.

말씀은 우리의 발을 비춰 주는 등이 되고, 어두운 세상에서 실족하지 않도록 길을 밝혀 주는 빛이 됩니다. 그렇기에 주의 말씀을 사모하는 자가 넘어지지 않고 형통하게 되는 것입니다. 시편은 "주의 법을 사랑하는 자에게는 큰 평안이 있으니 그들에게 장애물이 없으리이다"(시 119:165)라고 말씀합니다. 이처럼 마음에 영적인 지식을 쌓으면 마음에 지혜와 판단력이 생겨 지혜자가 되는 것입니다.

택시를 탔을 때 자기의 정치적 견해를 손님들에게 일방적으로 쏟아 내는 기사들이 있습니다. 그분들의 이야기를 듣다 보면 어떤 때는 불쾌하기까지 합니다. 왜 그럴까요? 마음에 지식을 담지 않고 정보를 담아 미련을 드러내기 때문입니다. 그런 사람들이 말하고 비판하는 것은 진리가 아니라 어느 한편으로 기울어진 자신의 견해입니다.

성도들은 지식을 구하고 찾아 마음에 진리를 가득 담아야 합니다. 성경은 이에 대해 "지식을 불러 구하며 명철을 얻으려고 소리를 높이며 은을 구하는 것같이 그것을 구하며 감추어진 보배를 찾는 것같이 그것을 찾으면"(잠 2:3-4)이라고 말씀합니다. 이는 지식을 구하기를 보배를 찾는 것같이 열심으로 찾으라는 말씀입니다.

당신은 무엇을 마음에 담기 위해 열심을 내고 있습니까? 우리는 하나님을 아는 지식이 고상한 것이요, 이것이 영혼의 양식이 된다는 사실을 기억해야 합니다.

마음에 사랑을 담으라

사람은 밥을 먹어야 살 수 있습니다. 그러나 밥만 먹고 산다면 동물과 다를 바 없습니다. 사람은 마음에 사랑을 채울 때 영육이 건강하게 자랍니다. '사랑을 하면 예뻐진다'는 말이 있습니다. 이는 과학적으로도 입증된 사실입니다. 사랑하는 대상을 생각만 해도 엔도르핀이 나오기 때문입니다.

"채소를 먹으며 서로 사랑하는 것이 살진 소를 먹으며 서로 미워하는 것보다 나으니라"(잠 15:17).

행복은 물질의 많고 적음에 있지 않고 마음에 '사랑이 담겨 있느냐'에 달려 있습니다. 성경이 기록될 당시 살진 소를 먹는다는 것은 왕족과 귀족과 부자들에게 해당되는 이야기였습니다. 우리나라의 경우 30여 년 전만 해도 소고기를 마음껏 먹는다는 것은 상상도 못할 일이었습니다. 본문은 매일 고기를 먹는 왕족이라도 사랑이 없으면 그 삶은 불행하다는 말씀입니다. 그러나 비록 가산이 적어서 매일 채소만 먹고 지낼지라도 하나님을 사랑하고 가족을 위하는 따뜻한 마음이 있으면 그 가정에 진정한 기쁨이 있고 그곳이 작은 천국이 될 수 있다는 말씀입니다.

사랑을 담아야 할 마음에 미움을 가득 담고 있다면 이것이 바로 비극입니다. 사랑해야 할 아내, 사랑해야 할 남편을 미워하고 있다면 회개해야 합니다. 사랑을 담아야 할 마음을 돈을 담는 자루로 만들고 있진 않습니까? 돈은 날개를 달고 있습니다. 그렇기에 돈을 담은 마음은 언제나 허전하고 불안할 수밖에 없습니다.

먼저 하나님을 사랑하십시오. 그 다음에 이웃을 사랑하십시오. 가장 가까운 이웃은 가족과 교우입니다. 이에 대해 성경은 다음과 같이 말씀합니다. "누구든지 하나님을 사랑하노라 하고 그 형제를 미워하면 이는 거짓말하는 자니 보는바 그 형제를 사랑하지 아니하는 자는 보지 못하는바 하나님을 사랑할 수 없느니라 우리가 이 계명을 주께 받았나니 하나님을 사랑하는 자는 또한 그 형제를 사랑할지니라"(요일 4:20-21).

사랑 없는 봉사, 사랑 없는 자선, 사랑 없는 구제, 사랑 없는 전도, 사랑 없는 예배, 사랑 없는 찬양…. 그 어떤 행위도 사랑이 없으면 아무 소용이 없습니다. 사랑의 사도 요한은 우리에게 다음과 같이 권면합니다. "사랑하는 자들아 하나님이 이같이 우리를 사랑하셨은즉 우리도 서로 사랑하는 것이 마땅하도다"(요일 4:11).

마음에 사랑을 가득 담으십시오. 그리고 그 사랑으로 서로 사랑하십시오. 하나님이 우리를 사랑하시는 것처럼 서로 사랑하는 것이 마땅합니다.

25

나를 더 찌르는
마음의 가시를 제거하라

무지한 자는
미련한 것을 즐겨 하여도
명철한 자는
그 길을 바르게 하느니라

잠 15:21

소소한 일상에 감사할 줄 아는 사람이
특별한 경우에도 감사할 수 있습니다.
아무리 좋은 것을 누려도
감사할 줄 모르면
행복은 절대로 가까이 다가오지
않습니다.

인생을 살다 보면 수많은 장애물을 만납니다. 장애물을 없애는 방법은 하나님의 말씀을 사랑하고 지키는 것입니다. 그래서 시편 기자는 "주의 법을 사랑하는 자에게는 큰 평안이 있으니 그들에게 장애물이 없으리이다"(시 119:165)라고 고백합니다. 그 장애물을 디딤돌로 삼느냐 걸림돌로 삼느냐에 따라 성공과 실패가 갈라지게 마련입니다.

〈칭기즈칸의 고백〉

집안이 나쁘다고 탓하지 마라.

나는 아홉 살 때 아버지를 잃고 마을에서 쫓겨났다.

가난하다고 말하지 마라.

나는 들쥐를 잡아먹으며 연명했고

목숨을 건 전쟁이 내 직업이고 내 일이었다.

작은 나라에서 태어났다고 말하지 마라.

그림자 말고는 친구도 없고, 병사로만 10만,

백성은 어린애, 노인까지 합쳐 2백만도 되지 않았다.

배운 게 없다고, 힘이 없다고 탓하지 마라.

나는 내 이름도 쓸 줄 몰랐으나

남의 말에 귀 기울이면서 현명해지는 법을 배웠다.

너무 막막하다고, 그래서 포기해야겠다고 말하지 마라.

나는 목에 칼을 쓰고도 탈출했고

뺨에 화살을 맞고 죽었다 살아나기도 했다.

적은 밖에 있는 것이 아니라 내 안에 있었다.

나는 내게 거추장스러운 것은 깡그리 쓸어버렸다.
나를 극복하는 그 순간 나는 칭기즈칸이 되었다.

칭기즈칸은 배경이 없었습니다. 가진 것도 없었습니다. 아무것도 없는 사람이었지만 몽골의 모든 부족을 통일하고, 중국과 아시아를 넘어 동유럽까지 정복했습니다. 그는 역사상 가장 큰 제국을 세웠습니다. 그런 그의 힘이 어디서 나왔는지 그의 고백을 통해 알 수 있습니다.

많이 가졌다고, 조건이 좋다고 성공하는 것도 아니고, 행복한 것도 아닙니다. 소소한 일상에 감사할 줄 아는 사람이 특별한 경우에도 감사할 수 있습니다. 아무리 좋은 것을 누려도 감사할 줄 모르면 행복은 절대로 가까이 다가오지 않습니다. 시루스는 "모두에게 주어진 것을 감사할 줄 아는 사람은 매우 적다"고 말했습니다.

주어진 것에 절망하지 않고 작은 것이라도 감사하고 적극 활용할 수 있는 마음가짐이 중요합니다. 칭기즈칸은 그런 사람이었습니다. 그는 자신을 다스리는 일에 성공한 사람이었습니다. 그는 인생 최대의 적은 밖에 있는 것이 아니라 자기 안에 있다는 것을 알았던 것입니다. 자기 안에 패배주의가 있을 땐 패배할 수밖에 없습니다. 자기 안에 소극적인 마음이 있을 땐 큰일을 행할 수 없습니다. 또한 자기 안에 부정적인 마음이 있을 땐 긍정적으로 사람을 대할 수 없습니다. 칭기즈칸은 끊임없이 전쟁하면서 결단해야 할 때마다 긍정적이고 적극적인 생각을 가지고 판단했기에 늘 승리할 수 있었습니다.

마태복음 14장에서 갈릴리 바다 위를 걸어오시는 예수님을 본 베드로가 배에서 뛰어내렸습니다. 그리고 예수님을 향해 나아갔습니다. 베드로도 물 위를 걸은 것입니다. 그러나 주위를 둘러보다 덜컥

겁이 났습니다. 그 순간 물속에 빠지고 말았습니다. 예수님은 손을 내밀어 건져 주시며 "믿음이 작은 자여 왜 의심하였느냐"(마 14:31) 하고 말씀하셨습니다.

베드로가 물에 빠진 것은 주변의 환경 때문이 아니라 그 마음에 의심이 들어왔기 때문입니다. 그 순간 믿음이 달아났습니다. 무엇이 문제입니까? 마음이 문제입니다. 그래서 지혜자는 "모든 지킬 만한 것 중에 더욱 네 마음을 지키라 생명의 근원이 이에서 남이니라"(잠 4:23)고 말했습니다. 돈이나 금고 또는 집을 지키려고 애쓰지 말고 마음을 지키십시오. 행복의 비결은 마음을 어떻게 갖느냐에 달려 있습니다.

사도 바울은 마음을 다스릴 줄 아는 사람이었습니다. 부요해도 교만하지 않고, 가난해도 비굴하거나 비관하지 않고 환경에 의해 마음이 흔들리지 않는 일체의 비결을 터득했습니다(빌 4:12-13 참조). 그랬기에 잘될 때 다음 미션을 수행하기 위해 떠날 수 있었습니다. 고난당할 때 포기하지 않고 주님의 손을 붙잡고 일어났습니다. 그의 일생은 고난의 연속이었습니다. 고난의 백과사전과 같이 수많은 고난을 당했지만 결코 주님에게 받은 사명, 곧 복음 전하는 일을 포기하지 않았습니다. 그때마다 하나님은 그를 격려해 주셨습니다.

이런 사도 바울의 경우를 볼 때 행복은 돈과 명예 같은 그 어떤 조건이 주는 것이 아니라 내 안에 있는 것임을 알 수 있습니다. 어떤 믿음을 가졌느냐에 달려 있음을 알 수 있습니다. 하나님이 함께하시겠다고 지금 우리에게 말씀하시는 소리를 들으십시오.

"야곱아 너를 창조하신 여호와께서 지금 말씀하시느니라 이스라엘아 너를 지으신 이가 말씀하시느니라 너는 두려워하지 말라 내가 너를 구속하였고 내가 너를 지명하여 불렀나니 너는 내 것이라"(사 43:1).

감정을 다스리라

앞서 마음을 지켜야 한다고 말했습니다. 그러기 위해서는 감정을 잘 다스리는 사람이 되어야 합니다. 감정의 기복이 큰 사람은 남을 힘들게 합니다. 그러나 자신도 힘든 인생을 살 수밖에 없습니다. 여자가 갱년기가 되면 호르몬의 변화로 인해 갑자기 열이 확 오릅니다. 얼굴이 붉어지고, 땀이 뚝뚝 떨어집니다. 그러다 잠시 후에는 체온이 떨어져 벗어 놓은 옷을 다시 주워 입습니다. 얼마나 힘들어하는지 곁에서 지켜보는 사람이 더 안타깝습니다.

그런데 갱년기와 상관없이 감정의 기복이 심한 사람이 있습니다. 어느 날은 쾌청, 어느 날은 흐림, 어느 날은 천둥과 번개가 칩니다. 곁에 있는 사람이 종잡을 수 없습니다. 자기도 자신의 마음을 알다가도 모르겠다고 말합니다. 또 평소에는 괜찮다가 어떤 말을 들으면 발끈하는 경우가 있습니다. 곰곰이 생각해 보면 그 말이 상처를 건드렸기 때문입니다. 어떤 사람은 학력, 어떤 사람은 가족, 어떤 사람은 고향, 어떤 사람은 성격에 대해 말할 때 과민 반응을 보이는 경우가 있습니다. 그것은 콤플렉스가 있음을 뜻합니다. 그럴수록 자기감정을 잘 다스려야 합니다.

화가 날 때 감정을 추스르는 방법을 알고 실천하면 큰 도움이 됩니다.

〈화를 다스리는 법〉

1. 심호흡을 다섯 번 하라.

2. 30분만 걸어라(자연과 함께하면 더 좋다).

3. 결정하거나 판단하지 마라.

4. 자신을 객관적으로 바라보라(화내는 것은 주관적 감정이고, 실제 상황은 객관적 사실이다).

"분을 쉽게 내는 자는 다툼을 일으켜도 노하기를 더디 하는 자는 시비를 그치게 하느니라"(잠 15:18).

대부분의 경우 '욱'하고 화가 치밀어 오르는 것은 낮은 자존감으로 인해 여유를 잃어버렸기 때문입니다. 상대방과 비교하거나 질투하기 때문에 화를 내는 경우가 많습니다. 그러므로 자신의 내면을 바라볼 수 있다면 화를 내지 않을 수 있습니다. 홧김에 결정했다가는 반드시 땅을 치고 후회하게 됩니다. 결정을 잠시 미루고 기도한 후에 결정하면 실수가 없습니다.

《지킬 박사와 하이드》라는 소설은 두 사람이 아니라 한 사람 안에서 나타나는 두 성향을 이야기합니다. 오래전에 히트했던 〈두 얼굴의 사나이〉라는 미국 드라마에서는 살인 누명을 쓰고 도망 다니는 주인공이 위험한 순간을 당하면 옷이 찢어지면서 헐크라는 괴물로 바뀝니다. 이들은 모두 한 사람 안에 있는 두 모습을 말해 줍니다.

친정어머니를 대할 때는 천사, 시댁에서는 헐크로 변할 수 있는 것이 인간입니다. 이것을 고치는 방법을 세상에서는 '마인드컨트롤'이라고 말하고, 신앙적으로는 성령의 도우심을 받아야 한다고 말합니다. 내 감정을 누르고 나보다 크신 하나님의 마음을 초청하면 됩니다. 하나님의 자녀가 되었다는 것은 성령이 내 안에 들어오셔서 하나님의 사랑을 깨닫게 하시는 그 사랑을 받아들인 것을 의미합니다.

모든 그리스도인들의 마음속에는 이미 하나님의 사랑인 아가페가 들어 있습니다. 내 육신의 마음이 하이드가 되고 헐크와 같이 분노할 때 내 안에 있는 아가페를 꺼내면 감정을 다스릴 수 있습니다. 그러면 분노 대신 감사가 떠오르게 될 것입니다. 감사하는 마음은 평안으로 인도합니다. 하나님에게, 부모님에게, 선생님에게, 목사님에게 그리고 모든 것에 감사할 때 마음에 기쁨이 넘치게 됩니다.

모든 그리스도인을 향한 하나님의 뜻은 범사에 감사하는 것입니다(살전 5:18 참조). 이 말은 좋은 일에만 감사하지 말고 역경에도 감사하라는 뜻입니다. 사람은 좋은 일을 많이 경험할 때 성장합니다. 그러나 단단해지는 것은 시련을 견딜 때입니다. 북해의 성난 파도가 바이킹을 만들었고, 몽골의 황량한 광야가 칭기즈칸을 만들었습니다. 모든 아름다운 꽃들은 흔들림과 비바람 속에서 아름답고 향기로운 꽃을 피웁니다. 시편 기자도 고난을 통해 하나님의 법도를 알게 되었다고 고백했습니다(시 119:71 참조). 그러므로 어떤 경우에도 감사하는 태도는 인생을 승리로 장식하게 되는 것입니다. 이것이 승리의 비결입니다.

성경은 "노하기를 더디 하는 자는 용사보다 낫고 자기의 마음을 다스리는 자는 성을 빼앗는 자보다 나으니라"(잠 16:32)고 말씀합니다. 감정을 다스려 승리하는 삶을 소망하십시오.

가시를 제거하라

"고슴도치도 제 새끼가 제일 곱다"는 속담이 있습니다. 고슴도치도 새끼를 젖 주고 안아 줄 때는 가시가 없는 가슴으로 안습니다. 그런데 친해질수록 서로를 찌르는 고슴도치 관계를 맺는 사람들이 있습니다. 서로 상처를 주고받습니다. 그러면서도 떨어지지 못합니다.

이런 관계를 애증 관계라고 합니다. 애증(愛憎)이란 사랑과 미움을 함께 일컫는 말입니다.

부부가 사랑으로만 살면 좋은데 사랑하는 동시에 미워하면서 삽니다. 차라리 헤어지는 게 낫겠다고 생각하지만 이미 만났다가 헤어지면 강력접착제를 붙였다 떼어 놓은 것처럼 살점이 떨어져 나가는 듯한 아픔을 맛보게 됩니다. 그러므로 이왕 살 거면 가시를 제거하면서 살아야 합니다. 아무리 고슴도치의 바늘이 많아도 하루에 하나씩 제거하면 없어지는 날이 오지 않겠습니까? 그런데 사람이 그렇지 못합니다. 욕하고, 폭력적이고, 권위적인 남편하고 사는 여자는 맞아 가면서 강해집니다. 그래서 말이 거칠고 사나워집니다. 마음도 팍팍해질 수 있습니다.

"게으른 자의 길은 가시 울타리 같으나 정직한 자의 길은 대로니라 지혜로운 아들은 아비를 즐겁게 하여도 미련한 자는 어미를 업신여기느니라 무지한 자는 미련한 것을 즐겨 하여도 명철한 자는 그 길을 바르게 하느니라"(잠 15:19-21).

마음속의 가시를 제거해야 다른 사람들과 친밀한 관계를 맺을 수 있습니다. 사람의 마음에는 여러 종류의 가시가 있지만 본문은 세 가지 가시를 뽑으라고 말씀합니다.

첫째, 게으름의 가시를 뽑아야 합니다. 19절의 가시 울타리는 처음부터 쳐 놓은 것이 아니라 오래도록 다듬지 않은 길에서 가시나무가 저절로 자라서 큰 덤불을 이룬 것을 뜻합니다. 가시나무가 저절로 자라나 덤불을 이루면 접근할 수가 없습니다. 이처럼 게으른 자는 점점 아무도 말릴 수 없는 지경에 이르러 패망하게 된다는 뜻입니다. 그래서 "게으른 자여 개미에게 가서 그가 하는 것을 보고 지혜를 얻으라"(잠 6:6)고 말씀하는 것입니다. 게으른 자녀를 가볍게 여기지 마십시오. 나중에 가시덤불로 울타리를 치면 아무도 고칠 수 없습니다. 패망의 길로 가게 되는 것입니다(잠 6:9-11 참조).

둘째, 미련의 가시를 뽑아야 합니다. 떠날 때는 미련 없이 떠나야 깨끗한 사람이 됩니다. '미련'과 '미련하다'는 뜻이 크게 다릅니다. 미련(未練)은 '깨끗이 잊지 못하고 끌리는 데가 남아 있는 마음'을, 미련하다는 '터무니없는 고집을 부릴 정도로 매우 어리석고 둔함'을 뜻하는 말입니다. 사람이 미련한 것은 어리석고 둔하기 때문인데 그 원인이 고집스러움에 있으므로 결국엔 고집 때문입니다. 이러한 사람을 가리켜 '미련 곰탱이'라고 합니다. 고집을 버리고 미련의 가시를 뽑으십시오.

셋째, 무지의 가시를 뽑아야 합니다. 무지(無知)란 '아는 것이 없음, 미련하고 우악스러움'이란 뜻입니다. 단순히 무지하면 배우면 됩니다. 바보 온달은 원래부터 바보가 아니라 배우지 못했기 때문입니다. 그는 평강공주를 만나 열심히 배워 유능한 장군이 되었습니다.

무지한 사람은 남의 말을 듣지 않으며 배우지 않습니다. 그래서 미련하고 우악스러워집니다. 이런 사람은 결국 큰 사고를 치게 마련입니다. 《삼국지》(三國志)의 여포는 유비, 관우, 장비가 한꺼번에 달려들어도 이길 수 있는 힘을 가졌습니다. 하지만 배우지 않아 미련하고 우악스럽기 때문에 비참하게 죽고 맙니다. 우리는 우리 안에 있는 무지의 가시를 뽑고 배워야 합니다. 아는 것이 힘입니다.

당신 안에 있는 게으름, 미련, 무지의 가시를 뽑으십시오. 그러면 대로를 걷고, 부모를 기쁘시게 하며, 바른 길을 걸어 하나님의 기쁨이 될 것입니다.

대화를 즐기라

아이들이 자라서 아버지에 대해 좋은 감정과 아름다운 추억을 간직한다면 그것은 무엇일까요? 대화입니다. 자녀들은 즐거웠던 대화로 아버지를 좋게 기억하게 됩니다. 부부 간에도 크게 다르지 않습니다. 사람들은 큰 것이 아닌 작은 배려에 감동합니다.

대화에도 원칙이 있습니다.

〈대화의 원칙〉

1. 말을 주고받아라.
2. 꼭 답을 들으려고 하지 마라.
3. 가벼운 소재를 다루어라.
4. 심각한 말을 삼가라.
5. 먹고 마시면서 하라.

상대방이 '쓸데없는 소리 그만 해'라고 말하면 마음을 닫지 말고 대화에 성공했다고 생각하십시오. 대화는 토론도 아니고 세미나도 아닙니다. 대화는 그냥 대화로 즐겨야 합니다. 서양 사람들은 유머를 즐깁니다. 긴장을 풀고 마음을 열면 그 다음 본론은 쉽게 다룰 수 있습니다. 그래서 반드시 음식을 먹으면서, 차를 마시면서 이야기를 나누어야 합니다. 먹을 때 사람들의 긴장이 풀어지고 마음이 여유롭게 되기 때문입니다.

"의논이 없으면 경영이 무너지고 지략이 많으면 경영이 성립하느니라 사람은 그 입의 대답으로 말미암아 기쁨을 얻나니 때에 맞는 말이 얼마나 아름다운고"(잠 15:22-23).

기업 경영, 가정 경영, 교회 경영, 국가 경영도 원리는 한 가지입니다. 대화와 소통이 잘되면 모든 것이 좋고, 그렇지 않으면 원망과 시비가 그치지 않는 법입니다. 친밀하고 좋은 관계가 행복을 가져옵니다. 사회적 연결이 잘된 사람은 유익한 인생을 사는 반면 사회적 유대가 없는 사람은 고독에 빠져 병들고 쓸쓸하게 생을 마감하는 경우가 많습니다.

관계가 원만하지 않은 사람이 있다면 함께 식사하십시오. 함께 차를 마시십시오. 그리고 마음이 열릴 때를 기다리십시오. 아무리 좋은 말이라도 닫힌 마음에는 소용이 없습니다. 때에 맞는 말이 아름답습니다. 타이밍이 중요합니다. 도저히 안 들어 줄 수 없는 분위기를 만든 후에 요청하는 것이 지혜입니다. 기도할 때도 하나님에게 감사 찬송을 힘껏 드린 후에 간구해야 합니다.

성경은 "경우에 합당한 말은 아로새긴 은쟁반에 금 사과니라"(잠 25:11)고 말씀합니다. 대화의 방법을 터득하십시오. 그리고 대화에 힘써 행복한 부부, 행복한 가정, 행복한 삶을 이루십시오.

•

당신 안에 있는 게으름, 미련, 무지의 가시를 뽑으십시오.
그러면 대로를 걷고, 부모를 기쁘시게 하며, 바른 길을 걸어
하나님의 기쁨이 될 것입니다.

26

좋은 길이 아닌
좁은 길을 택하라

지혜로운 자는
위로 향한 생명길로 말미암음으로
그 아래에 있는 스올을 떠나게 되느니라

잠 15:24

좁은 길로 가느냐 넓은 길로 가느냐는
단지 기호나 습관의 문제가 아니라
영생과 영벌로 갈라지는
생명이 달린 문제입니다.

사람들은 대부분 큰 것을 좋아합니다. 그래서 강남대로, 올림픽대로와 같이 큰 길이라는 뜻의 '대로'라는 이름 붙이기를 좋아합니다. 한강에는 기존 서른한 개의 다리와 현재 건설 중에 있는 한 개의 다리를 합해 총 서른두 개의 다리가 있습니다. 철교 네 개를 뺀 스물여덟 개의 한강 다리 중에 '대'자가 들어가지 않는 겸손한 다리는 잠수교와 광진교 두 개뿐입니다. 스물여섯 개의 다리에는 모두 '큰 대'(大)자가 붙어 있습니다.

또 '군자대로행'(君子大路行)이라는 말이 있습니다. 군자는 큰 길을 택해서 간다는 뜻으로, 군자는 숨어서 일을 도모하거나 부끄러운 일을 하지 않고 옳고 바르게 행동하며, 작은 이익을 위해 약삭빠른 짓을 하지 않으며, 사소한 이익에 이끌리지 않고 부정한 짓, 무모한 짓을 하지 않는다는 말입니다. 우리는 유교 문화권에서 이런 말을 듣고 자랐기 때문에 큰 길로 가는 것을 당연하게 생각하며 살아왔습니다. 그런데 예수님은 좁은 길을 권장하셨습니다.

"좁은 문으로 들어가라 멸망으로 인도하는 문은 크고 그 길이 넓어 그리로 들어가는 자가 많고 생명으로 인도하는 문은 좁고 길이 협착하여 찾는 자가 적음이라"(마 7:13-14).

예수님은 넓은 길을 멸망의 길이라 말씀하셨습니다. 이 세상의 많은 사람들이 넓은 길로 가다가 멸망으로 끝나니 세상의 헛된 부귀영화를 모두 내어 버리고 구원으로 인도하는 그 좁은 문으로 들어가라고, 그리하면 영생을 얻게 될 것이라고 말씀하셨습니다. 이는 대단히 역설적인 말씀입니다. 좁은 길은 생명길이요, 영생으로 들어가는 길입니다. 좁은 길로 가느냐 넓은 길로 가느냐는 단지 기호나 습관의 문제가 아니라 영생과 영벌로 갈라지는 생명이 달린 문제입니다.

"지혜로운 자는 위로 향한 생명길로 말미암음으로 그 아래에 있는 스올을 떠나게 되느니라"(잠 15:24).

여기에서 '위로 향한 생명길'이란 두 가지 해석이 가능합니다. 하나는 '영원한 생명을 얻는 내세적 천국'이고, 다른 하나는 '도덕적, 윤리적으로 성결한 삶'입니다. 그런데 뒤에 나오는 스올이라는 말을 볼 때 천국을 가리키고 있음을 알 수 있습니다.

그리스도인들의 궁극적인 목표는 천국에 가서 영생을 누리는 것입니다. 넓은 길로 가고 호화롭게 살며 부귀영화를 누리는 사람들이 볼 땐 어리석게 보일지라도 좁은 길로 가고 좁은 문으로 들어가 천국에 이르는 사람이 지혜로운 사람입니다.

넓은 길로 가는 사람의 모습

넓은 길, 즉 멸망의 길로 가는 사람은 어떤 모습일까요? 넓은 길로 가는 사람은 첫째, 교만합니다.

"여호와는 교만한 자의 집을 허시며 과부의 지계를 정하시느니라"(잠 15:25).

'교만'(驕慢)이라는 단어의 '교'는 말 마(馬)에 높을 교(喬)가 합해진 글자로서, 이는 '자신의 지위 높음을 자랑하며 뽐내고 건방지게 행동한다'는 뜻입니다. 교만한 사람은 남을 정죄하고 판단합니다. 바리새인들이 그랬습니다. 그들은 신앙생활을 철저하고 열심히 행했습니다. 지금 우리의 신앙생활로는 도저히 따라갈 수 없을 정도로 경건 생활에 힘썼습니다. 그런데 예수님은 '회칠한 무덤'이라고 책망하셨습니다. 왜냐하면 그들이 철저한 신앙을 자랑하며 남을 정죄했기 때문입니다. 겉은 깨끗하지만 속에는 썩은 시체가 들어 있는 회칠한 무덤처럼 그들의 겉과 속이 다른 모습을 책망하신 것입니다.

넓은 길로 가는 사람은 교만합니다. 이는 남의 말을 안 듣는다는 뜻입니다. 자기가 제일 잘났고 자신의 판단이 옳은데 누구의 말을 듣겠습니까? 부모의 말씀도, 스승의 말씀도, 선배의 말도 안 듣습니다. 그래서 결국 하나님이 그의 집을 허물어 버리십니다. 다시 말해, 심판하신다는 뜻입니다(잠 16:18 참조).

넓은 길로 가는 사람은 둘째, 악한 꾀를 냅니다.

"악한 꾀는 여호와께서 미워하시나 선한 말은 정결하니라"(잠 15:26).

'악한 꾀'는 히브리어로 '마흐쉐보트 라'라고 하는데, 이는 '남을 해치려고 의도적으로 치밀하게 구상한 계획, 불의한 방법으로 자신의 목적을 이루려는 의도가 담긴 계획'이라는 뜻을 갖고 있습니다.

어리석은 자는 하나님을 전혀 인식하지 않고 패역한 행동을 일삼음으로써 도리어 하나님의 진노를 불러일으킵니다. 하나님은 일의 결과뿐 아니라 동기와 방법까지도 감찰하십니다. 하나님은 악한 자의 꾀를 미워하시고 그 길을 패망하게 하십니다. 그러므로 그리스도인들은 악을 꾀해서 속성과로 잘되는 자들을 부러워하면 안 됩니다. 그들은 여름에 무성했던 풀이 초겨울 서리가 내리면 전부 쇠잔하게 되고 겨울이 되면 흔적조차 찾아볼 수 없게 되는 것처럼 망하게 되기 때문입니다. 시편 37편에는 이 같은 교훈이 가득 차 있습니다.

"여호와 앞에 잠잠하고 참고 기다리라 자기 길이 형통하며 악한 꾀를 이루는 자 때문에 불평하지 말지어다 … 잠시 후에는 악인이 없어지리니 네가 그곳을 자세히 살필지라도 없으리로다 … 내가 악인의 큰 세력을 본즉 그 본래의 땅에 서 있는 나무 잎이 무성함과 같으나 내가 지나갈 때에 그는 없어졌나니 내가 찾아도 발견하지 못하였도다 ⋯ 범죄자들은 함께 멸망하리니 악인의 미래는 끊어질 것이나"(시 37:7, 10, 35-36, 38).

넓은 길로 가는 사람은 셋째, 이익을 탐합니다.

"이익을 탐하는 자는 자기 집을 해롭게 하나 뇌물을 싫어하는 자는 살게 되느니라"(잠 15:27).

이 말씀은 관리들을 향한 훈계라고 해석할 수 있습니다. 뇌물을 받을 만한 위치에 있는 사람들이기 때문입니다. 하나님은 이익을 탐하는 악인을 멀리하시고 아주 내동댕이쳐 버리십니다.

성경은 "사악한 자의 길에 들어가지 말며 악인의 길로 다니지 말지어다"(잠 4:14)라고 강하게 명령합니다. 빠르고 편하다고 넓은 길, 곧 악인의 길로 가지 마십시오. 그리스도인은 어렵고 험할지라도 좁은 길, 생명의 길을 가야 합니다.

좁은 길로 가는 사람의 모습

본문은 넓은 길로 가는 사람들과 좁은 길로 가는 사람들의 모습을 대비하고 있습니다. 좁은 길로 가는 사람의 특징은 약자를 보호한다는 것입니다. 구약성경은 이스라엘 백성들이 보호해야 할 3대 약자로 고아와 과부와 나그네를 꼽았습니다. 본문은 그중 약자의 대표인 과부에 대해 말씀합니다.

"과부의 지계를 정하시느니라"(잠언 15:25b).

여기서 '지계'란 토지 소유를 구분하기 위한 표시를 말합니다. 그

당시 남편이 없다고 얕보면서 지계 표를 옮겨 버리는 악한 사람들이 있었기에 하나님이 그들을 지켜 주신다고 약속해 주신 것입니다. 그러므로 과부를 돕는 사람은 하나님의 일을 대행하는 것이요, 하나님에게 인정받게 되는 것입니다. 사도 바울도 우리에게 과부를 돌보라고 말씀합니다(딤전 5:3-5, 9-10 참조).

우리는 또 고아를 도와야 합니다. 고아는 어려서 부모를 잃었기 때문에 기댈 곳 없이 살게 됩니다. 현재 사회에는 고아원이 있어서 이들을 보호하고 교육하지만 옛날에는 이마저도 없었습니다. 지금도 18세까지는 고아원에 있다가 19세부터는 고아원을 나가야 합니다.

그리고 우리는 나그네를 돌봐야 합니다. 이 시대의 나그네는 노동자로 온 외국인들이라고 생각해 볼 수 있습니다. 우리나라에 200만 명 이상의 외국인이 살고 있습니다. 그중 100만 명이 취업을 하고 있습니다. 대부분 월 150만 원 이하의 임금을 받는 열악한 곳에서 일합니다. 우리는 문화도 다르고 말도 잘 통하지 않는 곳에서 고생하는 그들을 따뜻한 사랑으로 품어야 합니다.

이 외에도 장애인을 돌봐야 합니다. 장애인이 된다는 것은 한쪽이 기울어진 상태에서 인생을 살아가야 하는 것과 같습니다. 우리는 그 기울어진 상태를 부축해서 바로 걸을 수 있도록 돌봐 주어야 합니다. 장애인을 배려하고 함께 살아가는 것을 당연하게 생각하는 풍토가 조성되어야 합니다.

고아, 과부, 나그네, 장애인을 돌보는 사람은 좁은 길을 가는 것입니다. 좁은 길로 가는 사람은 선한 말을 합니다.

"악한 꾀는 여호와께서 미워하시나 선한 말은 정결하니라"(잠 15:26).

선한 말이란 경우에 합당한 말, 생명을 살리는 말을 뜻합니다. 그리스도인들은 사리에 맞을 뿐 아니라 상대방의 감정을 상하지 않도록 말하는 습관을 길러야 합니다. 옳은 말이라도 감정이 상하면 받아들이지 않고 다툼이 일어나게 마련입니다. 그러므로 신중한 언어생활로 복음을 효과적으로 전하는 지혜자가 되어야 합니다(잠 25:11 참조).

좁은 길로 가는 사람은 또한 바르게 삽니다. 다시 말해, 불의와 짝하지 않는다는 말입니다.

"이익을 탐하는 자는 자기 집을 해롭게 하나 뇌물을 싫어하는 자는 살게 되느니라"(잠 15:27).

좁은 길로 가는 사람은 때로 융통성이 없어 보입니다. 이방원이 넓은 길로 가자고 정몽주를 꾀었습니다.

이런들 어떠하며 저런들 어떠하리
만수산 드렁칡이 얽어진들 어떠하리
우리도 이같이 얽어져 백년까지 누리리라

그러자 정몽주가 대답했습니다.

이 몸이 죽고 죽어 일백 번 고쳐 죽어
백골이 진토 되어 넋이라도 있고 없고
임 향한 일편단심이야 가실 줄이 있으랴

세상에 정몽주와 같은 사람은 매우 적습니다. 그러나 많고 적음이 아니라 옳고 그름이 우리의 판단 기준이 되어야 할 것입니다. 그렇게 될 때 하나님이 우리의 소원에 응답해 주실 것입니다.

"여호와는 악인을 멀리하시고 의인의 기도를 들으시느니라"(잠 15:29).

세상 사람들이 뇌물과 편법을 쓰고 온갖 수단 방법을 동원할 때도 하나님의 방법대로 살아가는 자가 결국 승리합니다. 하나님이 의인의 기도를 들어주시기 때문입니다(약 5:16 참조).

태도가 생명길로 인도한다

누가 좁은 길로 가고, 누가 넓은 길로 가는 것일까요? 그의 태도를 보면 알 수 있습니다. 의인과 악인을 결정하는 것은 삶의 태도입니다. 태도가 천국과 지옥을 가르게 되는 것입니다.

본문은 악인의 태도와 의인의 태도를 대비해서 말씀합니다. 먼저는 의인과 악인의 말하는 태도가 다릅니다. 의인은 말을 신중하게 합니다.

"의인의 마음은 대답할 말을 깊이 생각하여도"(잠 15:28a).

남이 말을 할 때 대답을 즉시 하기보다는 신중해야 합니다.

〈말하기 전 생각해야 할 세 가지〉

1. 꼭 해야 할 말인가?

2. 지금 해야 할 말인가?

3. 너와 나에게 유익한 말인가?

이처럼 말하기 전에 세 번 생각해 보고 말하는 것이 좋습니다.

그런데 악인은 말이 급합니다.

"악인의 입은 악을 쏟느니라"(잠 15:28b).

악인의 입에서는 악이 쏟아져 나옵니다. 악인은 말을 참지 못하고 즉흥적입니다. 세상에 쏟아진 다음에 주워 담을 수 없는 것이 있는데 말이 그중에 하나입니다.

마을에 소문난 수다쟁이 아주머니가 랍비를 찾아왔습니다. 랍비가 물었습니다. "무슨 일로 찾아왔습니까?" "사람들이 나를 왕따시키고 놀아 주지 않습니다. 왜 그런지 모르겠습니다." 그러자 랍비가 베개 속에 있는 오리털을 바구니에 한가득 담아 주고는 마을을 한 바퀴 돌면서 뿌리고 오라고 시켰습니다.

얼마 후에 수다쟁이 아주머니가 돌아왔습니다. "다 뿌리고 왔습니다." 그러자 랍비가 이번에는 뿌린 오리털을 다시 바구니에 담아 오라고 했습니다. 한참 후에 돌아온 수다쟁이 아주머니는 하나도 줍지 못했다며 울상이 되었습니다. 그때 랍비가 말했습니다. "그것 보세요. 당신의 입에서 나온 말은 오리털과 같아서 다시 주워 담을 수가 없습니다. 말을 조심하시기 바랍니다."

입에서 나온 말은 주워 담기 어렵습니다. 말로 상처를 주고 치료하려면 백배사죄해도 치료가 안 됩니다. 아무리 똑똑한 체해도 말이 조급한 자는 어리석은 사람 중에 가장 어리석은 사람입니다(잠 29:20 참조).

의인과 악인은 또한 듣는 태도가 다릅니다. 의인은 잘 듣습니다.

"생명의 경계를 듣는 귀는 지혜로운 자 가운데에 있느니라 … 견책을 달게 받는 자는 지식을 얻느니라"(잠 15:31-32).

쓴 소리 듣기를 좋아하는 사람은 없습니다. 그러나 쓴 소리를 잘 들으면 지식을 얻고 지혜자가 됩니다. 31절의 '생명의 경계'라는 말씀은 복음을 뜻합니다. 하나님의 말씀인 예수 그리스도를 구주로 영접하는 것이 생명에 이르는 지혜를 얻는 것입니다.

그에 반해 악인은 듣지 않습니다. "훈계 받기를 싫어하는 자는 자기의 영혼을 경히 여김이라"(잠 15:32a). 악인은 생명의 길로 인도하는 지혜의 말씀에 귀를 기울이지 않습니다. 생명의 말씀에 귀를 기울이십시오. 그러면 존귀하게 될 것입니다.

"여호와를 경외하는 것은 지혜의 훈계라 겸손은 존귀의 길잡이니라"(잠 15:33).

진정으로 겸손한 사람은 듣는 태도를 보면 압니다. 스치는 바람결에서도 하나님의 소리를 듣고, 봄의 피어오르는 아지랑이 속에서도 하나님의 섭리를 깨달으며, 떨어지는 낙엽 소리에도 진리를 깨닫고, 어린아이에게도 배울 것이 있다며 겸손하게 듣는 사람은 지혜의 길에서 멀지 않고 천국에 가까이 간 사람입니다.

"내 사랑하는 형제들아 너희가 알지니 사람마다 듣기는 속히 하고 말하기는 더디 하며 성내기도 더디 하라"(약 1:19).

말은 신중하게 하고 듣기는 속히 하는 지혜자가 되십시오.

27

하나님이 경영하시면
명품 인생이 된다

너의 행사를 여호와께 맡기라 그리하면
네가 경영하는 것이 이루어지리라

잠 16:3

하나님의 주권을 인정하는 것은
손 놓고 기다리는 것이 아니라
모든 일에 최선을 다하는 것입니다.
하나님의 주권을 인정하는 사람은
성공해도 자만하지 않습니다.
동시에 실패해도 좌절하지 않습니다.

시대마다 각광받는 학문이 다릅니다. 가령 여러 나라가 각축을 벌였던 춘추전국시대에는 병법이 각광을 받았습니다. 그중 제일 유명한 것이 오늘날까지 전해지는 손자병법입니다. 나라가 평안해서 태평성대가 오래 지속되면 예가 발달하고, 문학이 꽃피고, 시인들이 등장합니다. 문예부흥이 일어나는 것입니다. 중국에서는 이를 '제자백가'(諸子百家, 여러 선생들이 백 명이나 된다)라 하고, 서양에서는 이 시대를 '르네상스'(Renaissance)라고 말합니다.

그런가 하면 산업이 부흥하고, 기계가 발명되고, 공장이 세워지고, 건축이 활발하게 되면 과학이 꽃을 피우게 마련입니다. 대표적인 예가 영국의 산업혁명입니다. 그 후 산업이 발달하고 무역이 활발해지면 금융 산업이 일어나고, 그러면 경영학이 각광을 받게 됩니다. 그래서 경영학과에 최고의 수재들이 몰리고, MBA과정으로 유학을 다녀온 사람들이 출세하는 세상이 되었습니다.

본문에는 경영이라는 말이 반복해서 나옵니다. 경영은 사업이나 기업 등의 조직을 효과적이고 효율적으로 관리하고 운영하는 것으로, 본문에 나오는 경영은 사업에 국한된 좁은 의미가 아니라 인생 전반에 걸친 넓은 의미의 경영을 이야기합니다.

회사를 경영하려면 재무 관리가 필요하고, 인사 관리가 필요하고, 조직 관리가 필요합니다. 국가를 경영하는 데도 마찬가지입니다. 국가 경영은 회사 경영보다 200배나 변수가 많다고 주장한 어떤 학자의 말을 들은 적이 있습니다.

교회도 경영을 잘해야 한다고 말하면 아마 거부감을 나타내는 사람들이 있을 것입니다. '교회가 무슨 회사냐, 경영을 하게. 교회는 기도해야지' 하고 역정을 낼는지도 모릅니다. 그러나 이미 교회경영학이라는 학문이 생겼습니다. 그런데 유념해야 할 것이 있습니다. 돈을 유용하게 써야 한다는 원칙은 교회나 기업이나 같지만, 기업은 철저히 이익을 남기는 것이 목적이고, 교회는 철저히 선한 일을 하는 것이 목적입니다. 그 선한 일의 기준은 말씀이고, 성경에 나타난 하나님의 뜻인 것입니다. 이런 의미에서 교회 경영은 회사 경영과 다르다는 것을 알아야 교회를 바르게 운영할 수 있습니다.

인생 경영도 마찬가지입니다. 비신자의 인생 경영이 출세를 위한 경영이라고 한다면 그리스도인의 인생 경영은 하나님의 뜻을 알고 하나님을 영화롭게, 세상을 아름답게, 사람을 유익하게 하는 것입니다. 그러므로 그리스도인의 인생 경영은 기도하고 말씀을 묵상하고 성령의 인도하심을 간구해야 합니다.

하나님의 주권을 인정하라

사업에 성공한 사람들을 보면 자기만의 분명한 철학이 있습니다. 세계 최고의 물류 회사 페덱스(FedEx)의 창업자인 프레드 스미스는 670대의 비행기를 보유하고 하루 평균 320만 개의 패키지를 운송하는 놀라운 회사를 이루었습니다. 그의 기업 철학은 매우 간결합니다.

〈PSP 철학〉

P: People - 사람   S: Service - 서비스   P: Profit - 이윤

첫째는, 사람을 극진히 대접하라는 것입니다. 페덱스는 직원 해고

가 없습니다. 그러니 회사에 노조가 없습니다. 직원의 만족도가 높으니 서비스가 좋아지고, 따라서 이윤도 많아지게 되었습니다. 이와 마찬가지로 신앙생활에 성공하기 위해서는 분명한 철학이 있어야 합니다. 본문 1절은 다음과 같이 말씀합니다.

"마음의 경영은 사람에게 있어도 말의 응답은 여호와께로부터 나오느니라"(잠 16:1).

이 말을 잘못 이해하면 아무 일도 하지 않고 '하나님이 응답해 주시겠지' 하고 감나무 밑에서 감 떨어지기를 기다리는 사람이 됩니다. 이 말씀은 자기의 할 일을 최선을 다해 행한 후에 하나님의 뜻을 기다리는 것이 옳다는 것입니다. 이를 한자로 '진인사대천명'(盡人事待天命)이라고 합니다. 《삼국지》에서 제갈공명도 이와 비슷한 말을 했습니다.

모사재인(謀事在人) 일을 계획하는 것은 사람이 하지만
성사재천(成事在天) 그 일이 성사되는 것은 하늘이 결정한다.

하나님의 주권을 인정하는 것은 손 놓고 기다리는 것이 아니라 모든 일에 최선을 다하는 것입니다. 하나님의 주권을 인정하는 사람은 성공해도 자만하지 않습니다. 동시에 실패해도 좌절하지 않습니다. 그러나 하나님의 주권을 인정하지 않으면 성공할 때 교만해집니다. 반면에 실패할 때 낙담합니다. 그러므로 하나님의 주권을 인정하는 것은 신앙생활에 있어 너무나도 중요합니다.

욥을 보십시오. "이르되 내가 모태에서 알몸으로 나왔사온즉 또한 알몸이 그리로 돌아가올지라 주신 이도 여호와시요 거두신 이도 여호와시오니 여호와의 이름이 찬송을 받으실지니이다 하고 이 모든 일에 욥이 범죄하지 아니하고 하나님을 향하여 원망하지 아니하니라"(욥 1:21-22).

집이 무너져 열 명의 자녀가 죽고 도둑 떼가 들이닥쳐 온 재산이 다 날아가 완전히 망한 사람이 이런 고백을 드릴 수 있는 것은 그의 신앙이 오직 하나님의 주권을 인정하고 있다는 증거입니다.

잠언 16장은 인생 경영학 교과서입니다. 1절과 같이 하나님의 주권을 강조하는 말씀이 계속 반복되고 있습니다(잠 16:9, 33 참조). 인생 경영의 성공 비결은 바로 하나님의 주권적 섭리를 인정하는 것입니다. 하나님의 주권적 섭리를 인정하면 무릎 꿇게 되고, 기도하는 사람이 될 것입니다. 하나님에게 도움을 구하고 겸비해서 머리를 조아리면 하나님이 긍휼을 베푸셔서 하늘 문을 여시고 도움의 손을 내밀어 붙잡아 주십니다. 이렇게 되면 형통한 자가 되는 것입니다. 형통한 자가 되어 칭찬이 돌아올 때도 결코 자고하지 않는 종의 신앙을 갖게 됩니다(눅 17:9-10 참조).

이런 신앙을 가진 성도의 입에서는 하나님의 은혜를 고백하는 감사의 고백이 흘러넘치게 될 것입니다(고전 15:10 참조).

진정으로 하나님의 주권을 인정하는가는 그의 고백을 들어 보면 압니다. 간증하면서 자기 자랑을 하는 사람은 아직 성숙한 신앙인이 아닙니다. 교회 부흥을 마치 자신이 이룬 것처럼 말하는 목사나 성도가 있다면 그것도 잘못된 신앙입니다. 인생의 성공적 경영은 하나님의 주권을 인정하는 것입니다. '주님의 은혜 아니면 나는 잠시도 설 수 없습니다. 내가 한 것은 아무것도 없습니다. 모든 것이 하나님의 은혜입니다'라고 고백하는 성숙한 신앙인이 되어야 합니다.

하나님의 주권을 인정하고 주어진 일에 최선을 다하십시오. 결과는 주님에게 맡기고 어떤 경우에도 감사하며 주님을 따르는 삶이 되도록 인생을 경영하십시오.

하나님의 눈을 인식하라

세상은 온통 감시카메라 천지입니다. 전 세계중에 우리나라에 감시카메라가 가장 많다고 합니다. 골목과 건물을 비롯해 엘리베이터에도 감시카메라가 설치되어 있습니다. 도시와 도시의 경계마다 방범용 카메라가 24시간 촬영을 하고, 수많은 범인들이 카메라에 잡혀 검거되기도 합니다. 강도짓을 하고 도둑질을 하는 범인들을 보면 카메라를 피하기 위해 모자와 마스크를 씁니다. 어떤 범인들은 카메라를 깨뜨리기도 하고 전원을 차단하기도 합니다. 완전범죄를 시도하는 것입니다. 세상에는 간혹 완전범죄가 있습니다. 때로 범인을 잡지 못하는 사건이 발생합니다. 그러나 하나님의 눈은 피할 수 없습니다.

인생 경영의 두 번째 성공 비결은 하나님의 눈을 인식하면서 사는 것입니다.

"사람의 행위가 자기 보기에는 모두 깨끗하여도 여호와는 심령을 감찰하시느니라"(잠 16:2).

하나님의 시력이 어느 정도일 것 같습니까? 세상에서 시력이 가장 좋은 사람들은 초원에 사는 유목민이라고 합니다. 시력이 가장 좋은 눈을 2.0이라고 할 때 그들은 열 배를 멀리 본다고 합니다. 그렇다고 해도 인간이 보는 것은 한계가 있습니다. 종이 하나만 가로막혀 있어도 앞을 볼 수 없습니다. 벽이라도 막혀 있으면 전혀 볼 수 없습니다. 그러나 하나님은 모든 것을 볼 수 있으십니다. 이것을 깨달은 시인은 다음과 같이 고백했습니다.

"여호와여 주께서 나를 살펴보셨으므로 나를 아시나이다 주께서 내가 앉고 일어섬을 아시고 멀리서도 나의 생각을 밝히 아시오며 나의 모든 길과 내가 눕는 것을 살펴보셨으므로 나의 모든 행위를 익히 아시오니 여호와여 내 혀의 말을 알지 못하시는 것이 하나도 없으시니이다 주께서 나의 앞뒤를 둘러싸시고 내게 안수하셨나이다 이 지식이 내게 너무 기이하니 높아서 내가 능히 미치지 못하나이다 내가 주의 영을 떠나 어디로 가며 주의 앞에서 어디로 피하리이까 내가 하늘에 올라갈지라도 거기 계시며 스올에 내 자리를 펼지라도 거기 계시니이다 내가 새벽 날개를 치며 바다 끝에 가서 거주할지라도 거기서도 주의 손이 나를 인도하시며 주의 오른손이 나를 붙드시리이다"(시 139:1-10).

하나님의 눈은 피할 수 없다는 것을 깨달은 사람이 지혜로운 사람입니다. 그런데 약아빠진 사람들은 자꾸만 눈속임을 하려고 합니다. 그래서 세상은 온통 가짜투성이입니다.

이 땅에 이중인격자가 판을 칩니다. 짝퉁이 명품 노릇을 합니다. 이런 세상 속에서도 명품 인생을 사는 비결은 비싼 명품을 가지고 사는 것이 아니라 하나님의 눈을 인식하고 언제나 정직하게 거짓 없이 사는 것입니다. 본문은 이런 하나님의 눈에 대해 '감찰하시는 눈'이라고 말씀합니다. 그것도 겉만 감찰하시는 것이 아니라 심령을 감찰하십니다.

요한계시록을 보면 예수님은 불꽃같은 눈을 가지고 계십니다(계 1:14 참조). 또 요한계시록 4장 6절에 보면 하나님을 보좌하고 있는 네 생물이 나오는데 그들은 앞뒤에 눈이 가득한 모습을 하고 있습니다.

이 말씀은 하나님이 동서남북 어디에 있든지 세상 모든 사람들을 항상 감찰하신다는 뜻입니다. 또한 처음부터 끝까지 측정하신다는 뜻입니다. 결과뿐 아니라 동기가 순수했느냐, 과정이 정당했느냐까지를 살피신다는 뜻입니다. 세상은 결과 지상주의입니다. '끝이 좋으면 다 좋다', '성공한 쿠데타는 죄가 되지 않는다'라는 말들을 하지만 하나님은 모든 것의 옥석을 가리시는 분입니다. 그러므로 시작도, 과정도, 끝도 모두 바르게 해야 합니다. 이런 정신으로 행하지 않으면 하나님 앞에 결코 설 수 없습니다.

나무의 나이테를 보면 어느 해에 가뭄이 왔고 어느 해에 기후가 추웠는지 다 알 수 있습니다. 마찬가지로 하늘나라의 행위록에는 우리의 일거수일투족이 매일매일 기록될 것입니다. 이런 생각을 가지면 바르게 살 수밖에 없습니다.

하나님 없는 세상에서 하나님을 인식하고 사는 자세가 중요합니다. 이 말은 하나님이 눈에 안 보인다고 하나님을 부정하고 살아가는 악한 사람들 속에서도 믿음의 사람들은 하나님을 인식하고 살아야 한다는 말입니다.

애굽은 영적으로 죄악 세상을 뜻합니다. 애굽에서 노예가 된 요셉의 태도를 기억하십니까? 보디발의 아내가 요셉을 유혹할 때 눈 한번 질끈 감으면 쾌락을 맛보고 출세도 보장되는데 요셉은 하나님을 늘 인식하고 살았기에 도저히 죄를 지을 수 없었습니다. 그래서 그는 이렇게 외쳤습니다. "이 집에는 나보다 큰 이가 없으며 주인이 아무것도 내게 금하지 아니하였어도 금한 것은 당신뿐이니 당신은 그의 아내임이라 그런즉 내가 어찌 이 큰 악을 행하여 하나님께 죄를 지으리이까"(창 39:9).

이렇게 하나님의 눈을 항상 인식하고 살았던 요셉은 이스라엘 민족의 조상이 되었고 성결한 신앙인의 표상이 될 수 있었습니다. 오늘도 살아 계신 하나님은 우리를 지켜보고 계십니다(삼상 16:7 참조).

불꽃같이 감찰하시는 하나님의 눈을 인식하며 바르고 깨끗하게 사십시오. 그래야 인생을 성공적으로 경영할 수 있습니다.

하나님을 전적으로 의지하라

우리가 하나님을 의지한다고 하지만 전적으로 의지하고 있는가를 묻는다면 대답하기가 곤란할 것입니다. 가령 은퇴 후 노년의 삶을 하나님에게 전적으로 맡길 수 있습니까? 자녀들의 장래를 맡길 수 있습니까? 전적으로 맡긴다는 것이 어디까지인가를 고민할 것입니다. 본문의 지혜자는 "너의 행사를 여호와께 맡기라 그리하면 네가 경영하는 것이 이루어지리라"(잠 16:3)고 말씀합니다.

'맡기라'는 히브리어로 '갈랄'이라 하는데, 이는 '굴려 보내다'라는 뜻을 갖고 있습니다. 볼링공을 굴려 보내야 핀이 쓰러지는 것처럼, 우리의 노후 문제, 자녀 문제, 남편 문제 등을 하나님에게 굴려 보낼 때 문제의 벽이 무너지게 되는 것입니다. 그런데 자신이 없으면 망설이다가 던지게 됩니다. 그러면 볼이 엉뚱한 데로 굴러갑니다. 문제가 해결되지 않습니다. 그래서 하나님을 전적으로 의지해야 합니다.

다시 말해, 하나님에게 모든 행사를 맡기라는 것은 마치 어린아이가 부모에게 자신의 생각을 온전히 내보이고 도움을 요청하듯이 하나님을 의지하라는 것입니다. 그러면 경영이 계획 이상으로 이루어집니다. 놀라운 일이 일어날 것입니다.

당신의 장래를 전적으로 하나님에게 맡기고 하나님의 일에 충성해 보십시오. 그러면 하나님이 당신의 일을 대책해 주실 것입니다. 내가 내 일을 대책하는 것이 완벽할까요, 하나님이 대책하시는 것이 완벽할까요? 우리는 하나님이 대책하시는 것이 완벽하다는 것을 믿어야 합니다.

"예수께서 이르시되 할 수 있거든이 무슨 말이냐 믿는 자에게는 능히 하지 못할 일이 없느니라 하시니"(막 9:23).

"내게 능력 주시는 자 안에서 내가 모든 것을 할 수 있느니라"(빌 4:13).

하나님을 전적으로 믿고 맡기십시오. 이게 바로 수지맞는 인생입니다. 나는 주의 일을 하고 주님이 내 일을 하시면 승리하는 인생이 됩니다. 하나님은 자기를 의뢰하는 자를 외면하지 않으시는 하나님이요, 자비하신 아버지이신 동시에 능력이 무한하신 분이십니다.

여호사밧 왕 때 적군이 쳐들어왔습니다. 하나님의 말씀대로 성가대를 앞세우고 적진을 향해 찬송을 부르며 나아갔습니다. 남들은 미쳤다고 했습니다. 그러나 여호사밧은 하나님을 전적으로 의뢰했습니다. 어떤 일이 일어났을까요? 적진에서 자중지란(自中之亂)이 일어나 전멸하고 말았습니다. 손 하나 대지 않고 완전한 승리를 거두었습니다. 하나님을 전적으로 의뢰하면 이런 기적을 맛보게 됩니다 (대하 20:20-23 참조).

다윗은 어려서부터 하나님을 전적으로 의지했습니다. 사자도 물리치고 곰도 물리쳤습니다. 믿음이 견고해졌습니다. 그 믿음으로 골리앗을 물리쳤던 것입니다(삼상 17:45-49 참조). 마찬가지로 인생의 경영을 성공하기 원한다면 하나님을 전적으로 의지하십시오. 하나님이 기적을 보여 주시고 승리를 안겨 주실 것입니다.

28

주님과 함께 걸으면
광야 길도 꽃길이 된다

사람이 마음으로
자기의 길을 계획할지라도
그의 걸음을 인도하시는 이는
여호와시니라

잠 16:9

하나님과 동행하면 죄악 세상에서도
의인으로 살 수 있습니다.
하나님과 동행하면
경제적 어려움도 극복하고,
육체의 질병도 이길 수 있습니다.
그 어떤 어려움도 견딜 수 있는 힘이
우리 주님에게 있기 때문입니다.

삶의 여정에서 누구와 동행하느냐가 중요합니다. 동행하는 사람이 누구냐에 따라 슬픔도 기쁨도 바뀌게 됩니다. 동행하는 사람이 누구냐에 따라 꽃길이 가시밭길이 될 수도 있습니다. 사랑하는 사람과 함께 걷노라면 가시밭길도 꽃길이 되지만, 미워하는 사람과 함께 걷는 길은 무릉도원도 지옥과 같이 느껴지게 마련입니다. 그래서 성경은 "두 사람이 뜻이 같지 않은데 어찌 동행하겠으며"(암 3:3)라고 말씀합니다. 마음과 뜻이 맞으면 꽃길이 아니더라도 좋고, 고생이 된다 하더라도 기쁨으로 감내할 수 있는 법입니다.

그러나 아무리 사랑하는 사람도 영원히 함께할 수는 없습니다. 그렇게 의지했던 부모님도 떠나고, 영원히 함께하리라 굳게 맹세한 남편도 아내도 떠나는 게 인생입니다. 중·고등학교 시절 하루라도 안 보면 못 살 것 같던 친구들도 10년, 20년, 30년씩 못 본 채 살아갑니다. 이런 것은 죄가 되는 것도 아니고 누구한테 그렇게 미안한 일도 아닙니다. 그러나 하나님과 동행하지 않으면 죄를 짓고 인생의 좌표가 틀어지게 됩니다. 그러므로 하나님과 동행하는 인생이 복된 인생이요, 그 무엇보다 중요한 일입니다.

노아가 살던 때는 사람들이 악했습니다. 세상이 악했기 때문입니다. 사람들은 막연히 옛날 사람은 다 순박하고 착했으리라 생각하는 경향이 있습니다. 그러나 4천 년 전 소돔과 고모라는 상상 이상으로 악했습니다. 남색이 성행했습니다. 남색을 Sodomy라고 하는 까닭은 소돔 성에서 시작되었기 때문입니다. 노아의 때는 이보다 더 오래전인데 세상에 사람의 죄가 얼마나 가득 찼는지 성경은 '땅에 포악함이 가득 찼다'고 말씀합니다(창 6:5, 11-12 참조).

놀랍게도 이런 속에서 노아는 의인이요, 당대에 완전한 자라고 하나님이 인정하셨습니다. 그래서 노아를 통해 인류를 보존하고 새롭게 창조하시기 위해 홍수로 세상을 심판하셨던 것입니다. 그렇다면 노아가 죄악이 가득 찬 부패한 세상에서 의인이 될 수 있었던 비결은 무엇일까요? 그가 하나님과 동행했기 때문입니다(창 6:9 참조). 하나님과 동행하면 죄악 세상에서도 의인으로 살 수 있습니다. 그 어떤 어려움도 견딜 수 있는 힘이 우리 주님에게 있기 때문입니다.

〈저 장미꽃 위에 이슬〉이라는 아름답고 은혜로운 찬송이 있습니다. 이 찬송이 탄생한 배경은 이렇습니다. 1885년 독일에서 태어난 가이벨은 신앙의 자유를 찾아 미국으로 건너온 부모님을 따라 어려서 미국으로 이민을 왔습니다. 그런데 8세 때 안질을 앓다가 실명을 하고 말았습니다. 그러나 그는 타고난 음악적 재능으로 찬송곡과 성가곡을 많이 작곡했고, 가이벨 음악 출판사를 운영하면서 미국의 종교 음악 발전에 큰 기여를 했습니다. 육신의 눈은 어두웠으나 심령의 눈이 밝아 신앙의 승리를 한 것입니다.

그런데 그의 가정에 또 한 번 견딜 수 없는 비극이 닥쳤습니다. 제철소에 근무하던 사위가 폭발 사고로 사망한 것입니다. 이 소식을 들은 가이벨은 크게 낙망했습니다. 기도하고 하나님의 뜻을 물었으나 도저히 극복할 수 없었습니다. 견디다 못한 그가 찬송 작사, 작곡가인 친구 오스틴 마일즈를 찾아가서 비통한 심정을 털어놓았습니다. 그런 후 집에 돌아가 기도하다가 하나님의 음성을 들었습니다.

"아이야, 지금은 네가 알 길이 없을 것이나 언젠가는 알게 될 것이다. 언젠가는 그 모든 것이 다 명백해질 것이다." 가이벨은 그 자리에서 무릎을 꿇고 "예, 주님. 믿습니다. 나의 믿음 없는 것을 도와주십시오. 당신이 언젠가는 명백히 알게 하실 날이 있을 것을 믿습니다"
대답하고 나자 마음에 평안이 임했습니다.

그는 다음 날 다시 마일즈를 찾아 이 이야기를 전했습니다. 이야기를 들은 마일즈가 골방에 들어가 요한복음 20장을 읽고 기도하던 중 가사가 떠올랐고, 그날 저녁 작곡까지 마쳤습니다. 이 곡이 바로 〈저 장미꽃 위에 이슬〉입니다.

주님과 동행하면 슬픔도, 눈물도, 고통도, 아픔도, 죄와 사망의 두려움도 다 사라지고 기쁨과 평안이 넘치는 동산으로 바뀌게 됩니다. 하나님과 동행하십시오.

하나님을 경외함

하나님과 동행하는 사람은 하나님을 경외합니다. 경외(敬畏)라는 말은 서로 반대되는 말이 함께 붙어 있는 말입니다. 어떻게 존경하고 사랑하는데 무서워하고 두려워할 수 있을까요? 본문은 다음과 같이 말씀합니다.

"여호와께서 온갖 것을 그 쓰임에 적당하게 지으셨나니 악인도 악한 날에 적당하게 하셨느니라"(잠 16:4).

하나님이 악인을 만드신다는 뜻이 아니라 죄를 범한 사람들을 적당한 때에 심판하셔서 사람들로 하여금 두려운 마음을 갖게 하는 반면교사의 역할을 하게 하신다는 뜻입니다.

"무릇 마음이 교만한 자를 여호와께서 미워하시나니 피차 손을 잡을지라도 벌을 면하지 못하리라"(잠 16:5).

악인들은 손을 잡는 데 빠릅니다. 악인들은 싸우기도 잘하고, 갈라지기도 잘하고, 뭉치기도 잘합니다. 이익이 되는 일이면 하이에나같이 달려들고, 조금이라도 자신에게 불리하다 싶으면 판을 깨고 나갑니다. 이런 모양을 '이합집산'(離合集散, 헤어졌다 모였다 하는 일)이라고 합니다.

악인이 모이면 의인들을 공격하고 악한 힘을 쏟게 되므로 세상은 어두워지고 의인은 숨게 됩니다. 그때가 하나님의 심판이 가까운 때임을 알아야 합니다.

"인자와 진리로 인하여 죄악이 속하게 되고 여호와를 경외함으로 말미암아 악에서 떠나게 되느니라"(잠 16:6).

이런 악한 세상을 살아가면서도 사람을 두려워하고 사람에게 비위를 맞추는 것이 아니라 인자와 진리로 무장하고 하나님 마음에 합하도록 살아가면 하나님이 구원으로 인도해 주십니다.

'하나님을 경외함으로 악에서 떠난다'는 말씀은 '하나님을 두려워하는 자는 악한 길에서 떠나게 된다'라고 번역할 수 있습니다. 하나님을 두려워한다는 것은, 하나님은 종이호랑이가 아니라 악인을 벌하시고 의인에게 상 주시는 살아 계신 하나님이심을 인정한다는 말입니다.

하나님의 살아 계심을 믿으십니까? 하나님이 악한 자를 심판하심을 믿으십니까? 그렇다면 하나님을 두려워하는 것이요, 하나님을 인식하고 살아가기 때문에 하나님과 동행하는 신앙인이 되는 것입니다.

하나님은 요셉이 고난당할 때 함께하셨습니다. 요셉은 하나님이 자신과 동행하시는 것을 느꼈습니다. 그는 하나님 앞에서 반듯하게 살았습니다. 자기 생살여탈권을 가진 여주인이 유혹했지만 요셉은 하나님을 더 두려워했습니다. 그 일로 비록 감옥에 갇히는 신세가 되었으나 하나님은 요셉의 머리카락 하나 상하지 않도록 보호해 주셨습니다(창 39:19-23 참조). 하나님은 경외하는 자를 위기에서 건지시고 보호하실 뿐 아니라 형통하게 하신다는 사실을 믿어야 합니다.

또한 성경은 "노를 품는 자와 사귀지 말며 울분한 자와 동행하지 말지니 그의 행위를 본받아 네 영혼을 올무에 빠뜨릴까 두려움이니라"고 말씀합니다. 마음이 악한 자, 마음에 분노가 가득한 자와 동행하다가 그와 함께 멸망할 수 있음을 주의하라는 말씀입니다.

하나님을 경외하며 그분과 동행하십시오. 하나님을 경외하고 하나님과 동행하는 자는 죄의 길에서 벗어나 재물과 영광과 생명을 누릴 것입니다(잠 22:4 참조).

하나님을 기쁘시게 함

세상에 이해할 수 없는 일 중에 하나가 고등학교, 대학교 다닐 때 열심히 놀았던 여학생들이 시집가서 잘사는 것입니다. 그러나 답은 간단합니다. 곰하고는 못 살아도 여우하고는 살 수 있기 때문입니다. 남자들이 현숙한 여인보다는 애교 많고 아양 떠는 여자를 좋아하기 때문입니다.

하나님도 마찬가지입니다. 신앙생활한다고 무조건 복을 받는 게 아니라 하나님이 기뻐하시는 일을 찾아 해야 복을 받습니다. 그렇다면 하나님이 기뻐하시는 일이란 무엇일까요?

"사람의 행위가 여호와를 기쁘시게 하면 그 사람의 원수라도 그와 더불어 화목하게 하시느니라 적은 소득이 공의를 겸하면 많은 소득이 불의를 겸한 것보다 나으니라"(잠 16:7-8).

하나님은 본질적으로 선하고 의로우시므로 그를 기쁘시게 하는 사람의 행위에 대해서는 반드시 은혜와 복을 내려 주십니다. 7절의

'하나님을 기쁘시게 하는 행위'는 8절 말씀으로 볼 때 '공의로운 행위'를 뜻합니다. 모든 일에 있어 하나님 보시기에 합당한 일인가를 묻고 공의를 행하면 하나님이 원수도 변해서 친구가 되도록 환경과 사람의 마음까지도 바꿔 주신다는 말씀입니다. 결국 대인 관계보다 대신 관계를 먼저 올바르게 정립하는 것이 하나님과 동행하는 삶임을 가르쳐 주고 있습니다. 그러므로 지혜자들은 인간관계를 인간관계로 풀려고 할 것이 아니라 하나님과의 관계를 바르게 해서 풀어 나가는 훈련을 해야 합니다. 그러면 하나님이 사람의 마음까지도 바꾸어 주십니다.

창세기 26장을 보면 이삭이 잘될 때마다 그랄 사람들이 시기하고 쫓아냅니다. 그래서 그랄 땅에서 쫓겨나 다른 땅에 가서 정착했는데 그랄 왕 아비멜렉이 군대장관과 비서실장을 대동하고 찾아왔습니다. 이삭이 '여기까지 왜 찾아오셨습니까? 여기는 당신 땅이 아닌데 또 무엇을 요구하려고 합니까?' 하고 말했습니다. 그때 아비멜렉이 말합니다. "여호와께서 너와 함께 계심을 우리가 분명히 보았으므로 우리의 사이 곧 우리와 너 사이에 맹세하여 너와 계약을 맺으리라 말하였노라 너는 우리를 해하지 말라 이는 우리가 너를 범하지 아니하고 선한 일만 네게 행하여 네가 평안히 가게 하였음이니라 이제 너는 여호와께 복을 받은 자니라"(창 26:28-29).

'하나님이 너와 함께 계심을 우리가 분명이 보았다.' '너는 하나님의 복을 받은 자다.' 이는 '네가 받은 복을 나도 받고 싶으니 나눠 달라'는 것입니다. 이렇게 하나님을 기쁘시게 하면 원수도 변해서 친구가 됩니다. 악인을 악하게 대하지 말고 악도 선으로 갚으십시오. 하나님과 동행하기만 하면 나머지는 하나님이 해결해 주십니다.

마음의 소원이 무엇입니까? 소원을 따라가지 말고 하나님을 기쁘시게 하십시오. 하나님을 기쁘시게만 하면 소원은 자동으로 성취됩니다(시 37:4 참조). 사도 바울도 언제나 하나님의 기쁨을 구했습니다. "이제 내가 사람들에게 좋게 하랴 하나님께 좋게 하랴 사람들에게 기쁨을 구하랴 내가 지금까지 사람들의 기쁨을 구하였다면 그리스도의 종이 아니니라"(갈 1:10).

하나님의 인도하심을 구함

성공하는 사람을 연구해 보면 두 가지 유형으로 나뉘는데, 하나는 철저하게 계획하는 사람이요, 다른 하나는 목표는 있지만 세부 계획은 없는 사람입니다. 철저한 계획을 가진 사람을 주도면밀하다고 말합니다. 이에 반해 목표는 있지만 세부 계획은 없는 사람을 감각이 탁월하다고 말합니다. 그때그때 판단하는 뛰어난 감각을 지니고 있다는 말입니다. 그런데 믿는 사람의 성공은 주도면밀함도 아니요, 뛰어난 감각도 아닙니다. 하나님의 인도하심을 구하는 사람이 성공합니다.

다윗은 하나님의 인도하심을 어려서부터 체험했습니다(시 23편 참조). 그러나 그 길이 늘 평탄하지는 않았습니다. 다윗의 인생 여정을 보면 엄청난 시련과 역경이 있었음을 알 수 있습니다. 골리앗을 물맷돌로 쓰러뜨리고 민족 영웅이 됐습니다. 공주와 결혼하고 왕의 사위가 되었습니다. 그의 인생에 푸른 초장이 펼쳐지는 듯했습니다. 그러나 그것도 잠시, 사울 왕의 질투가 폭발하면서 창을 던져 죽이려 하자 다윗은 결국 도망자가 되어 광야를 유랑했습니다. 그러나 좁은 이스라엘 땅에서 왕의 군대를 피할 곳이 없었습니다.

더 이상 피할 곳이 없어 블레셋에 망명했습니다. 그런데 블레셋 왕의 신하들이 이 기회에 위험의 싹을 잘라야 한다며 다윗을 죽이려 모의합니다. 그러자 그는 침을 흘리며 머리를 산발하고 미친 체한 끝에 위기를 모면하고 탈출할 수 있었습니다. 아마도 이러한 역경의 때를 생각하며 '사망의 음침한 골짜기'라고 표현한 것 같습니다.

그는 사망의 음침한 골짜기를 다닐수록 더욱 하나님의 인도하심을 구했습니다. 그러면서 "그들이 나의 재앙의 날에 내게 이르렀으나 여호와께서 나의 의지가 되셨도다 나를 넓은 곳으로 인도하시고 나를 기뻐하시므로 나를 구원하셨도다"(시 18:18-19)라고 고백했습니다.

다윗은 어려서부터 늘 부족했습니다. 형들보다 인물도 부족했고, 아버지의 인정도 부족했습니다. 그럼에도 불구하고 하나님이 인도해 주실 것을 간구했고, 하나님의 인도하심을 받았기 때문에 부족함이 없다고 고백한 것입니다. 사람들에게 인정받지 못합니까? 부족합니까? 낙망하지 마십시오. 하나님이 인도하시면 당신의 인생에 부족함이 없게 될 것입니다.

하나님과 동행해도 사망의 음침한 골짜기가 나옵니다. 욥은 온전하고 정직해서 하나님을 경외하며 악에서 떠난 자라고 하나님에게 인정받은 사람입니다. 그런데 인간이 당할 수 있는 가장 끔찍한 일을 다 겪었습니다. 평화로운 목장에 도둑 떼가 들이닥쳐 목동들을 다 죽이고 소와 나귀를 모두 약탈해 갔습니다. 하늘에서 벼락이 떨어져 양과 종들을 불살라 버렸습니다. 이방인들이 갑자기 떼로 달려들어 종들을 죽이고 낙타를 다 빼앗아 갔습니다. 열 명의 자녀들이 잔치를 벌이는 집에 회오리바람이 닥쳐 모두 몰사하고 말았습니다. 그런 속에서도 하나님을 원망하지 않자 사탄이 욥의 몸을 쳐서 악창이 나게 해 질그릇 조각으로 몸을 긁어 댔습니다.

그의 아내가 차라리 하나님을 욕하고 죽으라고 저주합니다. 그때 욥이 "그대의 말이 한 어리석은 여자의 말 같도다 우리가 하나님께 복을 받았은즉 화도 받지 아니하겠느냐"(욥 2:10) 하고 말합니다. 이렇게 욥은 하나님이 인도해 주실 것을 구했고, 하나님은 그의 잔이 넘치도록 그를 복된 길로 인도해 주셨습니다(욥 42:10, 12-13 참조).

하나님과 동행하는 자녀들의 길에도 사자와 늑대가 나옵니다. 그런데 두렵지 않습니다. 하나님이 막대기와 지팡이로 지켜 주시기 때문입니다. 그래서 다윗은 '내 잔이 넘치나이다' 하며 승리의 노래를 불렀습니다. 이 고백이 우리의 고백이 되어야 합니다. 다윗은 잔이 넘치는 것이 잠깐이 아닌 평생이라고 고백합니다. 평생 정도가 아니라 영원히 넘친다고 고백합니다. 정말 복 있는 사람입니다. 하나님과 찰떡같이 동행했기 때문입니다.

하나님은 말씀하십니다. '내가 너를 떠나지 아니하리라. 내가 너를 버리지도 아니하리라.' 문제는 우리가 하나님을 버리고 떠나는 데 있습니다. 하나님과 동행하며 하나님의 인도하심 받기를 결단하십시오.

"사람이 마음으로 자기의 길을 계획할지라도 그의 걸음을 인도하시는 이는 여호와시니라"(잠 16:9).

너무 머리 굴리며 계획하지 마십시오. 하나님이 하실 여지를 남겨 놓으십시오. 하나님과 동행하면 지금 상황이 애굽의 노예 생활과 같이 힘들지라도 젖과 꿀이 흐르는 땅으로 인도해 주십니다(출 3:8 참조).

하나님과 동행하기 원한다면 하나님의 인도하심을 구하십시오. 하나님의 인도하심을 받으면 젖과 꿀이 넘치는 복된 삶이 될 것입니다.

성도의 품격은
삶이 말해준다

하나님의 말씀이 왕의 입술에 있은즉
재판할 때에 그의 입이
그르치지 아니하리라

잠 16:10

왕 같은 제사장이 된
성도들의 말과 생각과 행동은
그만큼 영향력이 큽니다.
왕 같은 제사장의 삶으로
세상 사람들을 축복하고
거룩한 영향력을 미치십시오.

왕을 우리말로는 임금이라고 합니다. 왕정 시대에 왕의 권한은 절대적이었습니다. 왕의 권한은 신에게 물려받은 것이라고 생각했기 때문입니다. 이것을 학문적으로 '왕권신수설'(王權神授說)이라고 합니다. 따라서 왕이 결정한 일은 오류가 없다고 생각했습니다. 왕은 사람을 죽이고 살리는 권한을 가졌고, 나라는 모두 왕의 소유가 되었으며, 백성은 모두 왕의 자녀나 신하라고 생각했습니다.

그럼에도 불구하고 왕의 폭정을 견디다 못해 반란을 일으켜 왕을 축출하고 새 왕을 옹립한 예를 찾아보기는 그리 어렵지 않습니다. 후고구려를 세우고 왕위에 오른 궁예는 처음에는 강력한 리더십을 보였으나 점차 부하들을 의심하고 자신을 미륵불로 자처하는 등 많은 문제를 일으켰습니다. 독선적인 통치에 염증을 느낀 부하들이 왕건을 왕으로 추대하고 쿠데타를 일으키자 궁예는 평민복으로 갈아입고 도망치다 농부에게 붙잡혀 맞아 죽는 비참한 최후를 맞았습니다.

이스라엘은 신정국가입니다. 이스라엘 왕들은 하나님을 우주를 다스리는 만왕의 왕으로 인정하고, 그의 지배를 따라서 살고 통치해야 한다고 생각했습니다. 그러나 하나님의 뜻을 따라 나라를 다스린 선한 왕보다는 그렇지 못한 왕이 대부분이었습니다. 그래서 이런 말씀이 나왔습니다.

"너희가 만일 여호와를 경외하여 그를 섬기며 그의 목소리를 듣고 여호와의 명령을 거역하지 아니하며 또 너희와 너희를 다스리는 왕이 너희의 하나님 여호와를 따르면 좋겠지마는 너희가 만일 여호와의 목소리를 듣지 아니하고 여호와의 명령을 거역하면 여호와의 손이 너희의 조상들을 치신 것같이 너희를 치실 것이라"(삼상 12:14-15).

예수 믿고 하나님의 자녀 된 그리스도인들은 신분이 상승하는데 왕의 반열에 오르게 됩니다. 이에 베드로는 성도들을 향해 "왕 같은 제사장"(벧전 2:9)이라고 말했습니다. 왕 같은 제사장이라는 말은 '하나님 나라의 제사장', '멜기세덱과 같은 왕이요, 제사장'이라는 뜻입니다. 여기에서 만인제사장설이 나오게 되었습니다.

〈만인제사장설(萬人祭司長說)〉

구약 시대에는 이스라엘 백성들이 하나님 앞에 나아갈 때 반드시 인간 중보자인 제사장과 희생 제물이 요구되었다. 신약 시대에는 죄인과 하나님 사이에 완전하고 유일한 중보이신 예수 그리스도가 속죄 사역을 완성하셨다. 따라서 더 이상 인간 중보자나 제물이 필요 없으며 모든 성도들이 예수님의 이름을 가지고 직접 하나님을 섬길 수 있게 되었다.

이것을 뒷받침하는 성경 말씀이 마태복음 27장 51절입니다. "이에 성소 휘장이 위로부터 아래까지 찢어져 둘이 되고 땅이 진동하며 바위가 터지고." 휘장이 위로부터 찢어졌다는 것은 하나님이 찢으신 것을 의미합니다. 이에 대해 히브리서 기자는 다음과 같이 설명합니다. "그러므로 형제들아 우리가 예수의 피를 힘입어 성소에 들어갈 담력을 얻었나니 그 길은 우리를 위하여 휘장 가운데로 열어 놓으신 새로운 살 길이요 휘장은 곧 그의 육체니라"(히 10:19-20).

예수님이 십자가에서 몸을 찢으시고 피를 흘려 주심으로 우리가 그 은혜로 하나님에게 직접 나아갈 수 있는 새로운 길이 열렸다는 뜻입니다. 이제는 예수 믿는 우리 모두가 하나님 앞에 직접 나아갈 수 있는 제사장이라는 사실을 믿으십시오.

베드로는 제사장 앞에 '왕 같은'이라는 말을 붙여서 권위를 더해 주었습니다. 본문은 왕의 권위를 구체적으로 다음과 같이 말씀합니다.

"왕의 진노는 죽음의 사자들과 같아도 지혜로운 사람은 그것을 쉬게 하리라 왕의 희색은 생명을 뜻하나니 그의 은택이 늦은 비를 내리는 구름과 같으니라"(잠 16:14-15).

왕이 진노하면 사자가 찢는 것 같은 심판이 일어나고 저승사자가 들이닥친다는 뜻입니다. 반면에 왕이 기뻐하면 대지를 적시는 단비와 같은 은총이 임한다고 말씀합니다. 왕 같은 제사장이 된 성도들의 말과 생각과 행동은 그만큼 영향력이 큽니다. 왕 같은 제사장의 삶으로 세상 사람들을 축복하고 거룩한 영향력을 미치십시오.

입에 말씀을 담으라

입에 욕을 달고 다니는 사람들이 있습니다. 그들의 심리 상태를 들여다보면 마음에 상처가 있고, 욕구가 가득하고, 마음이 뒤틀려서 그렇습니다. 옛날 한이 많던 시절 우리 어른들은 욕으로 한풀이를 했습니다. 그래서 자녀들에게 빌어먹을 놈, 망할 놈, 육시할 놈, 뒈질 놈, 싸가지 없는 놈, 찢어 죽일 놈 등 수많은 욕을 생각 없이 퍼부었습니다.

왕 같은 제사장들의 입에는 욕 대신 말씀을 담아야 합니다.

"하나님의 말씀이 왕의 입술에 있은즉 재판할 때에 그의 입이 그르치지 아니하리라 … 의로운 입술은 왕들이 기뻐하는 것이요 정직하게 말하는 자는 그들의 사랑을 입느니라"(잠 16:10, 13).

왕의 입술에 하나님의 말씀을 담았다는 뜻은 '하나님에게 받은 예언이나 결정을 입에 담았다'는 뜻입니다. 왕정 국가 시절 어명은 곧 하나님의 말씀과 동일하게 여겨졌습니다. 금부도사가 "어명이요" 외치며 사약을 내리면 "성은이 망극하옵니다" 하면서 그 약을 무릎 꿇고 받아 마신 후 죽었습니다. 지금은 상상할 수 없는 일입니다. 그리스도인은 왕 같은 제사장입니다. 그러므로 우리의 입술에는 하나님의 말씀을 담아야 합니다. 그러면 말에 권위가 있게 될 것입니다.

그런데 지금 그리스도인들의 신용도가 땅에 떨어졌습니다. '예수쟁이들, 말만 잘한다'고 세상 사람들이 말합니다. 예수 믿는 사람들이 믿을 수 없다는 것입니다. 만왕의 왕 되신 하나님은 의로운 입술을 기뻐하십니다. 말과 행동이 같은 사람을 기뻐하신다는 뜻입니다. 말과 행동이 일치하는 사람이 정직한 사람이요, 하나님에게 사랑받고, 사람들에게도 인정받고 높임 받게 됩니다.

왕이 거짓말하는 사람, 아첨하는 사람을 좋아한다면 그 나라는 망하고 말 것입니다. 왕의 입에는 백성을 살릴 수 있는 생명의 말을 담아야 합니다. 왕 같은 제사장 된 하나님의 자녀들의 입술에는 하나님의 말씀, 생명의 복음이 담겨 있어야 합니다.

이사야 선지자는 이런 간구를 드렸습니다. "주 여호와께서 학자들의 혀를 내게 주사 나로 곤고한 자를 말로 어떻게 도와줄 줄을 알게 하시고 아침마다 깨우치시되 나의 귀를 깨우치사 학자들같이 알아듣게 하시도다"(사 50:4).

우리는 모두 학자의 혀를 가져야 합니다. 그래서 입을 열어 권고하면 자녀들의 어리석음이 벗겨져 총명한 사람이 되고, 어두운 길을 가던 친구들이 죄를 깨닫고 밝은 길로 나오게 되고, 죄악과 짝하던 죄인들이 회개하고 돌아서게 되는 능력 있는 삶을 살아야 합니다.

왕 같은 제사장인 우리는 복음을 전할 때 세상 사람들에게 인기를 끄는 것이 목적이 되어서는 안 됩니다. 때로는 사람들에게 죄를 죄라고 지적해야 합니다. 매일 위로만 하고 사랑만 해서는 하나님의 나라가 이루어지지 않습니다. 왕 같은 제사장들은 하나님의 말씀을 받아 그대로 전하는 사람들입니다.

"만일 누가 말하려면 하나님의 말씀을 하는 것같이 하고 누가 봉사하려면 하나님이 공급하시는 힘으로 하는 것같이 하라 이는 범사에 예수 그리스도로 말미암아 하나님이 영광을 받으시게 하려 함이니 그에게 영광과 권능이 세세에 무궁하도록 있느니라 아멘"(벧전 4:11).

마음에 거짓을 없애라

세상의 3대 거짓말이 있습니다. 하나는 처녀의 시집가고 싶지 않다는 말이고, 하나는 밑지고 판다는 말, 다른 하나는 노인의 죽고 싶다는 말입니다. 마음에도 없는 말을 자꾸 하면 거짓말쟁이, 허풍선이 됩니다. "한 가지 거짓말을 덮으려면 아홉 가지 거짓말이 필요하다"는 속담을 기억하십시오.

사람은 작은 거짓말을 해도 마음이 두근두근합니다. 그것은 양심이 살아 있기 때문입니다. 그래서 이 원리를 이용해 거짓말 탐지기를 만들어 수사 과정에 활용하는 것입니다. 왕 같은 제사장들은 마음에 거짓이 없어야 합니다.

"공평한 저울과 접시저울은 여호와의 것이요 주머니 속의 저울추도 다 그가 지으신 것이니라"(잠 16:11).

"저울 장사는 근수를 속이고, 포목 장사는 잣대를 속인다"는 말이 있습니다. 지금도 상업행위 단속법으로 저울을 속이는 것 같은 행위를 엄격하게 다스립니다. '저울이나 접시저울이나 저울추 같은 것들이 하나님의 것'이라는 말씀은 하나님이 공정한 상거래를 원하신다는 것이요, 생활 속에서 거짓말하지 말라는 것입니다.

"너희는 재판할 때나 길이나 무게나 양을 잴 때 불의를 행하지 말고 공평한 저울과 공평한 추와 공평한 에바와 공평한 힌을 사용하라 나는 너희를 인도하여 애굽 땅에서 나오게 한 너희의 하나님 여호와이니라"(레 19:35-36). 도량형을 속이는 행위가 3,500년 전 레위기에 등장하는 것을 보면 인간의 죄는 옛날이나 지금이나 크게 다르지 않은 것을 알 수 있습니다. 구약의 다른 성경에도 비슷한 말씀이 여러 차례 기록되어 있습니다(암 8:5; 호 12:7 참조).

하나님은 이런 가증한 행위를 미워하시고 심판하십니다. 하나님의 선택을 받은 이스라엘 백성들이 타락하니 상행위가 거짓투성이가 되었습니다. 이러한 행위는 사람만 속이는 것이 아니라 하나님까지 속이는 것임을 알아야 합니다.

사도 바울은 "거짓을 버리고 각각 그 이웃과 더불어 참된 것을 말하라 이는 우리가 서로 지체가 됨이라"(엡 4:25)고 말했습니다. 하나님의 말씀을 깨닫고 보면 모든 만물을 다 하나님이 만드셨습니다. 특히 예수님이 십자가를 지신 것은 예수 믿는 우리만을 위함이 아닌 온 인류를 구원하시기 위함이었습니다. 이것을 깨달았다면 하나님이 모든 사람을 사랑하신다는 것을 알게 될 것입니다. 따라서 진정한 신앙인은 모든 사람들을 사랑하게 될 것입니다.

윤동주 시인은 〈서시〉에서 '별을 노래하는 마음으로 모든 죽어 가는 것을 사랑하겠다'고 노래했습니다. 여기에서 '별'을 '하나님'이라고 해석한다면, '하나님을 사랑하는 마음으로 모든 사람들을 보듬으면서 살겠다'는 다짐이라고 해석할 수 있을 것입니다.

성도들은 사람을 대할 때 거짓을 버리고, 사랑을 가지고, 진실한 마음으로 교제해야 합니다. 거짓된 마음을 가지면 상대방을 이용의 대상으로, 착취의 대상으로 취급하게 되고 맙니다. 그러면 나중에는 결국 자신이 상하고 망하게 된다는 것을 알아야 합니다. 왜냐하면 인간은 서로 지체가 되기 때문입니다. 그러나 반대로 남을 정직하고 진실하게 사랑하면 그것이 나를 행복하게 만드는 결과를 가져오게 되는 것입니다. 이것을 지체 의식이라고 말합니다.

악은 어떤 모양이라도 버려야 하는 것처럼 작은 거짓말도 버려야 합니다. 거짓을 버릴 때 높고 푸른 하늘과 같은 마음을 갖게 될 것입니다. "너희가 서로 거짓말을 하지 말라 옛 사람과 그 행위를 벗어 버리고 새사람을 입었으니 이는 자기를 창조하신 이의 형상을 따라 지식에까지 새롭게 하심을 입은 자니라"(골 3:9-10).

거짓을 버리고 깨끗한 마음으로 이웃과 교제하십시오.

공의를 행하라

우리나라가 경제적으로 윤택해지고 세계 속에 한국으로 우뚝 선 지 10년도 더 되었지만 아직 선진국 대열에 서지 못하고 있습니다. 무슨 까닭일까요? 그것은 부패지수가 높기 때문입니다. 국제투명성기구가 발표한 2016년 부패지수를 보면 우리나라는 53점으로 52위입니다. 한국이 선진국이 되기 위해서는 왕 같은 제사장 된 그리스도인들이 모범을 보이고 깨끗하게 살아야 합니다.

"악을 행하는 것은 왕들이 미워할 바니 이는 그 보좌가 공의로 말미암아 굳게 섬이니라"(잠 16:12).

왕이 악을 미워해야 나라가 깨끗해집니다. 왕이 공의롭게 행해야 나라가 견고하게 섭니다. 2011년 중동 지방에서 일어난 재스민 혁명은 전부 왕과 대통령들이 공의롭게 통치하지 않고 부정부패를 일삼았기 때문에 일어난 혁명입니다. 왕이 공의롭지 못하면 나라가 뒤집히게 되는 것입니다.

믿음의 사람은 달라야 합니다. 영적인 사람은 공의를 앞세워야 합니다. 이것이 하나님의 명령이기 때문입니다. 아모스 선지자 또한 "오직 정의를 물같이, 공의를 마르지 않는 강같이 흐르게 할지어다"(암 5:24)라고 말했습니다. 왕 같은 제사장 된 그리스도인들은 악을 미워하고 공의를 행해야 합니다.

본문 12절은 통치자를 위한 잠언인 동시에 영적인 통치자인 그리스도인들을 위한 잠언입니다. 우리는 하나님의 대리인으로서 악을 미워하고 공의를 실천해야 합니다. 더러운 이익을 탐하는 모임이나 사리사욕에 물든 사람을 멀리해야 합니다. 왕은 또한 체면을 지켜야 합니다. 그리스도인들은 영적 거룩함을 지키기 위한 자존심이 있어야 합니다. 길이 아니면 가지 않고, 도가 아니면 행하지 말아야 합니다.

이사야는 "공의로 그의 허리띠를 삼으며 성실로 그의 몸의 띠를 삼으리라"(사 11:5)고 말했습니다. 공의로 허리띠를 삼는다는 것은 공의를 생활화하겠다는 뜻입니다. 공의가 아닌 일은 삼가겠다는 뜻입니다. 허리띠도 명품이 있을 것입니다. 그러나 아무리 비싼 허리띠를 차고도 불의를 행하면 아무 소용이 없습니다. 아무리 높은 지위에 있어도 공의를 행하지 않으면 하나님이 기뻐하지 않으십니다.

물이 배를 띄우기도 하지만 배를 뒤엎을 수도 있다는 것을 기억하십시오. 지도자는 백성을 두려워하며 하나님을 두려워하고 근신해야 합니다. 그 길이 공의를 행하는 길입니다. 왕 같은 제사장 된 하나님의 자녀들은 공의가 아니면 천금을 주어도 행하지 않고, 공의가 아니면 면류관을 씌워 주어도 받지 않고, 공의가 아니면 천하가 따른다 해도 가지 않으리라 다짐해야 합니다.

30

자녀에게 살 공부 말고
산 공부를 가르치라

마땅히 행할 길을
아이에게 가르치라 그리하면
늙어도 그것을 떠나지 아니하리라

잠 22:6

마땅히 행할 길을
'아이에게' 가르치라고 명령합니다.
아이란 히브리어로 '나아르'라 하는데,
이는 '젖먹이'라는 뜻입니다.
자녀 교육은 인격과 습관이
형성되기 시작하는
젖먹이 시절부터 이루어져야 함을
강조하고 있는 것입니다.

제2차 세계대전 이후 원조 받던 나라에서 원조하게 된 나라는 대한민국밖에 없습니다. 대한민국은 위대한 나라입니다. 전쟁으로 폐허가 된 나라, 아프리카보다 더 비참한 나라, 그런 잿더미 속에서 한강의 기적을 일으켰습니다. 쓰레기통에서 장미가 핀 것과 같고, 진흙 속에서 연꽃이 핀 것과 같다고 할 수 있습니다. 그 원인으로 부지런한 민족성, 새마을 운동, 빨리빨리 정신, 박정희 대통령의 리더십, 미국의 지원, 일본의 기술 습득 및 높은 교육열을 꼽습니다.

그렇습니다. 대한민국은 세계에서 대학을 제일 많이 가는 나라입니다. 4년 전 고등학교 졸업생 중에서 84퍼센트가 대학에 진학했습니다. 고액의 등록금을 해결하기 위해 부모들은 빚을 내서라도 자녀들에게 대학 교육을 시켰습니다. 그 결과 세계무역수지 7위에 오르고 선진국들과 어깨를 나란히 하게 되었습니다.

그런데 문제는 세상이 점점 각박해지고, 도덕 윤리는 땅에 떨어졌으며, 동방예의지국이라는 옛말이 무색하게 되었습니다. 왜 이렇게 되었을까요? 한마디로 돈 버는 교육, 출세하는 교육, 경쟁에서 이기는 교육에 올인하다가 인성이 파괴되고 만 것입니다. 결국 좋은 씨앗을 뿌리지 못한 것입니다.

"악을 뿌리는 자는 재앙을 거두리니 그 분노의 기세가 쇠하리라"(잠 22:8).

좋은 씨앗을 뿌려야 좋은 열매를 거두는 것은 정한 이치입니다. 악한 씨앗을 뿌렸으니 재앙을 당하게 되는 것이 당연합니다. 학교에서조차 징계가 사라졌습니다. 선생님이 징계권을 잃어버리고 나니 선생님을 우습게 여깁니다. 당연히 바른 교육이 이루어질 수 없습니다.

미련한 학생, 불순종하는 자녀는 가차 없이 징계해야 정신을 차리는 법입니다(잠 22:15 참조). 마음에 상처를 줄 정도로 아이를 억압하거나 인격적으로 모욕하면 안 되지만 엄한 교육은 필요합니다. 그래야 바른 길로 인도할 수 있기 때문입니다.

자녀 교육은 동서고금을 막론하고 모든 부모들의 최대 관심사입니다. 교육이 자녀들의 미래만 결정하는 것이 아니라 가문과 나라의 장래를 결정하는 중요한 사안임을 알기에 나라마다 교육에 온갖 노력을 기울이는 것입니다.

신앙 교육

세상에는 조기 교육 열풍이 불고 있습니다. 부모들이 3-4세 어린아이들에게 영어와 무용을 가르치는 등 조기 교육에 힘을 기울입니다. 물론 이것도 중요한 일이지만 정작 조기 교육에 힘써야 할 것은 신앙 교육입니다.

본문은 "마땅히 행할 길을 아이에게 가르치라 그리하면 늙어도 그것을 떠나지 아니하리라"(잠 22:6)고 말씀합니다. 여기서 '마땅히 행할 길'이란 하나님이 이스라엘 백성들에게 지킬 것을 명령하신 모든 율법과 규례를 의미합니다. 그런데 마땅히 행할 길을 '아이에게' 가르치라고 명령합니다. 아이란 히브리어로 '나아르'라 하는데, 이는 '젖먹이'라는 뜻입니다. 자녀 교육은 인격과 습관이 형성되기 시작하는 젖먹이 시절부터 이루어져야 함을 강조하고 있는 것입니다. "세 살 버릇 여든까지 간다"는 속담과 일맥상통한다 할 수 있습니다.

신앙 교육을 어려서부터 해야 자녀들이 하나님의 말씀과 교훈을 마음에 새기고 죄악에 물들지 않게 됩니다. 그렇게 되면 영육 간에 참된 복을 받는 행동을 하게 되는 것입니다. 유대인들은 이런 신앙 교육 덕분에 다른 민족들이 하나님의 존재 유무를 놓고 논쟁할 때 그들은 하나님을 어떻게 섬길까를 이야기하다가 한 박자 빠르게 성장할 수 있었습니다.

신앙의 조기 교육이 중요한 것은 누구나 다 인정하는 일입니다. 천주교에서는 이런 말을 했습니다. "세상의 4세 아이들을 1년만 맡겨 준다면 전 세계를 천주교로 만들 수 있다." 천주교는 이만큼 조기 교육의 중요성을 간파한 것입니다.

본문의 '가르치다'라는 말도 이런 뜻입니다. 가르치다는 히브리어로 '하노크'라 하는데, 이는 '바치다'라는 뜻을 갖고 있습니다. 신앙 교육의 목표는 아이들의 일생을 온전히 하나님에게 바치도록 하는 것입니다. 자녀들이 하나님의 사람으로 살기를 원하십니까? 그렇다면 어려서부터 신앙 교육을 하십시오.

"이러므로 너희는 나의 이 말을 너희의 마음과 뜻에 두고 또 그것을 너희의 손목에 매어 기호를 삼고 너희 미간에 붙여 표를 삼으며 또 그것을 너희의 자녀에게 가르치며 집에 앉아 있을 때에든지, 길을 갈 때에든지, 누워 있을 때에든지, 일어날 때에든지 이 말씀을 강론하고 또 네 집 문설주와 바깥문에 기록하라"(신 11:18-20).

자선 교육

세계 역사를 경제사적으로 보면 가진 자와 못 가진 자의 투쟁이라고 볼 수 있습니다. 전쟁도 자원을 탈취하려고 일으키는 경우가 대부분입니다. 그래서 강한 자는 약한 자를 노예 삼아 부리고, 노동을 착취하며, 억압하는 일을 자행합니다.

노예는 크게 전쟁 노예와 빚진 노예와 신분 노예로 나눌 수 있습니다. 한 번 노예가 되면 헤어날 수가 없습니다. 돈을 벌어 바치거나 전쟁에 공을 세우는 것과 같은 특별한 경우가 아니면 대를 이어 노예 생활을 할 수밖에 없었습니다.

사람이 대물림하는 것 중에 가난의 대물림이 가장 오래갑니다. 한 번 무너진 집안을 일으켜 세우기가 여간 어려운 것이 아닙니다. 그래서 "가난 구제는 나라도 못 한다"는 속담이 생긴 것입니다. 이런 세상 속 현상에 대해 7절은 다음과 같이 말씀합니다.

"부자는 가난한 자를 주관하고 빚진 자는 채주의 종이 되느니라"(잠 22:7).

부자가 지닌 유익과 가난한 자가 당할 수밖에 없는 어려움을 대비시킨 말씀입니다. 이런 상황 속에서 가난한 자가 취할 수 있는 최선의 태도는 부지런하고 성실하게 일해서 가난을 탈출하는 것입니다. 그러나 세상이 그렇게 호락호락하지 않습니다. 한 번 흙수저로 태어나면 영원히 헤어나지 못한다고 자조하며 포기하는 젊은이들이 많아지면서 사회적으로 큰 문제가 되고 있습니다. 그래서 편법이 등장합니다.

"이익을 얻으려고 가난한 자를 학대하는 자와 부자에게 주는 자는 가난하여질 뿐이니라"(잠 22:16).

세상 사람들은 도움을 필요로 하는 가난한 사람들을 오히려 학대하고 착취합니다. 그리고 힘 있는 부자에게는 뇌물을 바치고 불법으로 재산을 모으려고 합니다. 그러나 불의한 방법으로 재물을 모으려는 자는 하나님의 저주와 심판으로 더욱 가난해진다고 말씀합니다. 그러므로 하나님의 사람들은 자녀들에게 바른 경제관을 심어 주어야 합니다. 돈을 벌 때도 정의롭고, 사용할 때도 하나님의 공의를 나타내도록 교육해야 합니다. 더욱이 물질을 베푸는 것을 교육해야 합니다.

"선한 눈을 가진 자는 복을 받으리니 이는 양식을 가난한 자에게 줌이니라"(잠 22:9).

'선한 눈'은 '남을 불쌍히 여기고 사랑과 친절을 베푸는 사람의 눈'을 뜻합니다. 선한 눈을 가지고 선을 행하는 자에게 하나님이 반드시 복 주신다는 말씀입니다. 하나님은 가난한 자를 친히 관리하십니다. 그러므로 가난한 자를 먹이고, 입히고, 구제하는 것은 하나님에게 꾸어 드리는 것이 된다는 사실을 기억하십시오(마 25:40 참조).

심성 교육

목회자들은 '교회 항존직을 뽑을 때 믿음이 아닌 성품을 보고 뽑아야 한다'고 이구동성으로 말합니다. 믿음은 키울 수 있지만 '성품을 바꾸는 데는 살아온 세월만큼 시간이 걸린다'는 것입니다. 그러므로 자녀는 어려서부터 바르고 착하게 키워야 합니다.

"거만한 자를 쫓아내면 다툼이 쉬고 싸움과 수욕이 그치느니라 마음의 정결을 사모하는 자의 입술에는 덕이 있으므로 임금이 그의 친구가 되느니라"(잠 22:10-11).

한 공동체 안에 거만한 자가 들어오면 분쟁과 다툼이 일어나 결국엔 공동체가 깨어지고 맙니다. 거만한 자는 스스로 잘난 체하며 남을 업신여기기 때문입니다. 어려서부터 '평화를 만드는 사람'(peace maker)으로 키워야지, 그렇지 않으면 '불화를 일으키는 사람'(trouble maker)이 되고 맙니다.

'정결을 사모하는 자'란 겸손한 자라는 뜻입니다. 그리고 '겸손한 자의 입술에는 덕이 있다'고 할 때의 '덕'이란 '주다, 아랫사람에게 몸을 굽히다'라는 뜻입니다. 자신보다 낮은 사람, 아랫사람, 천한 사람에게도 자신을 낮출 줄 아는 겸손한 인품을 갖춘 사람을 뜻합니다. 이렇게 겸손한 심성을 갖추면 임금까지도 친구로 삼을 수 있다고 말씀하고 있습니다. 다시 말해, 영광을 얻게 된다는 것입니다. 자녀들이 이런 영광스런 자리에 오르기를 원하십니까? 어려서부터 인사 잘하기, 존댓말하기, 겸손한 태도 등을 가르쳐 예절 바른 사람으로 키워야 합니다.

우리나라는 지금 동방예의지국의 흔적조차 찾아보기 힘든 나라가 되었습니다. 우리 민족의 정신과 태도를 대변하던 은근과 끈기도 사라져 버린 채 빨리빨리와 조급증만 남아 있는 세상이 되었습니다. 이런 때일수록 바른 심성을 가진 자녀들이 돋보이게 되고, 왕의 친구가 될 수 있는 기회가 많아질 것입니다. 자녀들이 교만한 사람이 득세하는 세파에 휩쓸리지 않도록 겸손한 사람으로 교육하십시오(약 4:6 참조). 자녀들의 마음의 밭을 성령의 쟁기로 기경해서 옥토로 만드십시오. 그래야 겸손한 사람이 되어 하나님에게 귀하게 쓰임 받을 수 있습니다.

언어 교육

자녀들이 이다음에 좋은 직장에 취직할 수 있는 좋은 방법을 알려드리겠습니다. 영어 교육을 시키십시오. 거기에 중국어 교육도 시키십시오. 그래도 안심이 안 되면 일본어 하나를 더 시키십시오. 그러면 좋은 직장에 들어가 밥 먹고 사는 데 아무 지장이 없을 것입니다. 그러나 남의 나라말 배우기가 그렇게 녹록하지 않습니다. 그래서 조기 유학, 어학연수, 학원 수강 등 좋다는 것, 해 볼 수 있는 것은 전부 해 보는 것입니다. 그러다 간혹 성공하는 부모들이 생깁니다. 그렇다손 치더라도 이 교육을 통과하지 못하면 헛것입니다.

"여호와의 눈은 지식 있는 사람을 지키시나 사악한 사람의 말은 패하게 하시느니라"(잠 22:12).

'지식 있는 자'는 마음의 정결을 사모하는 겸손한 자를 뜻합니다. 이런 하나님의 지식으로 가득 차 있는 사람은 하나님이 당연히 지켜 주십니다. 겸손한 사람은 언제나 바르고 행동은 정중합니다. 사람들도 그를 좋아하고 따릅니다. 그러나 사악한 사람의 말은 하나님이 꺾어 버리십니다. '사악한 자'란 거짓되고 불의한 방법으로 자신의 유익만을 취하려고 남을 해치는 말과 행동을 하는 사람을 뜻합니다. 하나님은 이런 악인을 패하게 하십니다. 그러므로 세상의 어학을 배워 회화에 능통하고 돈 잘 버는 사람이 되기 이전에 진실한 말, 진리의 말, 진솔한 말을 하는 자녀로 키워야 합니다.

말에는 칼과 총보다도 더한 힘이 있다는 것을 어릴 때부터 교육해 말을 삼가게 해야 합니다. 야고보서는 말의 중요성에 대해 다음과 같이 말씀합니다. "우리가 다 실수가 많으니 만일 말에 실수가 없는 자라면 곧 온전한 사람이라 능히 온몸도 굴레 씌우리라"(약 3:2).

생활 교육

한국 교회가 신앙생활에는 성공했는데 생활신앙에는 실패했습니다. 교회 안에서는 1등 신자들인데 세상에 나가서는 존경과 인정을 받지 못한 것입니다. 이는 신앙과 생활이 세상으로 이어지지 못하고 괴리되었기 때문입니다. 우리는 삶 속에서 신앙을 구현하는 생활신앙인이 되어 세상에서 빛과 소금의 역할을 감당해야 합니다. 그러기 위해서는 자녀들에게도 생활 교육을 철저히 해야 합니다.

교육에 있어서 생활환경은 중요합니다. 맹자의 어머니는 맹자의 교육 환경을 위해서 세 번이나 이사했다고 합니다(孟母三遷之敎, 맹모삼천지교). 부모가 먼저 생활 속에서 모범을 보여야 합니다. 부지런하고 성결한 생활에 힘써야 합니다.

"게으른 자는 말하기를 사자가 밖에 있은즉 내가 나가면 거리에서 찢기겠다 하느니라 음녀의 입은 깊은 함정이라 여호와의 노를 당한 자는 거기 빠지리라"(잠 22:13-14).

게으른 자의 특징은 핑계가 많다는 것입니다. 이 핑계 저 핑계 대면서 게으른 것을 합리화합니다. 게으른 자에게 닥칠 일은 재난과 궁핍밖에 없습니다. 게으른 자녀는 어려서부터 훈련을 시켜야 합니다. 규칙적인 생활을 통해 게으름을 물리칠 수 있도록 만들지 않으면 반드시 후회할 때가 옵니다.

14절의 '음녀의 입'이란 달콤한 유혹을 통해 부정한 일과 부도덕한 일을 저지르도록 인도하는 행위를 뜻합니다. 어려서부터 음란한 행위, 거짓말, 부정한 일을 하는 자녀들은 혼을 내야 합니다. 엘리 제사장처럼 아들 귀한 것만 생각하고 온갖 못된 짓을 다하는데도 방치하게 되면 멸문지화(滅門之禍, 한 집안이 다 죽음을 당하는 끔찍한 재앙)를 당하고 맙니다. 그러므로 어려서부터 바른 생활 교육을 시켜야 합니다.

예수님은 '길이 아니면 가지 말라'고 말씀하셨습니다. 또 '악인과 손잡지 말라'고 말씀하셨습니다. 시편 기자 역시 "복 있는 사람은 악인들의 꾀를 따르지 아니하며 죄인들의 길에 서지 아니하며 오만한 자들의 자리에 앉지 아니하고 오직 여호와의 율법을 즐거워하여 그의 율법을 주야로 묵상하는도다"(시 1:1-2)라고 말했습니다. 우리는 자녀가 악인의 길은 피하고 의인의 길은 갈 수 있도록 생활 속에서의 신앙 실천을 위해 교육해야 합니다.

31

현숙한 여인의 옷장은
거룩으로 가득하다

누가 현숙한 여인을 찾아 얻겠느냐
그의 값은 진주보다 더하니라

잠 31:10

현숙한 여인은 품행이 단정하고
어떤 어려움도 인내하며
슬기롭게 이겨 나갈 수 있는
지혜로운 여인을 말합니다.
이러한 여인을 아내로 맞이하는 것은
진주와 같은 보석을 얻는 것보다
더 가치 있는 일입니다.

　　　　남자 청년들이 인생의 성공을 원한다면 현숙한 여인을 만나기 위해 기도해야 합니다. 성공까지는 아니더라도 인생의 행복을 얻으려면 현숙한 여인을 만나야 합니다. 그런데 문제는 저를 비롯한 대부분의 남자들이 현숙한 여인보다는 아름다운 여인을 쫓아간다는 것입니다. 좋은 배우자를 만나려면 먼저 좋은 배우자가 되어야 합니다.

　현숙(賢淑)이라는 말은 사전적으로 '여자의 마음이 어질고 정숙함'이라는 뜻을 갖습니다. 현숙은 히브리어로 '하일'이라 하는데, 이는 '다른 사람을 감화시키고 움직일 수 있는 큰 힘'을 뜻합니다.

　우리나라의 역사에서 가장 현숙한 여인을 꼽으라면 주저하지 않고 신사임당을 꼽을 것입니다. 우리나라 지폐 중 가장 큰 단위인 5만 원 권에 신사임당의 얼굴을 넣은 것만 봐도 알 수 있습니다. 그의 아들 이율곡은 5천 원짜리에 얼굴을 올렸습니다. 세계 역사상 모자가 지폐에 함께 올라온 최초의 사례라고 생각합니다.

　기독교 역사에서 현숙한 여인을 꼽으라면 어거스틴의 어머니인 모니카를 꼽을 수 있습니다. 기독교 2천 년 역사상 가장 위대한 신학자 세 명을 꼽으라고 할 때 첫째로 꼽는 사람이 어거스틴입니다. 어거스틴은 어려서 방탕했습니다. 부모님이나 선생님의 말씀을 듣지 않았습니다. 17세 때에는 이름도 모르는 이방 여인과 동거해서 아들을 낳았습니다. 거기에 마니교라는 이교에 빠졌습니다. 이런 아들을 위해 어머니 모니카는 기도를 쉬지 않았습니다.

　하루는 모니카가 암부로시우스 감독에게 가서 아들 어거스틴이 바른 길로 돌아올 수 있게 해 달라고 울면서 얘기했습니다. 그때 암부로시우스는 "눈물의 자식은 결코 멸망하지 않습니다"라는 유명한 말로 모니카를 위로했습니다. 과연 그 말대로 어거스틴은 서른한 살 되던 해에 암부로시우스에게 세례를 받고 그리스도인이 된 후 북아프리카로 돌아와 히포의 감독으로 세상을 떠날 때까지 성경 연구와 진리 탐구로 평생을 보냈습니다.

어거스틴은 무엇이 자신의 인생 여정을 기독교 신앙으로 돌아오게 했는지에 대해 이렇게 고백했습니다. "그것은 어머니의 기도 때문입니다. 나는 이 사실을 주저 없이 인정합니다. 하나님이 내게 진리 발견이 무엇보다 중요하다는 마음을 주신 것은 어머니의 기도 덕분입니다." 어거스틴은 그의 《고백록》에서 어머니 모니카를 '눈물로 기다리는 분'이라고 칭하면서 "하나님이여, 제가 아버지의 아들이 되었다면, 그것은 오직 아버지가 제게 이런 어머니를 주셨기 때문입니다"라고 말했습니다. 어거스틴이 이룬 학문과 경건의 놀라운 업적이 어머니 모니카의 기도로 수놓은 기다림의 산물이었던 것입니다. 모니카는 이교도인 남편을 그리스도에게로 인도하고, 눈물의 기도로 아들을 신학자요, 성자의 반열에 올려놓음으로써 현숙한 여인의 표상이 되었습니다.

"누가 현숙한 여인을 찾아 얻겠느냐 그의 값은 진주보다 더하니라"(잠 31:10)

본문은 현숙한 여인의 가치와 희소성을 의문형으로 표현하고 있습니다. 본문에 나타난 현숙한 여인은 품행이 단정하고 어떤 어려움도 인내하며 슬기롭게 이겨 나갈 수 있는 지혜로운 여인을 말합니다. 이러한 여인을 아내로 맞이하는 것은 진주와 같은 보석을 얻는 것보다 더 가치 있는 일입니다.

지금은 진주가 흔한 보석입니다. 진주조개 양식을 통해 대량 생산이 가능해졌기 때문입니다. 그러나 3천 년 전, 바다 속에 있는 진주조개를 채취해야만 얻을 수 있었던 진주는 가장 귀한 보석이었습니다. 그만큼 현숙한 여인의 보배롭고 존귀한 가치에 대해 예부터 높이 인정하고 있는 것입니다.

현숙한 여인의 부지런함

'근자치인'(勤者治人)이라는 말이 있습니다. 근면한 사람이 세상을 다스린다는 뜻입니다. 세상까지는 아니더라도 한 가정을 세우는 데에도 현숙한 여인의 부지런함이 필요합니다.

"그런 자의 남편의 마음은 그를 믿나니 산업이 핍절하지 아니하겠으며 그런 자는 살아 있는 동안에 그의 남편에게 선을 행하고 악을 행하지 아니하느니라 그는 양털과 삼을 구하여 부지런히 손으로 일하며"(잠 31:11-13).

미련한 여인을 아내로 맞이하면 다툼과 분쟁이 계속되어 결국 가산도 탕진하고 맙니다. 그러나 현숙한 여인을 아내로 맞이한 남편은 크게 만족할 뿐 아니라, 집안일은 아내에게 맡기고 바깥일에 힘쓰게 되어 가정이 점점 윤택해진다는 말씀입니다.

본문은 현숙한 여인의 부지런함을 손을 잠시도 놀리지 않고 옷감을 짜는 모습으로 그리고 있습니다. 옛날 우리 어머니들이 일과를 끝내고 밤에도 뜨개질을 하면서 자녀들의 옷을 만들어 입혔던 것이 생각납니다.

"상인의 배와 같아서 먼 데서 양식을 가져오며 밤이 새기 전에 일어나서 자기 집안사람들에게 음식을 나누어 주며 여종들에게 일을 정하여 맡기며 밭을 살펴보고 사며 자기의 손으로 번 것을 가지고 포도원을 일구며 힘 있게 허리를 묶으며 자기의 팔을 강하게 하며 자기의 장사가 잘되는 줄을 깨닫고 밤에 등불을 끄지 아니하며 손으로 솜뭉치를 들고 손가락으로 가락을 잡으며"(잠 31:14-19).

"자기 집 사람들은 다 홍색 옷을 입었으므로 눈이 와도 그는 자기 집 사람들을 위하여 염려하지 아니하며 그는 자기를 위하여 아름다운 이불을 지으며 세마포와 자색 옷을 입으며 그의 남편은 그 땅의 장로들과 함께 성문에 앉으며 사람들의 인정을 받으며 그는 베로 옷을 지어 팔며 띠를 만들어 상인들에게 맡기며 능력과 존귀로 옷을 삼고 후일을 웃으며 … 자기의 집안일을 보살피고 게을리 얻은 양식을 먹지 아니하나니"(잠 31:21-25, 27)

이런 말씀을 읽다 보면 예전 어머니들의 모습이 생각납니다. 옛날 가난했던 시절, 어머니의 손은 마술사와도 같았습니다. 어려운 시절 자녀들을 먹이고 입힌 어머니들이야말로 부지런하고 현숙한 여인들이었습니다. 현숙한 여인은 기본적으로 부지런합니다. 교회 일에 열심인 분들을 보면 언제 집안 살림을 할까 싶은데, 심방해 보면 살림이 윤기가 흐르고 정리정돈이 잘된 것을 볼 수 있습니다.

본문은 옛적 우리 할머니와 어머니들의 이야기를 듣는 것 같습니다. 좋은 아내, 좋은 엄마가 되는 것은 결코 쉬운 일이 아닙니다. 시부모님 수발, 남편 뒷바라지, 자녀들 양육, 때를 따라 씨앗을 심고 거두는 농사일, 가축을 돌보는 일, 많은 식구들을 위해 삼시 세끼 밥을 해 먹여야 하는 일 등 가족의 정신적, 육체적 안식처인 가정의 안주인으로 몸이 열 개라도 부족합니다. 그 속에서도 근면과 절약으로 가정을 윤택하게 하고, 가족 전체의 건강과 평안을 도모하고, 남편의 사회생활에 힘과 용기를 불어넣는 등 정말 슈퍼우먼이라고 할 수밖에 없습니다. 뿐만 아니라 아이들을 주의 교양과 훈계로 양육해서 남편과 자녀들로부터 존경을 받고 가정을 행복의 동산으로 만드는 놀라운 일들을 해내야 했습니다. 요즘 부녀들이 이 소리를 들으면 '나는 죽어도 못 한다', '왜 그렇게 살아야 해?', '죽으면 죽었지 그렇게는 못 살아'라고 말하면서 주부 사표를 낼지도 모릅니다.

현숙한 여인을 영적으로 말하면 '그리스도의 신부 된 성도'를 뜻합니다. 현숙한 여인이 남편을 섬겨 그 가정을 윤택하게 만들듯이 그리스도의 영적 신부 된 성도들은 영적 신랑 되신 그리스도를 섬겨야 합니다. 그리스도가 이 땅에 하나님 나라를 세우시기 위해 십자가에서 죽기까지 사명을 다하신 것을 생각하며 영적 신부 된 성도들도 하나님 나라의 확장을 위해 열심을 다해 부지런히 하나님이 원하시는 일을 해야 합니다(히 6:11-12 참조).

현숙한 여인과 같은 부지런한 성도가 되십시오. 세상일에도 부지런할 뿐 아니라 믿음에 있어서도 끝까지 소망을 가지고 부지런히 하나님 나라의 확장을 위해 수고하는 성도들이 되십시오.

현숙한 여인의 베풂

현대를 개인주의가 극도로 발달한 시대라고 말합니다. 개인주의의 특징은 이기적이라는 것입니다. 그중에서도 가족 이기주의가 특히 심각합니다. 내 가정, 내 가족, 내 자식에 대한 애착이 강합니다. 이런 시대를 살아가면서 기독교의 이타주의는 어떤 태도를 취해야 하는가 하는 의문에 본문이 주는 교훈이 중요합니다.

"그는 곤고한 자에게 손을 펴며 궁핍한 자를 위하여 손을 내밀며"(잠 31:20).

많은 사람들이 자신과 자신의 가족만을 위해 살아가는 이기적인 풍토 속에서도 지혜롭고 현숙한 여인은 부지런하고 알뜰하게 생활할 뿐 아니라 자신이 소유한 물질과 시간을 어려운 이웃을 위해 사용합니다. 그리고 본문은 이에 대해 '곤고한 자를 위해 손을 펴고 궁핍한 자를 위해 손을 내민다'며 손을 강조하고 있습니다. 손은 히브리어로 '야드'라 하는데, 이는 '말로만 위로하는 것이 아니라 실질적인 재물로 그들을 돕는 행위'라는 뜻을 갖고 있습니다.

현숙한 여인은 자신에게 주어진 시간, 재주, 물질을 비롯한 모든 것을 하나님이 주신 것으로 알고 하나님이 기뻐하시는 일에 사용할 줄 아는 지혜를 가지고 있습니다. 그래서 최선을 다해 봉사하며 이웃을 돕고 베푸는 손을 펼쳤던 것입니다.

"입을 열어 지혜를 베풀며 그의 혀로 인애의 법을 말하며"(잠 31:26).

지혜롭고 현숙한 여인이 베푼 것은 비단 손뿐만이 아니었습니다. 입을 열어 지혜를 베풀고 상한 영혼을 말로 위로했다고 말씀합니다. 공부를 많이 했다고 학자가 되고 현자가 되는 것이 아니라, 어려움 당한 이웃과 형제를 따뜻한 말로 도울 줄 아는 사람이 현자요, 학자입니다(사 50:4 참조).

이렇게 물질로, 말로, 마음으로 베푸는 현숙한 여인에게 어떤 일이 생기는지를 본문 28-29절이 말씀합니다.

"그의 자식들은 일어나 감사하며 그의 남편은 칭찬하기를 덕행 있는 여자가 많으나 그대는 모든 여자보다 뛰어나다 하느니라"(잠 31:28-29).

자녀들이 사랑과 존경을 표하고 남편이 칭찬하는 내용입니다. '적선지가 필유여경'(積善之家 必有餘慶)이라는 말이 있습니다. 이는 선을 베푸는 가정에 반드시 경사가 있다는 뜻입니다. 우리는 현숙한 여인처럼 선을 베푸는 것이 습관이 되어야 합니다(신 15:7-8 참조).

모든 그리스도인들이 마음 깊이 새겨야 할 것은 구제의 일상화 및 자선과 봉사의 생활화입니다. 교회는 무엇을 하는 곳입니까? 좋은 일하는 곳입니다. 영적으로 좋은 일은 영혼을 구원하는 일입니다. 그러나 영혼의 소중함을 모르는 무지한 사람들의 마음을 여는 것은 사랑과 봉사밖에 없습니다. 그러므로 사랑과 봉사로 마음 문을 열고 사랑의 이유를 묻는 이들에게 하나님의 마음인 예수 그리스도를 전하는 것이 바로 복음을 전하는 것입니다.

성경은 "가난한 자를 불쌍히 여기는 것은 여호와께 꾸어 드리는 것이니 그의 선행을 그에게 갚아 주시리라"(잠 19:17)고 말씀합니다. '가난한 형제를 돕는 것이 하나님에게 꾸어 드리는 것'이라는 이 말씀을 마음 깊이 새기십시오. 하나님이 반드시 갚아 주십니다. 사도행전 9장에 다비다라는 선행과 구제를 많이 하는 여 제자가 있었습니다. 그가 병들어 죽자 이웃 마을에 있던 베드로에게 전갈이 왔습니다. 베드로가 급히 달려가 다락방에 안치된 시체 곁에 섰는데 많은 과부들이 자기 옷을 가리키며 이 옷은 다비다가 준 것이라고 울면서 이야기했습니다. 그때 베드로가 무릎 꿇어 기도하고 시체를 향해 '다비다야, 일어나라' 하자 그가 살아났습니다.

이 사건의 교훈은 무엇입니까? 구제와 선행은 하나님이 반드시 갚아 주신다는 것입니다. 다비다와 같은 베푸는 손을 가지고 사십시오.

현숙한 여인의 하나님 경외

세상의 모든 여인은 아름다워지고자 하는 욕망을 가지고 있습니다. 요즘은 여자들뿐 아니라 남자들까지 여성화되면서 여자들에게만 사용하던 '꽃'이라는 명사를 남자들에게도 붙여서 사용하고 있습니다. 꽃미남 배우, 꽃미남 가수…. 그래서 남성화장품도 매출이 쑥쑥 올라가고 있습니다. 이와 같은 요즘 세태를 외모 지상주의라고 합니다. 아름다운 것, 예쁜 것은 좋은 것입니다. 그러나 그것이 절대화되면 곤란합니다.

사람들이 살아가는 데 외모가 중요한 역할을 합니다. 그러나 현숙한 여인은 외모에 연연하지 않습니다. 그 결과가 어떻게 되었을까요? 본문은 "고운 것도 거짓되고 아름다운 것도 헛되나 오직 여호와를 경외하는 여자는 칭찬을 받을 것이라"(잠 31:30)고 말씀합니다.

여인의 아름다움은 보는 사람들의 넋을 빼앗아 갑니다. 그런데 본문은 뼈 있는 말을 합니다. '고운 것도 거짓되고 아름다운 것도 헛되나'라는 이 말씀을 마음 깊이 새기십시오. 외모는 세월과 함께 거짓말처럼 바뀌고 맙니다. 그래서 옛 어른들은 '권불십년 화무십일홍'(權不十年 花無十日紅)이라 했습니다. 요즘말로 인생 70이 되면 유식과 무식의 경계가 사라지고, 미녀와 추녀의 경계가 허물어집니다. 아무리 많이 배운 박사라도 치매에 걸리면 아무 소용없고, 한 시대를 풍미한 아름다운 여배우도 세월 앞에선 장사 없습니다. 그래서 현숙한 여인은 얼굴로 승부하지 않고 마음으로 승부합니다.

현숙한 여인은 오직 하나님을 경외합니다. 본문은 그 결과에 대해 다음과 같이 말씀합니다.

"그 손의 열매가 그에게로 돌아갈 것이요 그 행한 일로 말미암아 성문에서 칭찬을 받으리라"(잠 31:31).

사람은 외모를 보지만 중심을 보시는 하나님이 현숙한 여인을 높이 드셔서 칭찬받게 하십니다. 그 손의 열매가 나타나 집안은 윤택하고, 남편은 높은 지위에 오르며, 자녀들은 형통하게 됩니다. 그 결과 성문에서 칭찬을 얻게 됩니다. 고대 중동 문화에서 성문은 지금의 광장과 공회당의 역할을 하는 장소였습니다. 다시 말해, 많은 사람의 칭찬과 존경의 대상이 된다는 말입니다. 신사임당과 같이 대대에 존경을 받게 된다는 말씀입니다.

이것이 어떻게 가능해지는 것일까요? 영혼의 아름다움을 가꾼 그의 신앙과 완숙한 인격과 고결한 성품과 온유한 심성이 빚어 낸 결과인 것입니다. 이는 그리스도인들이 힘써 가꿔야 할 것이 영적인 아름다움임을 깨우쳐 주는 말씀입니다. 괴테는 이런 말을 남겼습니다. "기독교 정신은 하나님에 대한 경외심이다." 무엇을 사모하고 따르십니까? 거짓되고 헛된 것입니까, 아니면 진실하고 영원한 것입니까?

성경에 현숙한 여인의 상징으로 회자되는 룻이라는 여인이 있습니다. 룻이 시어머니를 붙잡고 따라가면서 한 말이 바로 그의 영적 상태를 말해 줍니다.

"룻이 이르되 내게 어머니를 떠나며 어머니를 따르지 말고 돌아가라 강권하지 마옵소서 어머니께서 가시는 곳에 나도 가고 어머니께서 머무시는 곳에서 나도 머물겠나이다 어머니의 백성이 나의 백성이 되고 어머니의 하나님이 나의 하나님이 되시리니 어머니께서 죽으시는 곳에서 나도 죽어 거기 묻힐 것이라 만일 내가 죽는 일 외에 어머니를 떠나면 여호와께서 내게 벌을 내리시고 더 내리시기를 원하나이다 하는지라"(룻 1:16-17).

룻은 시어머니 나오미를 따라가는 길이 험한 길이요, 가시밭길인 줄 알았습니다. 그러나 또한 그 길이 하나님을 경외하는 길인 줄 안 것입니다. 이 고백이 룻을 룻 되게 했고, 다윗의 조상, 더 나아가 예수님의 조상이 되게 한 것입니다. 현숙한 여인은 이렇게 세상의 아름다움과 부귀영화를 추구하지 않고 하나님을 경외합니다.

요즘 무엇에 열심입니까? 건강을 지키는 일, 외모를 가꾸는 일, 장래를 준비하는 일 그리고 자녀를 교육하는 일 모두 중요합니다. 그러나 잊지 말아야 할 것은 무엇보다 하나님 경외하는 일에 열심을 내고 부지런해야 한다는 것입니다.

"또 이와 같이 여자들도 단정하게 옷을 입으며 소박함과 정절로써 자기를 단장하고 땋은 머리와 금이나 진주나 값진 옷으로 하지 말고 오직 선행으로 하기를 원하노라 이것이 하나님을 경외한다 하는 자들에게 마땅한 것이니라"(딤전 2:9-10).

현숙한 여인과 같이 부지런한 생활을 하십시오. 베풀기에 힘쓰십시오. 그리고 하나님을 경외하십시오. 하나님은 이런 사람을 높이셔서 사람들에게 칭찬받게 하십니다. 그리고 당신의 상급을 풍성히 부어 주십니다.